행복
습관
코칭

행복
습관
코칭

김미영 외 지음

이담
Books

들어가는 말

내가 추구하는 최고의 인생 가치는 무엇인가?
나의 현재 삶은 최고의 인생 가치와 연계되어 있는가?
나의 행복관은 무엇인가?

서양철학 수업시간에 교수님이 세 가지 질문을 하면서 자신의 생각을 써보라 하셨다. 쉬운 질문이지만 쓰기 쉽지 않았다.

교육학 공부를 마친 뒤 나의 관심 주제는 '내면의 변화'였다. 왜 변화가 어려울까? 왜 교육을 받은 직후 변화 의지는 금세 사그라지는 걸까? 이러한 궁금함을 가진 채 대전시민대학으로 자리를 옮겼다. '행복해지는 힘을 기르는 대전시민대학'이라는 슬로건은 다시금 내 가슴을 뛰게 만들었다. 어떻게 행복해지는 힘을 기를 수 있을까? 행복도 근육처럼 기를 수 있는 힘이라는 걸까? 그렇다면 주어지는 것이 아닌 배우고 익혀야 하는 생활기술과 같은 것일까? 이러한 생각들은 '습관'이라는 결론으로 이끌었다.

태어나면서 의미 있는 타자들이 나를 어떻게 대해 주었는지, 그리고 어린 나는 어떠한 의미를 부여하고 어떠한 감정과 사실을 기억하게 되었는지에 따라 내면습관이 형성된다. 인간은 모든 것을 습관화하는 동물이다. 습관화하여 자동화되면 삶을 편리하게 한다. 문을 열 때마다 오른손으로 열지 왼손으로 열지 생각하지 않아도 저절로 되고 리모컨을 들고 소파에 누워 있는 남편을 보면 저절로 화가 나고 억울해지는 것이 모두 습관 덕분이다. 이 책에서는 '내면의 변화'를 위하여 '내면의 습관'을 들여다보고자 하였다. '행복하지 않은 내면의 습관'을 '행복한 내면의 습관'으로 변화하는 방법을 제시하고 싶었다.

뇌과학, 긍정심리학, 인지심리, 행복학 관련 도서와 연구결과를 통하여 행복한 내면을 가꾸는 방법, 즉 행복 습관 코칭을 설계하였다.

뇌과학을 통하여 긍정 정서를 만드는 경로와 부정 정서를 만드는 경로가 구분되어 있다는 것을 알았다. 행복 습관은 긍정 정서의 경로를 활성화하고 부정 정서의 경로를 덜 사용하는 습관이다. 뇌에 해석기 모듈이 발견되었는데 이는 적절한 반응 행동을 생성하기 위하여 내부와 외부 이벤트의 설명을 찾는 좌뇌 시스템이라 하였다. 해석기는 긍정과 부정, 과거 · 현재 · 미래, 자기중심과 타인중심을 오가며 지금 만나는 모든 현상을 해석하고 기억하는 습관이다. 모든 뇌는 고유하며 평생 동안 변화한다. 몸과 마음은 하나의 시스템이며 마음은 몸을 통하여 말한다. 뇌는 사실이 아닌 자신이 믿는 대로 정보를 처리한다. 뇌는 사회적 존재여서 혼자가 아닌 함께할 때 더 효과적이다. 뇌는 평생 탐구자이다. 뇌는 의미를 추구하며 목적 지향적인 존재이다. 인간의 뇌는 쾌한 경험을 반복하려 하고, 불쾌한 경험을 회피하려 한다. 뇌는 자유롭게 생각하고 새로움을 추구한다. 무엇보다 부정 정서는 변연계에서 처리되는 본능이며 긍정 정서는 전두엽으로 전달되어 처리되는 후천적으로 습관화된 것이다. 이것은 부정 정서는 그냥 두어도 스스로 생성되지만 긍정 정서는 인지적으로 선택해야 한다는 것을 의미하며, 행복은 주어지는 것이 아니라 선택해야 한다는 것에 대한 증거이다. 이러한 믿음으로 행복 습관 코칭을 집필하였다.

이 책은 크게 세 부분으로 나누어진다. 첫 번째로 제1장 '행복 습관의 힘'에서는 행복에 대한 철학자들과 행복학자들의 그간 연구들을 제시함으로써 자신의 행복관에 대하여 생각해볼 수 있도록 하였다. 행복하기 위하여 먼저 나는 어떤 것을 행복으로 보는가를 알아야 선택할 수 있기 때문이다.

두 번째는 습관화된 부정 정서 경로를 확인하고 사용빈도를 줄이는 부분이다. 제2장 '감정을 다루는 힘'에서는 뇌의 구조를 살펴보고 인간이 어떤 상황을 만났을 때 감정이 생기고, 어떤 감정과 화학적으로 어떤 신경전달물질 분비가 연결되어 있는지, 생각이 감정을 유발하는 과정과 신경계의 습관에 대해서도 살펴보았다. 들뜬 신경계 습관은 마치 분노할 준비를 하고 있는 것과 같아서 안정된 신경계 습관이 행복의 필수요소임을 제시하였다. 제3장 '핵심감정의 힘'에서는 힘없고 어린 시절 자신의 마음을 지켜내기 위하여 습관이 된 감정을 살펴보았다. 핵심감정은 인생 전체를 관통하면서 유사한 감정을 너무나 자연스러운 방식으로 생성하게 하는 감정의 뿌리로 작동한다. 위험에 대비하기 위한 두려움, 부당함으로부터 자신을 지키기 위한 분노, 잠시 재충전을 할 수 있도록 하는 슬픔, 위협으로부터 자신을 보호하기 위한 역겨움 등이다. 인생 최초 기억을 통하여, 즐겨 부르는 노래를 통하여, 반복적인 행동 패턴을 통하여 핵심감정을 확인하고 나면 감정으로부터 자유로울 수 있게 된다. 제4장 '내면세계 탐구의 힘'에서는 뇌는 안전함과 만족감을 추구하는 방향으로 동작하다가 성공하거나 실패했을 때 감정이 만들어지는 경로와 자극에 대한 생각이 감정의 주원인이라는 STR(Stimulus-Thinking-Response)공식을 제시하였다. 심리적인 가속장치인 행동 활성화 체계와 심리적 멈춤장치인 행동 억제 체계를 소개하고 감정 및 회피 목표와의 관계를 소개하였다. 이러한 내면습관을 쉽게 확인하고 변화하기 위하여 내면세계 탐구를 위한 행복도구를 제시하였다.

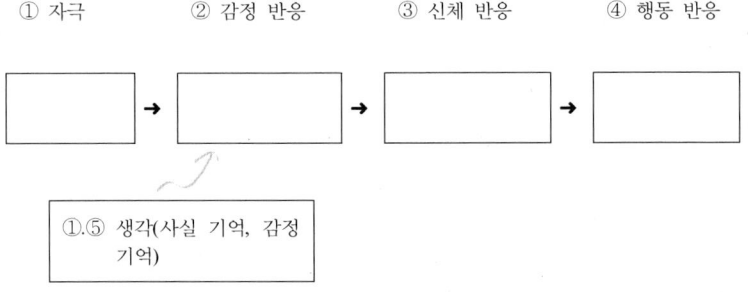

세 번째 영역은 긍정 정서를 생성하는 습관을 다루고 있다. 제5장 '긍정 뇌의 힘'에서는 긍정 뇌는 올바른 자극을 입력하기→정확하게 생각하기→선택하여 반응하는 습관을 통하여 유지되며 구체적으로는 입력과 생각을 줄이고 지금 여기에 충실할 것과, 내면을 관찰하는 습관이 필요하다는 것을 제시하였다. 세상을 보는 두 개의 눈으로 긍정성과 부정성이 있는데 무조건적인 긍정성보

다는 합리적인 긍정성이 필요하며 긍정과 부정의 균형 있는 눈을 키우는 것을 권한다. 과거의 자원을 이용하여 긍정성을 키우는 방법으로 과거 성취를 통하여 자부심 느끼기, 감사하기를 통하여 긍정 근육 단련하는 방법을 제시하였다.

제6장 '지금 여기의 긍정 정서를 만드는 힘'에서는 자신이 있는 지금 여기에서 긍정 정서를 선택하는 방법을 제시하였다. 자신도 모르는 사이 이루어지는 수동적인 상태가 아닌 능동적으로 숨 쉬는 것, 보는 것, 듣는 것, 먹는 것, 생각하는 것에 관심을 기울이는 방법을 권한다. 그리고 현재 하고 있는 일에 머리와 마음과 뜻을 일치하는 몰입 상태를 통한 이후의 행복을 선택할 것을 권한다.

제7장 '행복목표의 힘'에서는 긍정적 미래를 상상하고 구체적인 목표를 세우는 과정에서 긍정 정서를 만드는 방법과 긍정 정서에 실천력을 더하기 위하여 스스로 정한 목표를 셀프 코칭하는 방법을 제시하였다.

제8장 '강점 집중의 힘'에서는 자신을 성장시키는 것은 약점 보완이 아닌 강점을 활용하는 것임을 강조하고 전 세계적으로 활용하는 성격강점의 개발과정을 소개하였으며, 지금까지 살아온 인생 곡선을 통하여 성취하였을 때나 역경을 견뎌낸 것도 성격강점을 활용한 것이었음을 확인하고자 하였다.

제9장 '내 삶의 주인으로 살아가는 힘'은 이 책을 통하여 최종적으로 전하고자 하는 메시지를 담았다. 누구나 인생의 주인이라는 점과 지혜로운 주인이 되기 위하여 자신도 모르는 사이에 슬쩍 습관으로 자리 잡아 지배해온 내면세계 습관을 점검하고 다시

디자인할 것을 권한다. 인간 무의식과 의식을 포함한 신경논리학적 이론에 의해 환경-행동-능력-신념-가치관을 새로 디자인하는 구체적인 방법을 제시하였다.

제10장 '인간관계의 힘'에서는 친밀한 인간관계를 원함에도 불구하고 어렵게 하는 요인이 불안이며 모든 인간의 근원적인 욕구가 자기존재감이라는 것을 설명하였고 지금 시점에서 인간관계에 대한 자신의 태도를 확인할 수 있는 방법을 제시하였다. 또한 친밀한 인간관계를 맺기 위한 실천 방법으로 타인의 긍정성을 보는 눈, 감사를 표현하기, 시간을 선물하기를 제시하였다.

행복은 배우고 익혀서 키울 수 있는 기술이라는 의미에서 매 장을 ～～ 힘으로 정하였다. 근육을 단련하듯이 한순간에 되는 것이 아니라 오랜 시간 꾸준히 단련해야 함을 의미한다.

이 책을 마무리하는 즈음에 철학 교수님의 질문에 답을 해본다.

Q. 내가 추구하는 최고의 인생 가치는 무엇인가?
A. 세상의 평화
Q. 나의 현재 삶은 최고의 인생 가치와 연계되어 있는가?
A. 그렇다. 내가 사는 지역의 사람들에게 평화를 끼치기 위하여 나는 교육자의 삶을 살아가고 있다.
Q. 나의 행복관은 무엇인가?
A. 내가 하는 일에서의 성취, 사랑하는 사람과의 관계, 자유로울 수 있는 수준의 경제적 여유, 마음의 평화, 건강이다.

이 책을 시작하면서부터 나오기까지 함께 연구하고 행복 습관

프로젝트에 참여해준 동료 집필진들에게 감사의 마음을 전하며, 부족한 글에도 불구하고 책으로 나올 수 있게 해주신 한국학술정보에 감사의 마음을 전한다.

　무엇보다 이 책을 읽고 많은 독자들이 행복 습관을 키울 수 있게 되기를 기도한다.

대전에서　저자　김미영

CONTENTS

제9장 내 삶의 주인으로 살아가는 힘

1. 주인이 된다는 것 / 307

2. 주인으로 사는 법 1-잠재능력을 일깨우는 의식의 통합 / 318

3. 주인으로 사는 법 2-회복탄력성 키우기 / 332

제1장

행복 습관의 힘

인간이 불행한 것은 자기가
행복하다는 것을 모르기 때문이다.
이유는 단지 그것뿐이다.
오직! 그것을 자각한 사람은 곧 행복해진다. 일순간에!

- 도스토옙스키

행복이 습관이라는 것에 대한 깨달음과 근력운동을 통하여 근육을 키우듯이 행복에 대한 올바른 학습을 통해 행복 근육도 키울 수 있다는 믿음으로 이 글을 쓰게 되었다.

'나는 누구인가?' '나는 형성된 나의 습관들의 집합이다'

한 가지 습관이 형성되기까지 무의식적인, 의식적인 과정들이 반복되어 왔을 터이지만, 어느 순간 그 습관을 낯설게 보고 그 습관의 유용성과 무해함을 알 수 있다면 새로운 습관을 만들 수 있다. 무엇보다 이 책에서는 세상을 받아들이는 습관, 해석하는 습관, 감정의 습관 등 내면세계에서 일어나는 습관을 들여다보고 행복 습관을 선택하여 행복해지기 위한 근육을 키워나가는 길을 찾아보고자 한다.

1. 부정 정서를 줄이고 긍정 정서를 키우기

행복해진다는 것은 현재 뇌의 상태가 변화한다는 것인데, 이것은 자신이 뇌를 이용하여 자신의 뇌를 변화하는 과정이다. 뇌 안에는 이미 삶의 경험 속에서 내재된 많은 부정적인 정서들과 부정 정서를 지동 재생산하는 구조가 습관화되어 있다. 따라서 행복해지기 위해서는 마치 기계처럼 부정 정서를 자동 재생산하는 고리를 끊어야 함과 동시에 긍정 정서를 생성하는 활동을 선택하는 적극적인 활동이 필요하다.

행복 습관을 위하여 두 개의 축인 긍정 정서 키우기와 부정 정서 줄이기, 그리고 이 두 축의 공통요소를 함께 활용하여야 한다.

1) 긍정 정서 키우기

≫ 합리적인 긍정성 키우기: 근거 없는 긍정성은 처음에는 좋아 보일 수 있지만 나중에 더 큰 어려움으로 다가올 수 있다. 근거가 있는 합리적인 긍정성을 키우는 습관이 필요하다.

≫ 행복 목표 성취하기: 행복한 삶이란 자신의 삶터에서 강점을 발휘하여 의미를 가지고 즐겁고 충실하게 살아가는 것이다. 아무런 어려움이 없는 삶은 일시적으로 편안할 수 있지만 곧 무료함을 느끼게 되고 삶의 의미를 찾아 헤매게 된

다. 일상에서 작은 행복 목표를 세우고 실천하는 습관이 필요하다.

≫ 주인으로 살아가기: 자신 삶의 주인으로 살 수 있기 위해서는 자신의 욕구에 근거하여 사고와 감정, 행동을 선택할 수 있어야 한다. 자신의 욕구를 제대로 인식하여 합리적인 선택을 할 필요가 있다.

2) 부정 정서 줄이기

≫ 핵심감정 벗어나기: 성인이 되어서는 내면세계의 주인행세를 하는 5살짜리 어린아이의 핵심감정을 벗어 버리고 성숙한 어른으로서 감정을 선택할 수 있어야 한다.

≫ 내면습관 벗어나기: 내면 깊숙이 자리하고 있는 신념을 기반으로 자동적으로 생겨나는 생각과 감정, 감정을 대하는 태도를 포함하는 내면의 습관을 스스로 디자인하고 선택할 수 있어야 한다.

≫ 회복탄력성 키우기: 누구나 삶을 살아가다 보면 어려움을 경험하게 된다. 그러나 모든 사람이 같은 반응을 보이지는 않는다. 역경을 이겨내고 행복하고 성공적인 삶을 살 수 있기 위해서는 직면한 어려움을 극복해내는 회복탄력성을 키워야 한다.

3) 습관 변화 기본기

≫ 알고-관찰-선택(Know-Look-Choose): 이미 자동화되어 버린 습

관을 바꾸기 위하여 습관을 낯설게 볼 수 있어야 한다. 낯설게 보기 위해서는 정확하게 알아야 하며, 알고 있어야 관찰할 수 있고, 관찰해야 선택할 수 있다.

≫ 목표 세우고 실천하기: 부정 정서를 줄이는 것과 긍정 정서를 키우는 것 모두 자신의 뇌를 이용하여 뇌에 저장된 습관을 바꾸는 것이다. 자동화된 습관은 생각하지 않아도 반복되기 때문에 바꾸기가 쉽지 않다. 자동화된 습관을 변화시키고자 하는 구체적인 목표를 세우고 지속적인 실천을 할 때 긍정 정서와 자기효능감, 자신감을 변화시킬 수 있다.

≫ 신념 만들기: 인간은 누구나 자신 나름의 신념에 따라 행동한다. 어떤 행동이건 그 이면에는 감정과 생각, 욕구 그리고 맨 아래에는 신념이 있다. 부정적이건 긍정적이건 자신, 인간, 세계, 행복에 대한 신념을 토대로 삶의 모습이 형성된다. 자신의 신념을 검토하고 선택하여 변화할 수 있어야 한다.

≫ 강점 활용하기: 자신의 강점을 활용하여 삶에서 어려운 습관을 극복하거나 어떠한 일을 성취해갈 수 있다. 자신의 강점을 발견하고 일상에서 발휘하면서 사는 삶이 진정으로 행복을 만드는 힘이 될 수 있다.

이것을 행복해지기 위한 힘을 기르는 행복 근육 모델이라 하자.

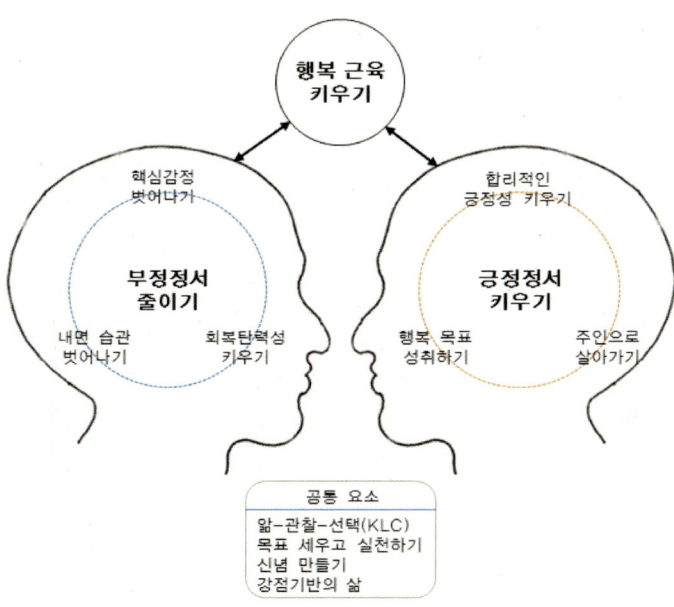

행복 근육 모델

2. 행복학자들의 행복학 강의

1) 하버드 대학 탈 벤 샤하르 교수의 행복 사분면

하버드 대학에서 '행복학 강의'를 하고 있는 탈 벤 샤하르 교수는 과거, 현재, 미래를 잇는 '행복 사분면'을 통해 행복을 설명하였다. 그는 열여섯 살 때 전 이스라엘 스쿼시 선수권대회에서 우승했고, 그 일을 계기로 삶에서 행복이라는 주제에 관심을 갖게 되었다. 스쿼시 선수였던 샤하르 교수는 이스라엘 스쿼시 선수권대회에 출전하기 전에 그 대회에서 우승만 한다면 행복해질 것이라고 믿었다. 이러한 믿음으로 5년간 힘든 훈련과 체중감량을 극복하여 그 대회에서 우승하였다. 우승의 순간 그는 예상했던 것보다 훨씬 더 큰 기쁨으로 행복했지만, 그날 저녁 잠자리에 들기 전에 자신의 꿈이 실현되었다는 행복감이 홀연히 사라지면서 공허감이 밀려들었다. 샤하르 교수는 예상치 못한 공허함에 당황스럽고 두려워져 몇 시간 전에 흘렸던 기쁨의 눈물이 아니라 무기력증이 주는 슬픔의 눈물을 흘렸다. 그는 다시 세계 선수권대회 우승을 목표로 한다고 해도, 다시 행복해질 수 없다는 생각에 절망했고, 어떤 노력도 다 부질없다고 생각했다. 이러한 경험이 그가 행복에 대하여 진지하게 고민하는 계기를 만들었고, 그 고민의 결과가 하버드 대학에서 행복학이라는 과목으로 학생들과 함께하게 하였다. 그는 하버드 대학에서 행복학 열풍을 불러일으킨 긍정 심리학의 전파자가 되었다.

행복을 추구하는 사람의 유형에는 여러 가지가 있을 것이다. 과거의 행복에 묻혀 살 수도 있고, 현재의 행복만을 생각하는 경우도 있고, 미래의 행복을 위해 모든 희생을 감수하는 경우도 있다.

샤하르 교수는 행복을 사분면으로 구분하여 이야기한다. 사분면의 내용은 '성취주의자', '쾌락주의자', '허무주의자', '행복주의자'이다.

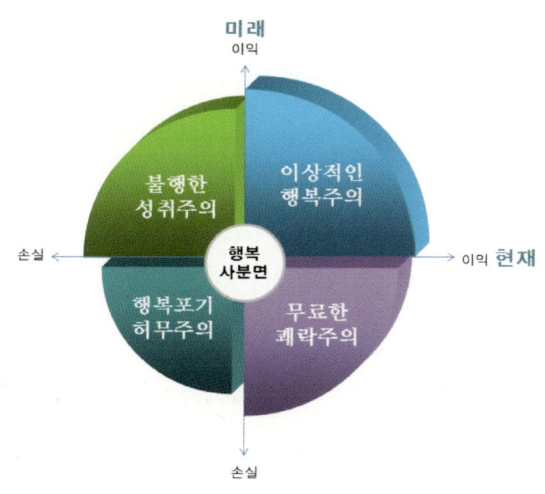

샤하르 교수의 행복 사분면

≫ 현재의 즐거움을 저당 잡힌 불행한 '성취주의(Rat Race)'

'성취주의자'는 현재의 즐거움을 희생하면서 미래를 위한 목표와 행복을 위해 달려가는 사람이다. 고통이 없으면 얻는 것도 없다는 성공의 공식을 충분히 체득하고 있는 사람이다. 많은 사람들이 그 사람을 성공과 행복의 표본으로 삼을 수도 있지만 본인은 행복하지 않다. 과정이 아니라 결과를 중요시 여기는 사회에서 미래를 위해 오늘의 행복을 저당 잡힌 채 희생하지만 다가올 미래에 대한 불안과 기대가 현재의 자신이기 때문이다. 정작 목표를 달성하면 행복할 것이라고 생각하지만, 그것은 행복이 아니라 무사히 목적지에 도달했다는 안도감이며, 목표를 달성했다는 성취감이다. 이러한 성취감은 곧 더 큰 성취를 향해 달려가도록 자신을 내몰게 된다. 행복과 안도감, 성취감을 혼동하는 성취주의자는 달려야 넘어지지 않는 자전거처럼 계속해서 목표를 쫓아간다.

≫ 즐거운 현재가 천국인 '쾌락주의(Hedonism)'

'쾌락주의자'는 현재 즐거움을 추구하고 고통을 피하며 욕구를 충족시키는 데 급급하며, 미래의 모습에 대해 상상하거나 준비하는 것이 무가치하다고 생각하는 사람이다. 행복한 삶은 즐거운 삶의 연속이라고 믿으며, 당장 기분이 좋으면 또 다른 욕망이 생길 때까지 지금 하는 행위를 멈추지 않는다. 열정적으로 일과 사랑, 그리고 다른 사람과의 관계를 시작하지만 신선함과 즐거움이 사라지면 곧바로 다음 관계로 옮겨간다. 쾌락주의자는 오로지 현재에만 초점을 맞추므로 즉각적인 만족을 얻을 수 있으면 미래에 피해를 볼 수 있는 행동도 서슴지 않는다. 또한 그들은 노력과 고통, 쾌락과 행복을 동일하게 여긴다.

장기적인 목적도 없고, 아무 도전도 없는 삶은 무의미하고 무료하고 지루하다. 심리학자들이 실험을 하였다. 대학생들에게 돈을 주면서 대신 아무 일도 시키지 않았다. 그들은 다른 일을 해서

버는 돈보다 훨씬 많은 돈을 받았지만 4~6시간이 지나자 자신이
불행하다고 느끼기 시작했으며, 결국 그들은 보수가 좋고 '편한'
일을 그만두고 자극과 도전을 찾아서 더 힘들고 보수도 적은 일
을 하러 갔다. 미래에 대한 계획과 이를 성취하기 위한 도전이 없
는 쾌락은 행복을 위한 처방이 아니다. 쾌락주의자는 당장의 쾌
락을 위하여 미래를 희생하지만, 더 큰 자극을 위해 수렁에 빠져
드는 마약 중독자와 같다.

≫ 행복을 스스로 포기한 '허무주의(Nihilism)'
'허무주의자'는 행복을 스스로 포기한 사람이다. 스스로 행복
해지기를 단념하고, 삶에 아무런 의미가 없다고 믿으며 체념한
사람이다. 성취주의자가 미래를 위해 오늘을 희생하는 사람이라
면, 쾌락주의자는 오늘을 위해 미래를 희생한 사람이고, 허무주의
자는 과거의 실패에 사로잡혀, 오늘도 미래도 없이 과거 속에 사
는 사람이다. 이러한 상태를 마틴 셀리그만 박사는 '학습된 무기
력'이라 하였다. 셀리그만 박사의 실험에 따르면 '학습된 무기력'
은 과거 실패의 무기력이 학습되어 실패의 환경이 없어졌음에도
현재와 미래에도 영향을 미치는 것을 의미한다.

개들을 세 그룹으로 나누어 첫 번째 그룹의 개들에게는 전기
자극을 주되 스위치를 누르면 전기 자극이 멈추도록 했고, 두 번
째 그룹의 개들에게는 전기 자극을 주되 어떠한 방법으로도 전기
자극을 멈출 수 없게 했고, 세 번째 그룹의 개들에게는 아무런 전
기 자극도 주지 않고 대조군으로 남겨두었다. 첫 번째, 두 번째,
세 번째 그룹 개들은 각기 전기 자극을 주어 실험한 뒤, 그 개들

을 모두 같은 상자에 넣고 전기 자극을 주되 나지막한 장애물을 뛰어넘으면 탈출할 수 있도록 해놓았다. 그러자 전기 자극을 멈출 수 있었던 첫 번째 그룹과 아무런 전기 자극을 주지 않았던 세 번째 그룹의 개들은 재빨리 장애물을 뛰어넘어 전기 자극을 피했지만, 어떤 방법으로도 전기 자극을 멈출 수 없었던 두 번째 그룹의 개들은 쉽게 뛰어넘을 수 있는 장애물을 넘으려 하지도 않고, 아예 탈출하려고 노력조차 하지 않고 그대로 상자 안에 엎드려 있기만 했다. 그 개들은 어떠한 노력도 현실을 바꿀 수 없다는 과거의 경험으로 무기력을 학습한 것이다.

허무주의자들은 과거에 어떠한 시도를 했다가 원하는 결과를 얻지 못하면 그 경험으로 우리의 삶이나 어느 특정한 부분을 통제할 수 없다는 생각을 하게 되어 현재와 미래를 포기하는 자포자기로 이어진다.

≫ 현재와 미래가 모두 행복한 '행복주의(Happiness)'

'행복주의자'는 미래의 행복을 위해 현재의 고통도 행복으로 감수할 수 있는 동시에 현재의 즐거움도 같이 추구한다. 목적으로 가는 여정을 즐기지 않으면 행복해질 수 없다. 현재와 미래는 쾌락주의자와 성취주의자와 같이 서로 충돌하기도 해서 어떤 상황에서는 둘 중 하나를 포기해야 할 때도 있지만, 그렇다고 해서 현재와 미래, 어느 한쪽만 선택하는 것은 아니다. 예를 들어 배움을 진정으로 사랑하는 사람은 새로운 아이디어를 발견하는 즐거움에서 이익을 얻고 그러한 아이디어를 활용하는 것에서 미래의 이익을 얻을 수 있다. 하지만 우리가 언제나 행복하기만 기대한다면 실망할 수밖에 없다. 왜냐하면 우리가 하는 일마다 현재와 미래의 이익을 가져다주지는 않기 때문이다. 때로는 성취주의자처럼 미래의 더 큰 이익을 위하여 현재를 희생할 때도 있고 때로는 쾌락주의자처럼 현재의 즐거움에 심취하는 것이 새로운 에너지를 충만하게 해주기도 한다. 그러나 성취주의자는 어떤 미래에 도착하면 그때부터 영원히 행복해질 것이라는 환상을 가지고 있고, 쾌락주의자는 목적지를 포기하고 오로지 여행만이 중요하다고 생각한다. 허무주의자는 목적지도 여행도 다 포기한다.

진정한 행복은 원하는 목적지를 분명히 하고 목적지로 가는 여행을 즐길 수 있어야 한다. 그 여행은 때로는 거친 광야를 지나가기도 하고, 목마른 사막을 지나가기도 한다. 또한 아름다운 꽃이 피어 있는 정원과 시원한 바다를 지나가기도 한다. 행복은 여행길이다.

Q. 나는 행복의 사분면 중에서 어느 면에 위치하고 있는가?
내일의 목표를 향해서 치열하게 노력하는 '성취주의자'인가?
현재의 즐거움을 위해 그 모든 것을 거는 '쾌락주의자'인가?
과거의 실패 때문에 행복할 수 없다고 스스로 행복을 포기하는 '허무주의자'인가?
현재와 미래 모두 행복하기를 기대하는 '행복주의자'인가?

행복주의=현재 몰입하는 즐거움+미래의 이익에 대한 기대

행복은 동물적 감각이 순간적으로 왔다가 빠르게 사라지는 쾌

락과는 달리 장기간에 걸친 내적 감정이다. 행복은 푸근한 만족감 그 이상이며, 행복한 삶은 지극한 만족감으로 충만한 상태가 아니라 비극, 도전, 불행, 실패, 그리고 후회까지도 모두 껴안고 있는 것이다. 이런 상황에 자신이 어떻게 대처하느냐에 따라 불행해질 수도 있고 행복해질 수도 있다.

2) 소냐 류보머스키의 행복을 위한 공식

저명한 여류 긍정심리학자인 소냐 류보머스키(Sonja Lyubomirsky)는 행복도에 영향을 미치는 다양한 요인들을 종합하여 다음과 같은 행복 방정식을 제시했다.

$$행복공식 = 유전 + 상황 + 자발적\ 행동$$
$$H = S + C + V$$

H: 지속적인 행복의 수준

S: 이미 설정된 행복의 범위(유전적 특성, 자동조절기, 쾌락적응)

C: 삶의 상황(돈, 결혼, 사회생활, 부정 정서, 나이, 건강, 교육, 날씨, 인종, 성, 종교)

V: 개인이 스스로 통제할 수 있는 자발적 행동(과거에 대한 만족도, 미래에 대한 낙관성, 현재의 몰입)

행복은 유전에 의해 결정된 기준점, 개인이 처한 삶의 상황, 그리고 개인의 의도적 노력이라는 세 요인에 의해서 결정된다는 것이다. 삶의 상황이란 나이, 성별, 교육수준, 사회적 계층, 소득과 재산, 가족 및 자녀, 지능 수준, 신체적 매력도와 같은 개인의 상황적 여건을 의미한다. 의도적 노력은 개인의 의지에 의해서 선택하는 자발적인 활동을 의미한다.

유전에 의한 기준점이 행복수준의 50%를 결정하고, 삶의 상황이 10%, 의도적 노력이 나머지 40%를 결정한다고 결론지었다.

≫ H: 지속적인 행복의 수준, 행복도의 안정성

여러 심리학 연구에 따르면, 개인이 행복하다고 느끼는 수준은 세월이 흐르고 환경이 변화했음에도 불구하고 상당히 안정된 패턴을 나타냈다. 긍정심리학자 에드 디너(Ed Diener)가 수행한 한 연구에서는 많은 사람들의 주관적 행복도가 6년에 걸쳐서 상당히 일정한 패턴을 유지하는 것으로 나타났다. 행복도의 안정성을 보여주는 유명한 연구가 있었다. 미국의 캘리포니아 버클리 대학 심리학과 교수인 리앤 하커(LeeAnne Harker)와 대처 캘트너(Dacher Keltner)는 한 여자 대학의 졸업앨범 사진에 나타난 여대생(21세)들의 긍정 정서(눈 주위 근육이 수축되어 주름이 지는 정도로 표현되는 미소의 정도로 측정)를 평가하고 그들이 27세, 43세, 52세가 되는 시점에서 행복도와 부부관계 만족도를 측정했다. 그 결과 졸업앨범 사진에서 긍정 정서를 많이 나타낸 여성일수록 중년기에 행복도와 부부생활 만족도가 높았다. 이러한 연구결과는 21세에서 52세에 이르는 30여 년의 세월 동안 긍정 정서와 행복 정도가 상당히 안정되어 있음을 보여준다.

≫ S: 이미 설정된 행복의 범위(유전적 특성, 자동조절기, 쾌락
  적응)

▶ 유전되는 행복 기준점

이미 설정된 행복 범위(S)에 대한 1980년대 마틴 셀리그만의 연구결과에 따르면 이란성 쌍둥이에 비해 일란성 쌍둥이의 성격이 훨씬 더 비슷하며, 입양아의 성격은 양부모보다 친부모에 가깝다. 이러한 연구 결과를 종합하여 심리학자들은 대부분의 성격 특성이 유전될 확률이 50% 정도라고 한다. 그러나 유전성이 높다고 해서 그것이 곧 타고난 특성을 바꾸기 어렵다는 뜻은 아니다. 유전성이 높은 특성 중에서도 성적 취향이나 몸무게는 거의 변하지 않는 반면, 비관성이나 소심함은 얼마든지 변할 수 있다.

또 미네소타 대학 심리학과 교수인 데이빗 라이켄(David Lykken)과 오크 텔레겐(Auke Tellegen)은 중년기에 접어든 쌍둥이 2,300여 쌍을 대상으로 그들의 행복도 일치 정도를 조사했다. 그 결과 같은 부모에게서 양육된 일란성 쌍둥이의 행복수준 일치도(.44)가 이란성 쌍둥이(.13)보다 현저하게 더 높았다. 더욱 놀라운 결과는 여러 가지 이유로 어린 시절에 다른 가정으로 입양되어 성장한 일란성 쌍둥이(75쌍)의 경우 중년기의 행복수준 일치도가 .52에 이르렀다는 점이다. 유전자가 동일한 일란성 쌍둥이들은 다른 가정에서 양육되고 다른 환경에서 생활하고 있더라도 중년기의 행복수준이 상당히 비슷하다는 것을 의미한다. 이러한 연구결과는 유전이 행복에 강력한 영향을 미치고 있음을 보여준다.

과연 유전적 요인은 어떻게 행복에 영향을 미치는 것일까? 그것은 긍정 또는 부정 정서를 느끼는 기질의 상당 부분이 유전에

의해 결정되기 때문이라고 추정되고 있다. 다른 쌍둥이 연구에 따르면 장기적인 변화도를 측정했을 때 긍정 정서의 40%, 부정 정서의 55%, 그리고 전반적 행복감의 48%가 유전적 요인에 기인하는 것으로 나타났다.

라이켄과 텔레겐은 이러한 쌍둥이 연구에 근거하여 행복 기준점(happiness set point)이라는 개념을 제안하고 있다. 대다수 사람들은 일시적으로 긍정 또는 부정 정서를 경험하지만 결과적으로 되돌아가게 되는 행복감의 평균 수준, 즉 기준점을 지니고 있다는 것이다. 우리가 다양한 생활 사건을 접하면서 일시적으로 강렬한 기쁨이나 슬픔을 경험할 수 있지만 장기적으로 보면 어떤 수준의 정서 상태로 복귀하게 된다. 어떤 사람들은 기준점이 긍정 정서 쪽으로 기울어져 있어서 전반적으로 활기찬 정서 상태를 유지하는 반면, 어떤 사람은 부정 정서 쪽으로 기울어져서 기분이 저조하거나 비관적인 태도에 이끌리게 된다는 것이다.

▶ 행복 자동조절기

심리학자들은 모든 사람에게 저마다 이미 설정된 행복의 범위, 즉 어김없이 되돌아가는 유전적인 행복도가 있을 것이라고 의견을 모은다. 이미 설정된 행복의 범위란 온도 자동조절기 같아서, 엄청난 행복이나 불행을 느끼다가도 자기 본래의 행복도로 되돌아가게 하는 역할을 한다.

거액의 복권에 당첨된 22명을 대상으로 연구한 결과, 이들은 더없이 행복하다가도 늘 이전의 행복도로 되돌아가기 때문에 통제 집단에 속한 다른 22명의 행복도보다 높지 않은 것으로 나타났다. 다행스럽게도 이 행복 자동조절기는 불행한 일을 당했을 때 그 불행에서 우리를 건져내는 역할을 한다. 실제로 우울증은 일시적으로 반복되는 증상이어서 한두 달 지나면 회복된다. 심지어 척수를 다쳐서 하반신이 마비된 사람도 두 달쯤 지나면 부정 정서보다 긍정적 정서가 더 지배적이라고 한다. 한두 해 정도 지난 뒤에는, 이들의 평균 행복도는 건강한 사람보다 조금 낮을 뿐 큰 차이가 없다는 것이다. 전신 마비 환자들 가운데 84%가 자신의 삶을 보통이거나 보통 이상이라고 생각한다는 조사도 있다. 즉, 사람은 저마다 긍정 정서 수준과 부정 정서 수준이 일정하게 정해져 있으며, 이미 설정된 개인의 행복의 범위는 곧 유전으로 결정된 행복도라는 주장과 일치한다.

▶ 쾌락 적응

행복감은 지속되지 않고 시들해지면서 사라지는 걸까? 왜 우리는 이미 갖고 있는 것에 만족하지 못한 채 내가 갖지 못한 것에 매력을 느끼며 끊임없이 새로운 것을 추구하게 되는 걸까?

그것은 적응 현상으로 설명할 수 있다. 인간은 동일한 자극을 반복적으로 접하게 되면 그에 대한 반응이 감소하는데, 이러한 현상을 적응(adaptation)이라고 한다. 적응은 지속적으로 주어지는 자극에 대한 민감성이 점진적으로 감소하는 심리적 성향을 의미하며 둔감화(desensitization) 또는 습관화(habituation)라고 불리기도 한다.

자신도 모르는 순간 이 쾌락에 빠져들면 그때부터 아주 당연한 것처럼 적응해 간다. 부를 축적하고 크게 성공하면 기대치는 그만큼 올라간다. 지금까지의 성공과 재산에 더 이상 만족을 느끼지 못하고 더 큰 것을 바라게 된다. 따라서 자신의 행복도를 최고로 끌어올리려고 안간힘을 쓴다. 그러나 더 많은 부를 쌓고 더 큰 성공을 이룬 뒤에는 또다시 더더욱 큰 것을 바라게 되는 식으로 끝없이 되풀이된다.

만일 이런 쾌락 적응이 없다면 부와 성공을 이룬 사람일수록 더 많이 행복할 것이 당연할 것이다. 그러나 현실은 그렇지 않다. 부자나 가난한 사람의 행복도에는 큰 차이가 없다. 여러 연구결과를 종합해볼 때 부와 성공이 행복에 미치는 영향은 놀라울 정도로 작다는 사실을 알 수 있다.

- 해고나 승진 같은 중대한 사건도 석 달만 지나면 행복도에 영향을 미치지 않는다.
- 끊임없이 쌓여가는 부와 행복도의 상관관계는 매우 낮다. 평균적으로 볼 때 부자는 가난한 사람보다 조금 더 행복할 뿐이다.
- 미국을 비롯한 선진국의 경우, 지난 50년 동안 실질소득은 급격히 증가했지만 생활 만족도는 전혀 증가하지 않았다.
- 최근의 개별적인 급여 인상으로 직업만족도를 측정할 수는 있지만, 봉급 인상의 평균치는 행복도의 예측 척도가 되지 못한다.
- 여러 가지 혜택을 누릴 수 있는 물질적 부와 마찬가지로 신체적 매력 또한 행복도에 큰 영향을 미치지 않는다.
- 무엇보다도 가장 큰 재산으로 꼽는 신체 건강도 행복도와 별 상관이 없다.

적응 현상은 쾌락과 행복에서도 일어난다. 쾌락은 유쾌한 긍정적 경험이기 때문에 인간은 쾌락을 추구하는 동시에 반복적으로 경험하기를 원한다. 그러나 쾌락적인 자극을 반복적으로 접하게 되면 그 유쾌함의 강도가 감소한다. 처음에는 매우 유쾌한 경험이었던 것이 그러한 경험을 반복하면서 쾌감이나 흥미가 저하되는 경우가 많다. 이러한 쾌락 적응이라는 심리적 현상은 인간의 삶에 보편적인 것으로서 행복의 메커니즘을 이해하는 데 매우 중요하다. 이처럼 인간은 새로운 변화에 계속적으로 적응하면서 중립적인 상태로 복귀하는 경향이 있다. 인간은 반복에 둔감하고 변화에 민감하다. 여기에 행복의 비밀이 숨어 있다. 행복감은 새로운 긍정적 변화에 대한 반응이다. 좀 더 행복해지기를 바란다면 매일 똑같이 반복되는 삶 속에서 새로운 긍정적인 변화를 시도해보라. 아울러 일상적인 삶에서 일어나는 긍정적인 변화에 주의를 기울여라. 사실 우리의 삶은 매일 똑같지 않다. 다만 알아차리지 못할 뿐이다. 미세한 것이라도 매일 조금씩 일어나는 긍정적 변화를 민감하게 포착하는 것이 중요하다.

행복은 밖으로부터 주어지는 것이 아니라 스스로 발견하고 발굴하는 것이다. 자신에게 주어진 수많은 혜택을 자각하면서 그것에 감사하고 축복으로 여기며 사는 것이 행복한 사람들의 비결이다. 그리스 철학자 에피쿠로스(Epicurus)가 2,000여 년 전에 한 명언을 마음 깊이 새길 필요가 있다.

"그대여, 그대가 갖지 못한 것을 상상함으로 인해서 그대가 이미 갖고 있는 것의 소중함을 훼손하지 말라. 그대가 지금 갖고 있는 것은 과거 한때 그대가 갖기를 열망했던 것임을 잊지 말라."

≫ C: 삶의 상황
상황은 사람에 따라 행복을 증진시키는 요소로 작용하기도 한다.
아래 미국인 집단 중 긍정 정서보다 부정 정서가 더 많을 것 같은 집단은?

| 가난한 흑인 | 실직자 | 노인 | 중증 장애인 |

사실 사회경제적으로 불리한 위치에 있는 다음 네 집단 모두 당사자들은 대단히 행복하다고 응답한 반면, 이 조사에 응한 미국 성인들 중 가난한 흑인에 대해서 정반대로 응답한 사람이 83%였고 실직자에 대해서는 전원이 정반대로 응답했다. 노인과 중증 장애인에 대해서는 각각 38%와 24%의 성인들만이 긍정 정서가 더 많을 것이라고 응답했다. 우리는 이 조사를 통해 사람들은 대부분 객관적인 환경에 아랑곳없이 자신의 행복도는 높게, 다른 사람의 행복도는 현저히 낮게 평가한다는 사실을 알 수 있다.

자신의 행복에 영향을 미치는 것은 돈 그 자체보다 돈이 당신 삶에서 차지하는 비중이다. 물질만능주의는 도리어 행복을 저해한다. 돈을 가장 중시하는 사람은 실질 소득이 아무리 많아도 자신의 소득은 물론 삶 전체에 대해 늘 부족함을 느끼기 때문이다.

위에서 소개한 외적 환경들을 모두 바꿀 수 있다고 해도 당신에게 큰 도움이 되지는 않는다. 그러한 외적 환경 요소들은 모두 합쳐도 당신의 행복도는 고작해야 8%에서 15% 정도 높아지기 때문이다.

인간의 다양한 정서는 유쾌-불쾌의 속성에 따라 긍정 정서와 부정 정서로 구분된다. 일반적으로 유쾌한 긍정 정서는 개인의 삶에 도움이 되는 자극 상황에서 경험되는 심리적 반응인 반면, 불쾌한 부정 정서는 개체의 생존과 적응을 위협하거나 손상하는 상황에서 경험된다. 행복의 관건은 어떻게 우리의 긍정 정서를 증진하느냐는 점에 있다.

행복 공식에 따르면, 바꿀 수 있는 것과 바꿀 수 없는 것을 구별하는 것이 행복의 지혜이다. 바꿀 수 있는 것은 자발적 행동이며 자신이 스스로 선택하고 행동할 때 보람, 뿌듯함, 성취감, 자부심 등의 긍정적 정서가 생기고 행복감에 젖어들 수 있다. 위험과 불쾌함과 부정적인 모든 요인이 제거된다 해도 적극적인 자기 선택이 없다면 행복할 수는 없다. 그래서 행복은 선택이다.

≫ V: 개인이 스스로 통제할 수 있는 자발적 행동

행복의 수준이 유전적인 요소 50%, 삶의 상황 10%로 결정되며 나머지 40%는 개인이 통제할 수 있는 행동이라 하였다. 즉, 40%는 자신이 선택할 수 있다. 『행복의 기원』 저자인 서은국 교수는 이것을 '작은 아이스크림'에 비유하였다. 자신이 아이스크림을 먹을 때 행복하다면 자주 아이스크림을 먹으면 된다는 것이다. 그렇다고 한 번에 먹을 수 없을 만큼 큰 아이스크림을 먹는다면 처음에는 행복하겠지만 오히려 금방 불쾌함에 빠지게 된다. 작은 아이스크림을 자주 먹으면 행복감을 지속하고 유지할 수 있듯이 일상에서 소소한 즐거움을 찾아서 누리는 노력이 필요하다는 것이다.

행복학자들은 개인이 선택할 수 있는 행동을 과거, 현재, 미래로 나누어 행복연습 하기를 권한다.

지난날의 좋은 것을 기억하고 감사하는 마음, 지금 이 순간 펼쳐지는 일상에서 즐거움을 발견하고 누리는 마음, 다가올 미래를 기대하며 묵묵히 기다리는 마음을 갖는 것이다.

3) 한국인의 행복수준 공식

김명소와 한영석은 한국인이 생각하는 행복요인들과 서구문화에서 중요시되는 행복요인과 요인별 비중이 다를 수 있다고 주장하면서 한국인의 행복수준 공식을 만들었다. 올더퍼(Alderfer)의 생존·관계·성장 욕구 위계이론에 따라 3요소로 분류하여 16개 행복요인을 뽑고 공식화하였다.

$$행복 = 2.5 \times 생존 + 2.5 \times 관계 + 5 \times 성장$$

자신의 생존요소, 관계요소, 성장요소를 생각해보자. 행복과 어떤 관련이 있는가? 16가지 하위 요소에 대한 자신의 비중에 따라 모든 사람의 행복공식은 달라질 수 있을 것이다.

한국인의 행복 요소

욕구	한국인의 행복요소	정의
생존	① 경제력	삶을 살아가는 데 있어서 금전적 여유와 경제적 능력이 있는 정도
	② 사회, 정치, 문화, 환경	자신이 현재 살고 있는 현 사회의 제반 환경적 요인(사회, 정치, 문화, 교육, 환경)에 대해 긍정적으로 생각하고 있는 정도
	③ 외모	현재 자신의 신체적 외모에 대해 긍정적으로 생각하는 정도
	④ 건강	현재 앓고 있는 질병이 없고 건강에 자신 있어 하는 정도
관계	⑤ 자녀의 바른 성장	자녀가 건강하고 바르게 성장하고 있으며 자녀 간에 화목한 정도
	⑥ 부모 및 친지간의 원만한 관계	부모님을 존경하고 부모님과 친지간에 화목하게 지내는 정도
	⑦ 배우자(이성)와의 사랑 및 신뢰	배우자(이성)와의 관계가 서로 신뢰하고, 존중하며, 배우자(이성)로부터 배려, 신뢰와 사랑을 받고 있다고 지각하는 정도
	⑧ 타인과의 원만한 관계	타인과 원만한 관계를 유지하고 있고, 주위에 친밀감을 느끼는 타인이 있는 정도
	⑨ 사회적 지위 및 인정	타인으로부터 현재 자신의 사회적 지위, 학력 등에 대해 인정받고 있는 정도
성장	⑩ 자기수용감	지금까지 살아온 자신의 삶에 대한 자부심, 성취감, 수용감 정도
	⑪ 자기계발 및 목표추구	계속해서 성장해 나가려는 의지와 뚜렷한 목표와 비전을 가지고 이를 달성하기 위해 적극적으로 노력하는 정도
	⑫ 자립성	자신과 관련된 일에 스스로 책임을 지고 독립적으로 문제 해결을 하려는 정도
	⑬ 여가	일상을 벗어난 문화생활 및 레저활동을 계획하고 참여하는 정도
	⑭ 긍정적 인생관	삶을 살아가는데 낙관적으로 생각하고 매사에 자신이 처한 문제에 대해 긍정적으로 생각하는 정도
	⑮ 사회봉사	어려운 이웃과 소외된 사람들을 돕는 봉사활동에 참여하고 있는 정도
	⑯ 종교	현재 만족스러운 종교생활을 하고 있고, 종교의 교리에 따라 살아가려고 하는 정도

자료: 김명소와 한영석(2006), 「한국인이 생각하는 행복요인」, 『조사연구』 7권 2호, pp.1~38

4) 한국인의 행복결정요인과 행복지수

한국보건사회연구원에서는 한국인의 행복결정요인을 개발하고 행복지수를 측정하기 위한 연구를 수행하였다. 심리적 안정, 가족·결혼, 개인적 관계, 지역사회, 일상생활, 경제적 안정, 일, 건강, 주거 등 9개의 요인과 21개의 영역으로 구분하여 설문지를 작성한 후 행복에 중요할 것이라 여기는 정도와 실제로 만족하는 수준을 선택하도록 하였다.

행복하기 위해 중요하다고 생각하는 영역은 ① 현재의 가족(결혼)생활에 대한 만족도, ② 자신에 대한 자아존중감 정도, ③ 가족의 건강수준, ④ 자신에 대한 긍정적인 가치관 및 감정, ⑤ 자신의 주관적인 건강수준이었다.

실제 행복수준은 ① 가족원 관계에 대한 만족도, ② 출산 및 자녀성장에 대한 만족도, ③ 현재의 가족(결혼)생활에 대한 만족도, ④ 친구 및 동료의 관계에 대한 만족도, ⑤ 가족의 건강수준이었다. 상위 항목 5개를 보았을 때 가족관계나 자신에 대한 긍정적인 평가는 매우 중요하게 생각하고 있으나 실제로 나타난 상위 행복수준은 가족 또는 친구나 동료의 관계였다는 것은 생각해 볼 일이다.

행복결정요인의 중요도와 실제 행복수준

요인	영역	중요도	실제 행복수준 순위
심리적 안정	① 자신에 대한 자아존중감 정도	2	8
	② 자신에 대한 긍정적인 가치관 및 감정	4	7
	③ 현재 자신의 모습에 대한 만족도	6	13
가족· 결혼	④ 현재의 가족(결혼)생활에 대한 만족도	1	3
	⑤ 현재의 부부생활(이성교제)에 대한 만족도	6	9
	⑥ 출산 및 자녀성장에 대한 만족도	10	2
개인적 관계	⑦ 가족원 관계에 대한 만족도	8	1
	⑧ 친구 및 동료의 관계에 대한 만족도	11	4
	⑨ 타인에게 긍정적으로 인정받는 정도	15	6
지역사회	⑩ 지역사회 환경에 대한 만족도	21	17
일상생활	⑪ 만족스러운 수면(양, 질)	19	10
	⑫ 여가 및 휴식에 대한 만족도	18	16
경제적 안정	⑬ 원하는 만큼 재산(소득)을 소유(취득)하고 있다는 충족감	16	20
	⑭ 원하는 것을 언제든 사거나 가질 수 있다는 유능감	16	19
일	⑮ 현재의 일 종류와 자신이 원하는 것과의 일치 정도	8	17
	⑯ 현재 일에 대한 급여 및 근무환경에 대한 만족도	11	15
	⑰ 자신의 일에 대한 보람 정도	11	12
건강	⑱ 자신의 주관적인 건강수준	5	11
	⑲ 가족의 건강수준	2	5
	⑳ 규칙적인 운동 여부	14	21
주거	㉑ 주거의 소유 및 질에 대한 만족도	20	14

자료: 김승권 외(2008), 『한국인의 행복결정요인과 행복지수에 관한 연구』, 한국보건사회연구원

5) 대한민국 직장인의 행복 조건

삼성경제연구소(SERI)에서는 대한민국 직장인을 대상으로 행복의 조건을 연구한 결과, 행복은 삶에 대해 전반적으로 만족(Satisfaction)하고, 긍정 정서(Emotion)를 많이 경험하며 삶을 가치(Value) 있게 여기는 것을 포함한다고 하였다. 또 여기에는 외적 요인과 내적 요인을 포함한다. 외적 요인은 인구 통계적 요인, 다른 사람과의 관계, 직업 등으로 행복에 대한 영향력은 상대적으로 약하다. 내적 요인은 유전적 특성, 성격, 자존감, 통제성, 복원력 등의 특성 등으로 영향력이 크다. 특히 성격 중 신경증과 외향성의 영향력이 큰 것으로 나타났다. 또한 행복은 사회적 성공과 타인과의 관계, 건강과 수명에 긍정적 영향을 미친다고 주장하였다.

한국 직장인의 총 행복점수는 55점이며 이것은 직장생활에 대한 만족도(53점), 직장에서의 정서(48점), 직장생활의 가치(65점)로 구성된 것이다. 직장인의 행복을 전반적으로 평가했을 때, 직장생활에 대한 만족도(Satisfaction)가 높고, 직장에서 긍정 정서(Emotion)를 가지고 있으며, 직장생활이 가치(Value)있다고 느끼는 상태라고 정의하였다.

직장인의 행복에 영향을 주는 요인은 직장생활과 일상생활로 구분되며 직장생활은 직무, 관계, 심리 상태의 하위요인으로 일상생활은 경제, 관계, 여가의 하위요인으로 나타났다.

직장인의 행복수준에 영향을 주는 요인

구분	하위요인	내용	영향도 순위
직장 생활	직무	업무 자신감	9
		업무 의미감	2
	관계	조직/상사 지원	3
		동료 지원	5
		회사 친구	10
		회사 동호회	12
	심리 상태	에너지	6
		긍정 감성(PA)	1
		부정 감성(NA)	4
		회사 휴식공간	8
일상 생활	경제(돈)	경제적 수입/지출	14
		기부	16
	관계	가족관계 만족도	7
		외부 소모임	13
	여가	수면시간	15
		적극적 여가시간	11

    SERI 연구에서는 직장인의 행복 핵심요소의 도출 과정과 행복 증진 방안을 제시하였다. 행복하기 위한 3가지 핵심요소로 '마음의 건강', '의미와 성장', '지원적 관계'를 제시하고 행복하기 위한 3가지 핵심요소를 키우기 위한 6가지 행복 증진방안도 함께 제시하였다.

6가지 행복 증진 방안

영역	행복한 직장인의 특징	3대 핵심요인	6대 증진방안
나와 '나 자신' (Me & Myself)	· 긍정 감성 · 부정 감성 · 에너지 · 여가시간	마음의 건강 (Mental fitness)	① 건강한 마음의 기반: 긍정성 높이기 ② 활력 유지하기: 에너지 충전
나와 '업무' (Me & Work)	· 업무 자신감 · 업무 의미감	의미와 성장 (Meaningful thriving)	③ 일에 생명 불어넣기: 의미 창조 ④ 성장의 디딤돌: 강점 개발
나와 '다른 사람들' (Me & Others)	· 조직/상사 지원 · 동호회 가입 · 직장친구 · 가족관계	지원적 관계 (Mutual support)	⑤ 행복 전염의 출발점: 감성리더 ⑥ 함께하는 즐거움: 사회적 관계

6) 행복(幸福, happiness)은 습관이다. 행복은 선택이다

　지금까지 있었던 행복학자들의 주장이나 연구결과를 종합해볼 때, 행복은 좋지 않은 부정적 상황을 회피하는 소극적인 행동이 아니라 과정이 즐겁고 몰입할 수 있으며 결과가 의미 있는 적극적인 행동의 선택 결과이다. 어떠한 외적인 조건도 모든 사람의 행복을 보장할 수는 없다. 내면의 조건이 충족되기만 하면 모든 외적 조건을 극복하고 누구나 행복할 수 있다.

　≫ 행복이란?
　행복에 대해 위키피디아는 욕구와 욕망이 충족되어 만족하거나 즐거움을 느끼는 상태, 행동, 과정이라 정의한다. 즉, 불안감을 느끼지 않고 안심해하거나 또는 희망을 그리는 상태에서의 좋은 감정으로 심리적인 상태 및 이성적 경지를 의미한다. 이러한 행복에는 '만족', '기쁨', '즐거움', '재미', '웃음', '보람', '가치감', '평온감', '안정', '의욕', '희망을 그림' 등의 여러 요소가 포함된다.
　네이버 사전은 행복을 복된 좋은 운수라고도 하며, 생활에서 충분한 만족과 기쁨을 느끼어 흐뭇함 또는 그러한 상태로 정의한다.
　이러한 정의를 통해 볼 때 행복이란 '자신의 욕구와 관련된 어떤 것을 선택하고 행동하는 과정이나 그 후에 욕구가 충족되어 느끼는 만족이나 긍정적인 감정'으로 말할 수 있다.

　≫ 행복은 스스로 오지 않는다.
　행복은 자신의 선택적 활동 결과로 얻어지는 감정인 반면, 부정적인 감정은 선택하지 않아도 스스로 생성되는 특성이 있다.

원시시대로부터 인간의 뇌는 생명을 유지하기 위하여 안전감과 만족감을 추구하는 방향으로 작동을 해왔다. 안전을 확보하기 위하여 탐색하고 긴장하는 가운데 두려움, 분노, 혐오, 슬픔이라는 핵심감정이 생성된다. 신체적이고 심리적인 안전이 확보된 이후 만족을 추구하기 위하여 신체적 쾌락이나 친밀감과 같은 사회적 활동을 선택하게 된다. 이러한 선택이 충족되었을 때 만족감과 기쁨을 얻게 된다. 그러나 신체적으로나 심리적으로 습관적인 불안감에 젖어 있을 경우, 만족을 위한 선택은 우선순위에서 밀려나게 된다. 설령 안전감이 확보되었다 하더라도 부정적인 감정에 습관화된 뇌는 만족스러운 활동을 선택하는 것을 포기하기 쉽다. 이러한 이유에서 뇌가 부정적인 감정에 쉽게 노출되고 불평하고 문제점을 찾아내는 데 익숙한 것은 자연의 이치이다. 반면, 긍정적인 감정은 의도적인 선택과 행동하는 과정에서 만족하는 심리 상태이기 때문에 "선택해야만 얻을 수 있는 것"이라 할 수 있다. 행복이나 긍정적인 감정은 무의식적인 활동을 통해서 얻을 수가 없고 자신이 선택하고 의도적으로 행할 때에만 얻을 수 있는 적극적인 감정이다. 즉, 행복은 배워서 누릴 수 있는 기술이다.

뇌의 입장에서 행복이라는 것은 자신이 선택한 활동에 몰입하고 만족하는 과정에서 행복물질이 분비되는 상태이다. 뭔가 좋은 것으로 보상이 있을 거라는 기대감이 있을 때 도파민, 만족감이 충족될 때 분비되는 행복물질인 세로토닌, 불안 등의 부정 감정이 상쇄될 때 분비되는 엔도르핀이 행복과 관련된 물질이다.

또 뇌의 구조를 통하여 볼 때, 정서를 담당하는 편도체(amygdala),

시상하부(hypothalamus) 등은 의사결정이나 창의성을 담당하는 대뇌피질보다 더 안쪽에 있다. 뒤에서 자세히 다루겠지만, 일반적으로 뇌의 안쪽과 중심으로 들어갈수록 타고난 것, 즉 본능과 관련이 있다. 가장 바깥쪽에 있는 대뇌피질에 가까울수록 후천적이며 자신의 생각과 관련이 있다. 일반적으로 부정적 정서를 담당하는 뇌구조물은 안쪽에, 긍정적 정서를 담당하는 뇌구조물은 더 바깥쪽에 분포한다. 이것은 '불안', '공포', '분노'와 같은 부정적 정서는 노력하지 않아도 그냥 '생기는 것'이며, 긍정적 정서를 느끼기 위해서는 대뇌피질의 해석을 필요로 하는 '노력하여 선택하는 것'임을 의미한다.

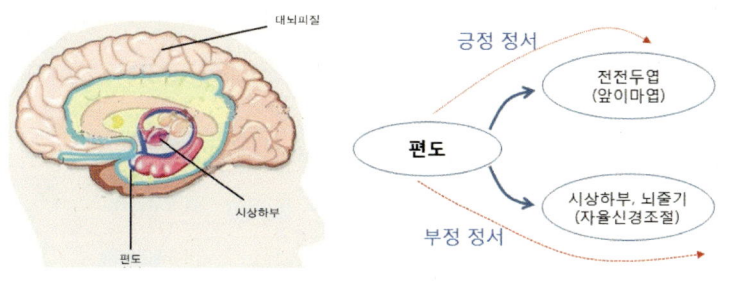

편도-시상하부(안쪽)-대뇌피질(바깥쪽)   편도에서 생성된 정서 전달 경로

≫ 본능에 의한 감정 경로, 의지에 의한 생각 경로

감정이 시상에서 생성되면 시상하부와 대뇌피질로 동시에 전달이 된다. 시상하부로 전달되면 이것은 뇌줄기를 통하여 자율신경을 조절하게 되어 신경계의 흥분으로 연결된다. 예를 들어 시상에서 만들어진 분노는 부신으로 전달되고, 부신에서 코르티솔을 비롯한 스트레스 호르몬을 방출하게 되고 또 이것은 시상하부

로 다시 되먹임되어 분노라는 감정이 확대 재생산하게 된다. 반면, 대뇌피질로 전달된 감정은 분노의 원인이 무엇인지, 어떻게 대응해야 할 것인지 등을 과거 경험을 통해 생각하고 판단하게 된다. 이러한 이유에서 감정 회로는 본능에 따르는 것이고 생각 회로는 의지적인 판단에 따르는 것이라 할 수 있다.

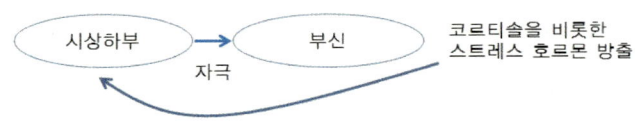

시상하부 활동 증가 : 확대 재생산의 과정

분노 감정의 전달

행복이라는 감정도 의지적인 판단에 의해 선택하는 것이다.

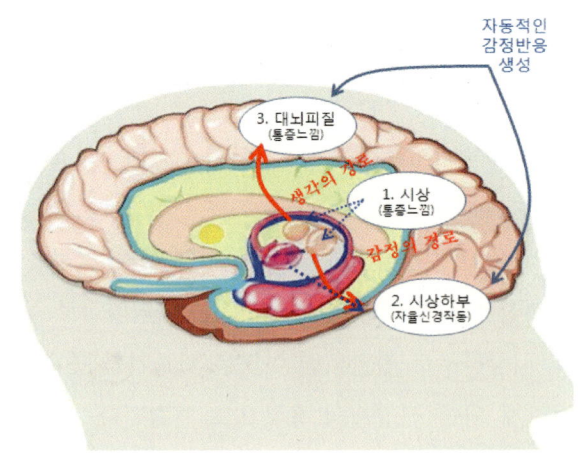

감정의 전달 경로

≫ 욕망과 성취의 균형

쾌락주의로 알려진 에피쿠로스학파는 쾌락이 곧 행복이요, 인생의 최고 목적이라고 보는 입장을 가지고 쾌락은 좋은 것, 곧 선이요, 불쾌는 나쁜 것, 곧 악으로 보았다. 그러나 쾌락을 선택하는데 있어 보다 신중해야 한다고 보았다. 또 행복이란 분모에 욕망을, 분자에 성취를 두었을 때 분자의 값을 늘림으로써가 아니라 분모의 값을 줄임으로써 도달할 수 있다고 하였다.

$$ 행복 = \frac{성취}{욕망} $$

행복이란 우리가 욕망하는 것들 가운데 무언가를 소유하고 성취하였을 때 가지는 유쾌한 감정이다. 즉, 분모에 있는 많은 욕망들 가운데서 하나하나 성취하여 분자의 값을 늘릴 때 행복해진다고 생각할 수 있다.

반대로 에피쿠로스학파의 가르침처럼 욕망을 하나씩 버림으로써 행복에 도달할 수도 있다. 인간의 욕망은 끝이 없는 것이므로 욕망을 다 성취한다는 것은 불가능할 뿐 아니라 욕망을 성취하는데는 언제나 부수적인 고통이 뒤따르게 마련이기 때문이다. 따라서 욕망의 성취를 통한 방법이 아니라 불필요한 욕망을 하나씩 줄여나감으로써 행복에 접근하는 것이 현명한 방법이라는 것이다.

또 실존철학자 쇼펜하우어는 '인생은 욕망과 권태 사이를 왕복하는 시계의 단진자와 같은 것'이라 하였다. 그는 이 세계와 인간의 본질을 이루고 있는 욕망이 모든 고통과 악의 원인이 된다고 보았다. 왜냐하면 맹목적으로 분출되는 인간의 욕망은 잠시도 쉬지 않고 좀처럼 충족되지도 않는데 이러한 충족되지 못한 욕망이 언제나 고통으로 남게 되기 때문이다. 쇼펜하우어의 입장에서 보면 인간을 인간이도록 하는 것은 인간의 가장 밑바닥에 자리 잡고 있는 욕망이다. 인간은 욕망의 덩어리이다. 식욕, 성욕, 명예욕, 소유욕, 권력욕, 인정욕 등 인간의 마음을 움직이게 하고 인간 행위를 유발하는 원인은 욕망이며 인간의 삶을 지탱해주는 것이 바로 욕망이다.

그런데 이러한 인간의 욕망은 한계를 모르고 끊임없이 분출되어 누구도 욕망의 충족을 통해 행복에 도달할 수 없다. 무한한 인간의 욕망 앞에 그 성취는 언제나 한정되어 있고 쉬지 않고 충족되지 못한 욕망은 언제나 고통으로 남게 된다.

$$행복 = 욕망의 \ 충족$$
$$(\infty) \ (불충족=고통)$$

충족하고 싶고 완전히 충족되지 않는 욕망을 바라보고 있는가? 수많은 욕망들 중 몇 가지를 선택하여 충족하고 그로 인해 성취감과 기쁨을 누리는가? 많은 현대인들은 욕망충족을 통한 소유, 성취 수준이 높은 사람을 성공한 사람이라고 여기는데 이 길은 성공과 출세를 통해 행복으로 가는 길이다. 그러나 쇼펜하우어가 말하였듯이 욕망의 속성은 끊임없이 분출되며 충족하는 데에는 고통이 따를 뿐 아니라 욕망의 증가 속도도 더 빠르다. 따라서 행복지수를 높이기 위해서 공식의 분자와 분모 중 어떤 것에 초점을 두느냐에 따라서 삶의 모습이 현저하게 달라진다. 소유 증가를 통한 행복 추구는 외부 지향적인 삶으로 이어지는 반면, 욕망 감소를 통한 행복추구는 내부 지향적인 삶으로 이어진다. 깊은 성찰을 통해서 욕망과 성취의 건강한 균형을 취하는 것이 진정한 행복으로 가는 길이다.

≫ 마틴 셀리그만의 세 가지 행복한 삶

① 안락한 삶

행복의 가장 기본적인 중요한 구성요소는 심리적 안락이다. 편안하고 즐거운 안락한 삶이 행복이다. 인간은 안락을 추구하고 고통을 회피하는 기본적인 성향을 지니고 있다. 이고득락(離苦得樂), 즉 괴로움에서 벗어나 즐거움을 얻고자 한다. 따라서 고통을 최소화하면서 안락을 최대한 누리는 것이 행복이다. 행복에 대한 이러한 관점이 바로 안락주의적 행복관이다.

안락주의적 행복관은 동서고금의 여러 종교와 철학에서 제시하는 행복관 중 대표적인 것이다. 인생에서 추구해야 할 가장 소중한 가치는 심리적 안락이다. 마음이 편안하고 즐거운 것보다 더 중요한 가치가 어디 있겠는가? 억척스럽게 일을 하고 돈을 벌고 신(神)을 믿는 것도 결국은 우리의 마음이 편안하고 즐겁기 위한 것 아니겠는가? 종교에서 이상세계로 제시하는 극락정토(極樂淨土)나 천상낙원(天上樂園)도 고통 없이 편안하고 즐거운 안락한 삶의 세계를 의미한다.

안락주의적 행복관에 따르면, 행복의 핵심은 안락하다고 느끼는 개인의 주관적인 경험이다. 스스로 행복하다고 여기지 않으면서 행복한 사람은 없다. 행복한 사람은 누가 뭐라고 하든, 어떤 조건에서 무엇을 하며 어떻게 살아가든 자신의 삶에 만족하며 편안함과 즐거움을 느낀다. 이처럼 긍정 정서를 많이 느끼며 삶의 만족도가 높은 심리적 상태를 긍정심리학자들은 주관적 안녕(subjective well-being)이라고 부른다. 동물은 배부르고 안전하면 만족한다. 그러나 인간은 복잡한 마음을 지닌 존재라서 자신의 삶을 만족하기가 대단히 어렵다. 여기에 행복의 비밀이 있다. 행복한 삶을 누리기 위해서는 삶의 만족과 긍정 정서에 대한 심리적 메커니즘을 이해하는 것이 중요하다.

② 자기실현적인 삶

행복의 두 번째 요소는 자기실현, 즉 개인의 가능성을 펼치는 삶이다. 안락한 삶을 추구하는 것도 중요하지만, 개인의 재능과 잠재능력을 발휘하며 가족과 사회를 위해 기여하는 것도 인생의 소중한 가치다. 가족과 사회를 떠나 동굴에 틀어박혀 자신만의 심리적 안락과 평화를 추구하는 것이 진정 가치 있는 삶일까? 부모로부터 많은 재산을 물려받아 빌딩의 임대료를 받으며 아무런 걱정 없이 매일 골프나 치고 빈둥거리며 살아가는 삶이 과연 바람직한 삶일까? 자신의 재능과 능력을 펼치지 못한 채 그저 편안하고 즐거운 삶에 안주하는 것이 행복한 삶일까?

아리스토텔레스는 '에우다이모니아(eudaimonia)'라는 개념을 통해서 행복의 새로운 구성요소를 제시했다. 최선의 삶은 안락 추구를 넘어서 개인이 지닌 능력과 강점을 발휘하여 다른 사람과 사회를 위해 기여하는 삶이라는 것이다. 이러한 관점을 자기실현적 행복관(eudaimonic happiness)이라고 한다. 자기실현은 우리의 잠재능력과 가능성을 삶 속에서 충분히 펼치는 것을 의미한다. 인간은 누구나 나름대로의 재능과 강점을 지니고 있다. 이러한 재능과 강점을 삶의 다양한 장면에서 발휘하여 자신의 가능성을 현실화하는 것이 자기실현이다. 마치 작은 씨앗이 그 안에 담긴 가능성을 아름다운 꽃과 알찬 열매로 펼치듯이, 우리의 잠재능력을 직업에서든 인간관계에서든 충분히 발현하는 것이 행복의 중요한 요소라고 할 수 있다.

자기실현적인 행복관에 따르면, 자신의 재능과 강점을 발견하여 충분히 발휘하는 것이 중요하다. '타다 만 불꽃'이 되는 것이 아니라 열정적인 삶을 통해서 자신의 가능성을 충분히 펼치는 것이 행복이다. 직업적인 일이든 취미활동이든 자신이 좋아하는 일에 깊이 몰입할 때 능력이 발휘되고 행복을 느끼게 된다. 자기실현적 행복의 핵심은 자신의 강점을 발견하여 가치 있는 일에 발휘하면서 몰입의 즐거움과 성취의 만족감을 경험하는 것이다.

③ 의미 있는 삶

행복의 세 번째 요소는 자신보다 더 큰 것을 위해 기여하는 의미 있는 삶이다. 자신의 삶에 대한 의미와 가치를 느끼지 못한다면 행복하기 어렵다. 삶의 의미(life meaning)는 타자와의 연결감 속에서 그것을 위해 기여하고 공헌함으로써 발견될 수 있다. 자기실현적 행복관의 또 다른 핵심적 요소는 사회적 공헌, 즉 공공선(公共善)을 위한 삶이다. 아무리 즐거운 안락을 누리고 대단한 능력을 발휘하더라도 자신만을 위한 이기적인 삶이라면 그 속에서 어떤 의미와 가치를 발견할 수 있을까? 이기적인 안락과 성취는 개인의 죽음과 함께 아무런 흔적도 없이 무의미한 것으로 묻혀 버리고 말 것이다. 의미는 그 자체로 존재하는 것이 아니라 다른 것과의 관계 속에서 발견된다. 생명의 불꽃은 그 자체로 의미를 지니는 것이 아니라 세상을 밝히고 다른 존재에게 온기를 불어넣을 때 의미와 가치를 지닌다. 인생의 의미는 '자신보다 더 큰 어떤 것'과의 연결감 속에서 그것을 위해 기여할 때 발견될 수 있다. 가족이든 직장이든 지역사회든 국가든 때로는 신(神)이든 무언가 자신보다 영원한 것을 위해 공헌하고 있다는 믿음이 우리의 삶을 가치 있고 의미 있는 것으로 만든다.

□ 행복의 세 요소가 선순환하는 삶

행복에는 정답이 없다. 하나의 절대적인 정답은 존재하지 않는다. 사람마다 자신의 삶에서 꿈꾸는 행복의 모습이 제각기 다르기 때문이다. 다만 동서고금의 다양한 행복담론을 분석한 결과, 세 가지 요소가 중시되고 있다는 것이다. 또한 긍정심리학자들이 삶을 만족스럽고 충만하게 영위하는 사람들을 분석한 결과, 이러한 세 가지 요소를 두루 갖추고 있다는 것이다.

행복한 사람은 첫째, 자신의 삶에 만족하며 편안하고 즐겁게 살아간다. 둘째, 자신의 일에 열정적으로 몰입함으로써 잠재능력을 잘 발휘한다. 셋째, 자신보다 더 큰 것, 즉 가족, 지역사회, 국가, 인류 등을 위해 기여하고 공헌함으로써 삶의 의미를 느낀다.

Q 1. 당신은 마틴 셀리그만이 제시한 행복관 중 어떠한 믿음을 가지고 있는가?

Q 2. 그러한 믿음을 가지고 있다고 생각하는 증거사례는 무엇이 있는가?

≫ 행복 습관을 뇌에 심어주자.

지금까지 나는 행복하였는가? 지금 나는 행복한가?

행복해지는 힘을 기르기 위해서는 긍정 정서를 만들고 가치 있고 의미 있는 일을 선택하여 행동하며 이를 반복하여 습관화하면 된다. 습관화되면 자동화되고 자동화되면 세포가 기억하여 자연스럽다. 신념이 생각으로, 생각이 감정으로, 감정은 행동으로, 행동은 습관이 된다. 행복 사이클을 연습하여 뇌에 심어주자.

행복은 자신과의 관계, 중요한 타인과의 관계, 의미 있는 일과의 관계가 원만하게 유지될 때 가능하고 무엇보다 행복하려면 "행동하는 긍정주의자"가 되어야 한다.

 행복습관 1. 행복은 주어지는 것이 아니라 선택하는 것임을 믿어야 한다.

제2장

감정을 다루는 힘

1. 인간두뇌의 두 기둥, 지성과 감성

"나는 누구인가", "나는 곧 나의 기억이다."

- 성 아우구스티누스

자극	→	감정	→	신경계의 준비	→	행동
(오감)		(편도체)		(교감신경)		(반응)

1) 생각하는 세포, 1,000억 개 이상의 뉴런으로 구성된 네트워크

뇌는 1,000억 개 이상의 뉴런으로 구성되어 있다. 뉴런은 생각하는 세포라고도 한다. 한 개의 뉴런은 다른 뉴런으로부터 정보를 받는 수상돌기와 세포체, 다른 뉴런으로 정보를 전달해주는 축색돌기로 구성되어 있다. 뉴런과 다른 뉴런이 연결되는 곳이 시냅스이다. 이렇게 뉴런이 네트워크로 연결되어 기억을 하거나 감정을 느끼고 생각을 하게 된다.

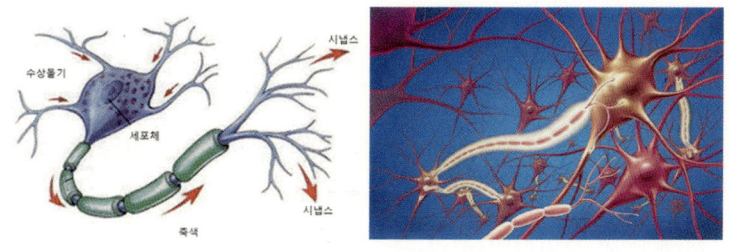

뉴런 네트워크

2) 정보 입력하는 오른쪽 뇌, 해석하는 왼쪽 뇌

뇌는 구조적으로 왼쪽 뇌와 오른쪽 뇌로 분리되어 있고 양쪽 뇌는 각기 다른 기능을 담당하고 있다. 이를 좌뇌-우뇌 반구 모델이라 하는데 1950년대 후반과 1960년대 초 정신생물학자인 로저 W. 스페리(Roger Wolcott Sperry)가 대뇌의 기능적 분석에 대한 연구로 1981년 노벨 의학상을 받았다. 스페리는 좌뇌와 우뇌를 단순히 우열을 가릴 수는 없으며, 인간의 뇌에서 왼쪽과 오른쪽은 서로 상반된 정보처리 체계를 사용한다는 것을 증명하였다. 흔히 좌뇌는 언어적, 논리적으로 알려져 있고 우뇌는 비언어적, 공감각적인 기능으로 알려져 있다. 우뇌가 정보를 받아들이면 좌뇌는 입력한 정보의 의미를 해석하는 역할을 주로 한다.

좌뇌와 우뇌의 기능

좌뇌의 기능	우뇌의 기능
언어적 사고와 판단	시각적, 이미지적 사고와 판단
많은 정보에서 체계적 추리	하나의 정보로 전체를 파악
이성, 지성	감성
논리적	직감적, 감각적
분석적	공간적, 도형적
합리적	비합리성, 신비성
규범, 억압	무규범, 자유로움
의식	무의식

좌뇌와 우뇌는 뇌량이라는 신경다발로 연결되어 있어 양쪽 반구 사이에 정보가 소통할 수 있으며 과학자들은 좌뇌와 우뇌 사이에 활발하게 소통하는 뇌를 추천하고 있다. 일반적으로 여성이 남성에 비해 신경다발이 더 굵으며 이것이 여성이 상대적으로 양쪽 뇌를 잘 사용하고 감성적인 이유라고 추측하기도 한다.

3) 생명 뇌, 감정 뇌, 이성 뇌의 3층 구조

뇌는 수직으로 3층 구조로 되어 있는데 삼위일체두뇌모형이라한다. 미국 국립건강기구의 맥린(MacLean)이 인간의 진화론에서 착안하여 개발한 것이다. 척추를 따라 올라가 가장 끝부분에 위치해 있으며 기본적인 생존활동을 통제하고 생명유지를 담당하고있는 뇌간은 파충류 이상이 모두 가지고 있어 파충류 뇌라고도한다. 뇌간을 둘러싸고 있는 포유류 뇌라고도 하는 변연계는 하층 포유류와 함께 인간이 가지고 있는 뇌이다. 변연계는 슬픔, 역겨움, 분노, 놀라움, 두려움, 기쁨과 같은 감정을 담당하며 입력된정보를 과거의 경험과 비교하고 메시지를 기억장소에 보내는 기능을 담당한다. 가장 바깥쪽에는 영장류의 뇌라고도 하며 의학에서는 대뇌피질이라 부르는 이성을 담당하는 뇌가 있다. 대뇌피질은 가장 늦게 발전된 뇌로서 언어와 생각, 감정조절 등 인간을 인간답게 나타내는 특성을 담당한다. 뇌간, 변연계, 대뇌피질은 각기 다른 기능을 담당하면서도 전교련으로 연결되어 있어 수시로

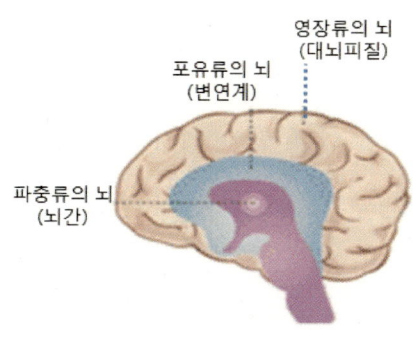

생명 뇌, 감정 뇌, 이성 뇌 위치

정보를 주고받는다.

평소 지성인을 자처하는 A씨는 운전 중에 방향등을 켜지 않은 차가 끼어들 때 갑자기 온몸에서 땀이 나고 심장이 뛰고 동공이 커지면서 뒷목이 뻐근해진다. A씨의 뇌간이 강하게 작용을 한 것이다. 순간 끼어든 차를 향해 화가 머리끝까지 나면서 자신도 모르게 욕을 하게 되고 생각이 잘 정리되지 않는다. 감정 뇌인 변연계가 강하게 작동을 한 것이다. 이때는 제아무리 평소에 지성인으로 뽐냈다 하더라도 이성적으로 판단하거나 감정을 쉽게 조절하기 쉽지 않을 것이다. 한참을 가다가 몸과 마음이 차분해지고 "아까 그 사람도 옆 차선에 있는 차가 갑자기 끼어들어서 어쩔 수 없었겠구나"라고 이성적 사고를 하게 된다. 이때 이성의 뇌가 정상적으로 작동을 한 것이다.

여기에 지성과 감성의 비밀이 있다. 생명 뇌가 안전함을 느껴야 감정 뇌가 건강하게 기능할 수 있고, 감정 뇌가 안전함을 느껴야 이성 뇌가 제 기능을 수행할 수 있다.

만약 습관적으로 감정이 불안하고 분노, 슬픔에 빠져 있다면 이성 뇌는 충분히 제 기능을 수행할 수 없게 된다. 인간이 태어나서 생명 뇌가 먼저 자라고 4~5세경에 감정 뇌가 쑥 자란 후에 사춘기 이후에 이성의 뇌가 많이 자란다. 뇌가 충분히 자라는 결정적 시기에 적절한 환경에서 자라지 못한다면 평생 결핍 상태를 안고 살아가게 된다.

4) 자유롭고 존중하는 환경에서 잘 성장하는 이성을 대표하는 전두엽

대뇌는 인간에게 주어진 신의 축복이며 인간을 인간답게 하는 영역이다. 대뇌피질은 4개의 엽으로 구성되어 있다. 가장 먼저 발달하는 후두엽은 시각정보처리를 담당한다. 청각, 언어청취, 음악청취를 담당하는 측두엽, 감각을 통합하는 두정엽은 미각, 온도, 촉각, 동작 등을 수용하고 읽기와 쓰기도 관할한다. 그리고 가장 늦은 시기인 청소년기에 주로 발달하여 인간을 지성인으로 만들어주는 전두엽은 사고, 이성, 언어, 계획, 상상력 등을 조절한다.

지금 이 순간 처해진 현장에서 시각(후두엽), 청각(측두엽), 촉각(두정엽)은 각자 감각정보를 받아들이고 처리하여 해마라는 곳에 저장한다. 전두엽은 감각기관을 통해 들어온 자극들을 이전에 저장된 기억과 섞어 새로운 시나리오를 작성한다. 즉, 전두엽이 작성한 시나리오는 전혀 사실과 다를 수 있다. 전두엽은 영화감독이나 드라마 PD 역할을 하는 것과 같다. 과거에 촬영해둔 장면을 재생해보고, 내가 만들고 싶은 드라마 주제에 맞추어 장면을 선택하고 순서를 재배열하여 한 편의 드라마를 만든다. 전두엽은 모든 것을 종합, 판단해 최종적으로 '액션'하는 역할을 한다.

전두엽은 사춘기 시절에 급격히 성장하여 깊은 사고, 감정 조절, 의사결정을 하는 데 결정적 역할을 한다. 또한 나는 누구인지 '자아 정체성'에 대해 스스로 고민하게 하고 때로는 주도성을 발휘하고 싶어지게 하는 의식기관이다. 또한 전두엽은 미래 지향적 사고, 정서(감정)기능, 대인관계기능, 사회행동기능, 도덕, 윤리의식, 창의력, 판단력 등의 고등기능을 수행한다.

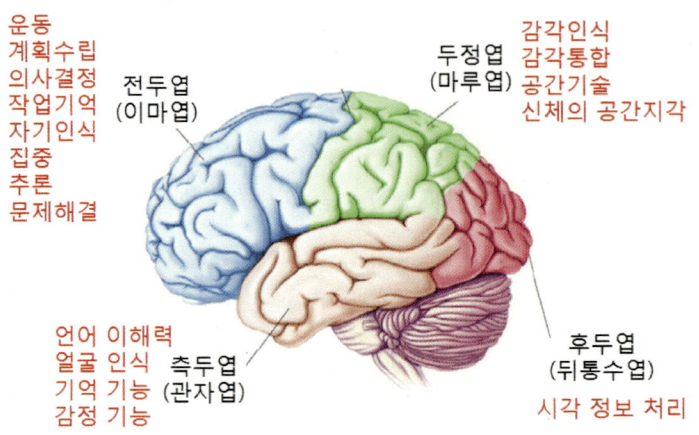

운동
계획수립
의사결정
작업기억
자기인식
집중
추론
문제해결

전두엽
(이마엽)

두정엽
(마루엽)

감각인식
감각통합
공간기술
신체의 공간지각

언어 이해력
얼굴 인식
기억 기능
감정 기능

측두엽
(관자엽)

후두엽
(뒤통수엽)

시각 정보 처리

전두엽, 두정엽, 측두엽, 후두엽 위치

뇌과학자들은 전두엽이 자유분방한 가정의 분위기와 상호 존중적 환경에서 가장 잘 성장하는 두뇌 기능이라는 점을 강조한다.

5) 자기보존을 위하여 감정을 기억하고 유발하는 편도체

감정 뇌인 변연계에 있는 편도체(amygdala: '아몬드 모양'을 의미함)는 정서와 동기와 관련된 심리 상태를 유발하는 대뇌신경조직으로 알려져 있다. 편도체는 공포, 분노 및 불안과 같은 자기보존에 관여하는 정서를 조절한다. 편도체의 한 부분에 대한 자극은 정서적인 분노를 발생시키는 반면에 다른 부분에 대한 자극은 정서적인 공포와 방어적 행동을 일으킨다. 편도체는 인간이 어떠한 대상이나 환경에 대한 위험을 두려워하도록 정서적 연합을 학습한다.

'자라 보고 놀란 가슴 솥뚜껑 보고 놀란다'는 속담이 있다.

자라를 보고 놀라는 것은 편도체의 작동이고 이러한 모습을 보고 두려운 감정을 저장해두는 것은 해마의 작동이다. 이후에 자라와 비슷해 보이는 솥뚜껑을 보고 이전에 느꼈던 두려운 감정이 재현되는 것, 이것이 편도체의 핵심 역할이다.

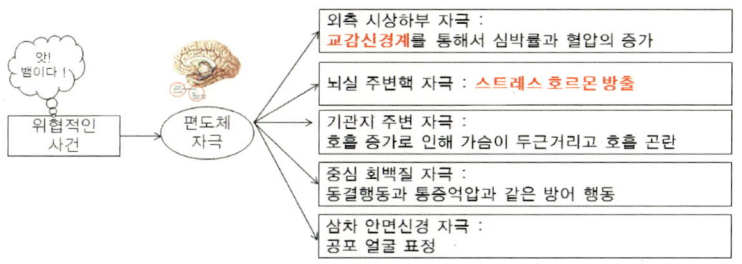

사건-편도체 자극-편도체와 연결된 반응 프로세스

두렵거나 화나는 상황에 접하면, 편도체 자극이 발생하고 즉시 신경계와 다른 신체기능이 적절한 경계태세를 갖추게 한다. 예를 들면 심장이 급하게 뛰고 심장박동 수가 증가하는가 하면 근육이 긴장하고 호흡이 빨라지며, 혈압이 높아진다.

편도체가 손상된 쥐 이야기
보통의 쥐는 고양이를 보거나 고양이의 분비물 냄새만 맡더라도 털이 쭈뼛 서고 몸이 얼어붙어 꼼짝 못한 채 덜덜 떨게 되는데 이것은 자기보전을 하기 위해 유전적으로 기억한 결과이다. 실험실에서 쥐의 편도체를 손상시킨 채 고양이와 한 공간에 집어넣었다. 편도체가 손상된 쥐는 잠자고 있는 고양이 위로 기어 올라가서 고양이 귀를 장난으로 물어뜯는다. 더 이상 공포를 느끼지 않는 쥐는 신경계에 내장된 편도체에 의해 통합되는 공포반응을 발생시키는 능력을 상실한 것이다. 쥐는 편도체가 없이는 고양이에 대해 정서적으로 반응할 수단이 없고, 고양이가 깨어나서 위협적으로 행동할 때에도 고양이를 두려워하는 것을 학습할 능력도 없다. 사람들도 편도체가 제거되면(예: 간질발작을 통제하기 위해서), 평온하고, 유순하고 그리고 도발을 당하여도 정서적으로 무관심해진다.

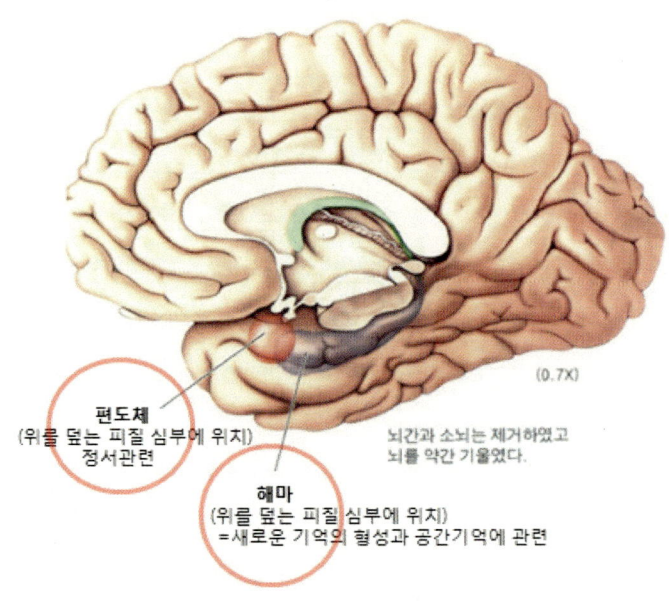

편도체
(위를 덮는 피질 심부에 위치)
정서관련

뇌간과 소뇌는 제거하였고
뇌를 약간 기울였다.

(0.7X)

해마
(위를 덮는 피질 심부에 위치)
=새로운 기억의 형성과 공간기억에 관련

출처: 신경과학:뇌의 탐구(3판) M.Bear 공저, 강봉균 공역 바이오메디북

편도체, 해마 위치

편도체 바로 옆에 바다 말을 닮았다고 하여 이름 붙여진 해마가 있다. 해마는 새로운 기억의 형성과 공간기억과 관련이 있다.

어떤 아이가 성장할 때 강압적이고 권위적이며 폭력적인 가정
환경에서 자랐다면 자신의 신변보호와 생존을 위하여 습관적인
긴장 상태에서 편도체를 자주 사용하였을 것이다. 이 아이는 차
분하게 앉아서 학습에 몰입하는 즐거움을 누렸을 확률이 낮을 것
이다. 두뇌는 생산적 기능을 하는 전두엽을 주로 사용하거나 생
존을 위해 에너지를 낭비하는 편도핵을 주로 사용하기를 계속 반
복하다가 자신도 모르는 사이에 습관이 된다. 습관적으로 불안,
공포, 긴장, 분노 상태에 빠져 있다면 자신도 알아채지 못한 채
"나는 원래 이래"라고 정서 수준을 결정하고 유지하게 된다.

홍미로운 사실은 편도체는 뇌의 거의 모든 부분에 신경적으로
신호를 전송하지만, 단지 일부만이 편도체에 정보를 되돌려준다
는 것이다. 공포나 불안 등 편도체에서 발생한 부정적 감정은 이
성 뇌에 고스란히 전달이 되지만 상황을 정확하게 판단한 이성
뇌는 편도체에 '안전하다'라는 정보를 보내지 않는다는 것을 의
미한다.

이런 불균형 때문에 생각이 정서를 조절하기보다 정서, 특히
부정적 정서가 생각을 억누른다는 주장에 일리가 있다. 건강한
정서에 합리적인 생각이 가능하다는 의미이다. 많은 공포와 불안
의 메시지가 퍼져 나가지만 상대적으로 이성과 합리성의 메시지
가 편도체를 진정시키기 위해 되돌아오지 않는다. 불쌍한 편도
체……

감정 뇌와 이성 뇌의 많은 기능 중 감정을 다루는 것을 요약하면 감정을 분출하는 곳은 변연계 중에서 편도체이지만 감정을 조절, 통제하는 곳은 대뇌피질이다. 좌뇌와 우뇌를 연결하는 뇌량의 아래쪽에 있는 경로로 대뇌피질과 변연계 사이를 전교련이 연결하고 있어 이들은 수시로 통신을 한다. 또한 변연계는 감정과 관련된 무의식적인 신체 반응을 모두 처리하며 대뇌피질에서는 감정과 연관된 정보를 모두 변연계로 보낸다.

변연계는 끊임없이 대뇌피질에 무전을 친다.

"나는~~~ 때문에 불안하단 말이야." "~~~ 때문에 화가 난단 말이야."

6) 신경세포는 모든 것을 기억한다. 그리고 뇌는 자신이 기억하고 있는 정보에 따라 반응한다

뇌에는 1,000억 개 이상의 신경세포가 있고 이 세포들은 각기 연결하여 네트워크를 구성하기 때문에 새로운 기억을 만들 수 있는 수는 거의 무한대에 가깝다.

태어날 때에는 텅 빈 세포(속된 표현이긴 하지만) 상태로 온다. 아이는 새로 접하는 모든 현상에 대하여 눈으로 본 것, 귀로 들은 것, 코로 냄새 맡은 것, 손으로 만진 사실, 입으로 맛본 것을 기억할 뿐 아니라 자신이 내적으로 체험한 감정까지 저장을 한다. 이후에 비슷한 상황을 만나면 기억된 사실과 감정 정보를 바탕으로 어떻게 반응할지를 결정하기 위한 것이다. 그래서 인간은 사실이 아닌 뇌에 저장된 정보에 따라 반응을 하는 것이다. 이렇게 인간은 자신이 경험한 세상에 대해 사실을 기억하고 감정을 기억하게 되면서 죽을 때까지의 세포는 모든 것을 기억하게 된다. 특히, 사실이 아닌 경험한 감정을 철저하게 기억하고 있다가 필요할 때 자동으로 꺼내게 되는 천재적인 시나리오 작가가 된다.

어린 왕자가 지구에 와서 장미를 만났다. 먼저 후두엽을 통해 빨간색의 수십 장 꽃잎과 짙은 초록색의 나뭇잎, 줄기, 가시를 보았다. 측두엽의 후각정보는 처음으로 느끼는 향기를 맡았다. 손으로 가시를 만졌을 때 체감각피질은 따끔한 경험과 동시에 편도핵에서는 "아이, 기분 나빠"와 함께 "부드러운 향기"에 대한 유쾌한 기분을 느끼게 된다. 이때 관련한 신경세포가 동시에 활성화되고 신경세포들은 한 다발로 묶여서 깊은 곳에 저장이 된다. 장미에 대한 여러 가지 사실들과 감정들을 함께 모아서 말이다. 그리고 얼마 후 다른 사람에게 장미에 대해 이야기할 때 이전에 장미를 만났을 때 활성화된 모든 신경세포가 동시에 한 다발로 묶여 동작하게 된다. 이 기억을 바꿀 만큼 충분한 경험이 있기 전까지는 죽을 때까지 이것을 세상의 진실로 기억하게 된다.

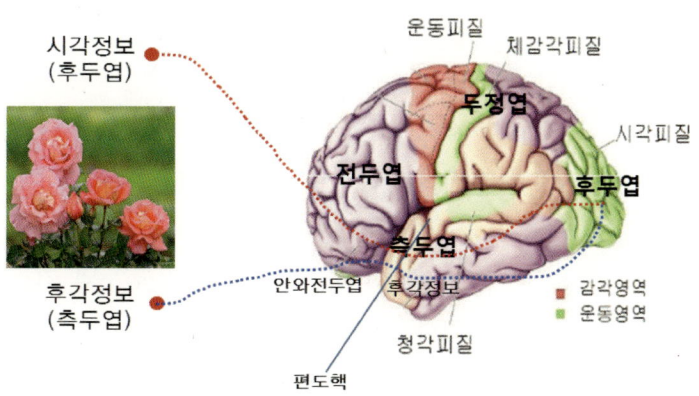

동시다발로 활성화되는 신경계

뇌과학자 도날드 헵(Donald Hebb)은 냄새, 소리, 촉각 등을 한꺼번에 떠올리고 하나의 개념으로 형성한다고 하였다. 예를 들어 어린 시절 자주 분노하는 아버지 밑에서 자란 아이가 있다. 이 아이는 분노하는 아버지를 보는 그 순간 일그러진 아버지의 얼굴, 술 냄새, 큰 고함소리, 자신을 때리는 통증뿐 아니라 두렵고, 분노스러운 자신의 감정을 일으킨 편도핵까지 이 모든 신경세포가 일시에 다발로 활성화하여 기억되어 있다. 이것이 반복되는 횟수가 많을수록 신경세포는 더 잘 활성화되어 마치 공식처럼 강하게 만들어진다. 아이가 성장하여 '아버지'에 대해 회상하게 될 때에 이 모든 신경이 오케스트라 연주처럼 동시에 연주를 하게 된다.

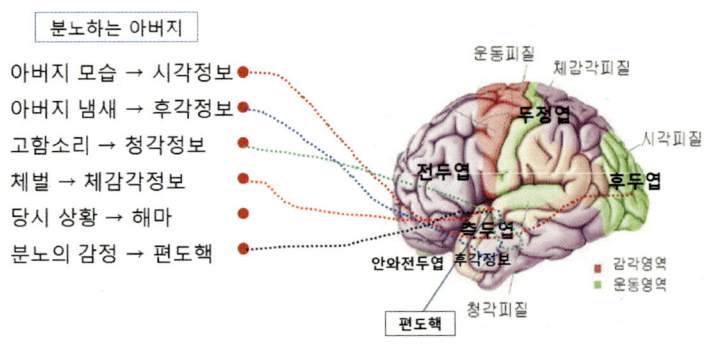

분노하는 아버지를 떠올리며 동시다발로 활성화되는 신경계

중요한 것은, 편도핵 기능이 강화된다는 것은 전두엽 기능이 약화된다는 것을 의미한다. 그래서 어릴 때 좋은 감정 기억들은 자라면서 똑똑한 뇌의 밑거름이 된다.

2. 뇌에서 연주되는 생각과 감정이라는 오케스트라의 진짜 모습

　사람은 하루 평균 5~6만 가지의 생각을 한다고 한다. 그 가운데 95% 이상은 어제도 했던 걱정이나 고민이라고 한다. 생각을 한다는 것을 뇌의 입장에서 보면 신경세포들 간에 쉬지 않고 무언가를 주고받는 것이다. 신경세포들이 주고받는 것을 신경전달물질이라 하며 뇌의 중추신경계 내에서 정보전달자로 작용하는 화학물질이다. 뉴런은 신경전달물질을 통해서 서로 간에 소통을 하는데 정보를 송신하는 뉴런은 신경전달물질을 방출하고 이웃 뉴런은 신경전달물질을 받아들여서 그 정보를 수신할 수 있다. 생물학적인 뇌의 입장에서는 화학물질이 어느 부위에서 분비되는 것일 뿐인데 사람은 슬픔, 기쁨, 행복, 분노 등의 감정을 느끼게 되고 그야말로 오만 가지 생각을 하는 것이 된다.

1) 외부 사건-뇌 내 현상(뇌구조, 신경전달물질)-반응(행동, 감정)의 세 가지 원리

≫ 특수한 뇌구조들이 특수한 감정을 발생시킨다.
뇌구조 중 특정한 부위는 자극을 받으면 특정한 감정이나 동기를 일으킨다. 예를 들어 시상하부의 한 부위를 자극하면 배고

품을 느끼고 다른 부위를 자극하면 포만감을 느낀다. 또 어떤 뇌구조가 손상되면 특정한 감정이나 동기를 느끼지 못한다.

≫ 생화학적 물질들이 특수한 뇌구조를 자극한다.
뇌구조에 자극을 받아들일 수 있는 수용기 부위가 있고 이 수용기 부위를 자극하는 것은 신경전달물질과 호르몬, 즉 생화학물질들이다. 신경전달물질은 한 뉴런과 다른 뉴런 간의 소통을 할 수 있게 하는, 신경계 정보소통의 전령역할을 한다. 호르몬은 혈류를 통해서 내분비선을 심장 혹은 폐와 같은 신체기관들과 소통할 수 있게 하는, 내분비체계의 정보소통의 전령이다.

≫ 일상적 사건(외부자극, 내부자극)들은 생화학적 물질이 분비
   되도록 한다.
예상치 못했던 선물을 받아 놀라거나 밤길을 걷는데 모르는 사람이 따라와 무섭거나 운전 중에 깜빡이를 켜지 않고 차가 끼어든다거나 장미가 흐드러지게 펴 있는 장면을 보고 감동을 받는 모든 일상생활이 생화학적 물질이 분비되도록 자극한다. 심지어 며칠 전 친구와 싸웠던 일을 떠올리면서 화나거나 억울한 생각이 들 때 혹은 애인으로부터 며칠 전 마음에 드는 선물을 받아 기뻤던 일을 회상하면서 다시 흥분감이 올라올 때, 오늘 저녁 데이트를 상상하면서 기대감으로 가슴이 설레는 등의 내부자극에 대해서도 생화학적 물질은 분비된다.
한마디로 자극에 대한 반응으로 생화학적 물질이 분비되고 자극은 오감으로 받아들이는 외부자극과 생각으로 인해 생기는

내부자극 모두를 포함한다.

뇌의 3층 구조에서 감정 뇌(변연계)와 이성 뇌(대뇌피질)가 있다는 것을 기억하는가? 감정 뇌와 이성 뇌의 소통에 대하여 조금 더 알아보자.

감정 뇌(변연계)는 눈, 코, 입, 귀, 촉각을 통해 입력되는 감각정보를 비교적 자동적으로 받아들여 생화학물질을 분비시키는데 이것은 감정 반응이 된다. 게다가 감정 뇌(변연계)는 생각 뇌(대뇌피질)로부터 오는 상당한 입력인 생각을 받아들인다. 이것 때문에 피질 자극인 생각이 감정 발생의 직접적 원인이 될 수 있다.

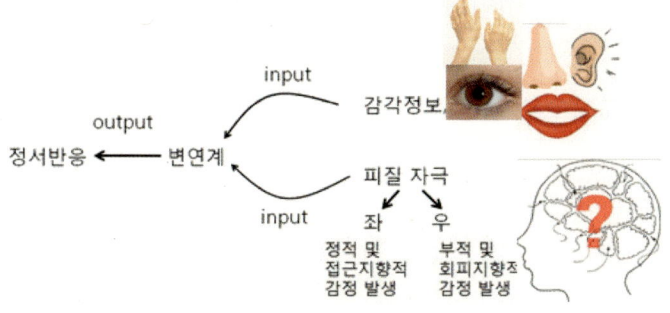

외적 자극, 내적 자극을 입력으로 받아 변연계가 정서를 발생시키는 흐름

질문: 오감을 통한 외부자극과 생각에 해당하는 내부자극 중 어느 것이 더 양이 많을까? 감정을 유발하는 자극의 정도는 어느 것이 더 강할까?

오감을 통한 감각정보(외부자극)나 생각(피질자극, 내적자극)이 발생하면 어느 곳이 먼저랄 것도 없이, 해당하는 뇌구조에서 적절한 신경물질들이 분비된다. 이것을 우리는 감정이라는 이름으로 표현한다. '적절한'이라는 단어에 주목하라. 뒷장에서 여기에 대하여 상세하게 다룰 것이다. 간단하게 언급하자면 우리가 느끼는 감정은 순식간에 자신의 뇌 속에 저장되어 있는 정보들과 지금 입력된 정보를 조합하여 생각 뇌가 만들어낸 시나리오의 결과이다. 생각해보자. 어린아이가 지나가다가 자신을 치면 화가 나고 온몸에 문신을 한 사람이 자신을 치면 두렵지 않은가? 사실이 아니라 사실에 대한 자신의 생각이 감정의 원인이지 않은가? 감정은 뇌의 편도에 저장이 되어, 유사한 상황이 되면 재생이 된다는 사실과 관련되어 있다.

여기에서는 50여 종류의 신경물질 중 도파민과 세로토닌, 노르아드레날린에 대하여 살펴볼 것이다.

2) 자발적으로 행동하게 만드는 신경물질, 화끈한 도파민

도파민(dopamine)은 호기심이 왕성하며 새롭고 기이한 것을 추구한다. 새로운 것에 대단한 관심을 보이며 겁 없이 뛰어든다. 도파민 신경은 뇌간의 좌우 선조체에 분포되어 있다. '즐거움과 보상'을 기대하게 한다. 또한 자신이 의지로 할 수 있는 움직임을 의미하는 수의운동[1]이나, 주의력, 의욕, 쾌락에 필수적이며 중독을 일으키는 핵심 물질로 알려져 있다. 사람들이 하루를 시작할 때, 일정 수준의 도파민이 항상 뇌에 존재한다. 도파민의 방출은 정서적으로 긍정성을 유발하며 이에 따른 정적 정서는 창의성과 통찰적 문제 해결력과 같은 기능을 향상시키기도 한다. 도파민과

---

1) 척추동물에서, 의지에 따른 근육의 움직임. 대뇌피질에 생긴 신경 자극으로 생기며, 보통 골격근에서 볼 수 있다.

관련한 즐거움의 맛은 짜릿한 쾌감, 희열, 흥분이다.

　도파민은 보상과 관련하여 좋은 느낌을 발생시키는 신경물질이다. 식당에서 삼겹살이 구워지는 냄새를 맡을 때, 도파민이 방출한다. 뇌가 도파민을 방출하게 만드는 것은 삼겹살을 먹는 것이 아니라, 보상이 되는 식사를 예상하는 것이다. 삼겹살을 먹을 것을 생각하는 데에서 더 많은 쾌감을 경험한다. 먹는 행위가 기대보다 더 잘 수행된다면 그때에는 도파민 방출이 계속되고 이에 맞게 긍정적인 감정 상태가 지속된다. 또한, 도파민은 신바람을 만들어 고통을 잊고, 일에 매진하게 하며, 의욕을 불러일으킨다. 그래서 며칠 밤을 새우면서 목표한 대로 해결해나가는 힘을 준다. 이렇게 도파민은 화끈하다. 특히 경쟁에서 승리했을 때나 가능성이 적은 행운이 와서 희열을 느낄 때 도파민이 많이 분비된다. 즉, 내기에서 이겼을 때, 복권에 당첨되었을 때, 속으로 좋아하던 이성이 나에게 고백했을 때 도파민이 분출된다. 도파민으로 인한 즐거움은 강한 쾌감과 흥분을 유발하기 때문에 인위적으로 도파민을 나오게 하는 술, 담배, 마약 같은 물질을 찾기도 한다. 이 물질들은 뇌에서 도파민이 흘러나오도록 유발해 짜릿한 쾌감을 준다. 유감스럽게도 이런 종류의 쾌감은 오래가지 못하고 계속적인 도파민 분비를 위해 또다시 술, 담배, 마약을 찾게 만든다. 다음번에 더 큰 자극을 채워야 하기 때문에 양이 늘어간다. 중독의 길로 접어들게 되는 것이다. 이것이 바로 도파민의 함정이다. 도파민이 과다하게 나오면 교감신경계를 강하게 흥분시키기 때문에 불안, 분노, 우울 상태가 쉽게 나타날 수 있다. 도파민에 습관화되어 도파민이 부족하면 금단 증상이 생겨 불안과 우울증이 더욱 심해진다.

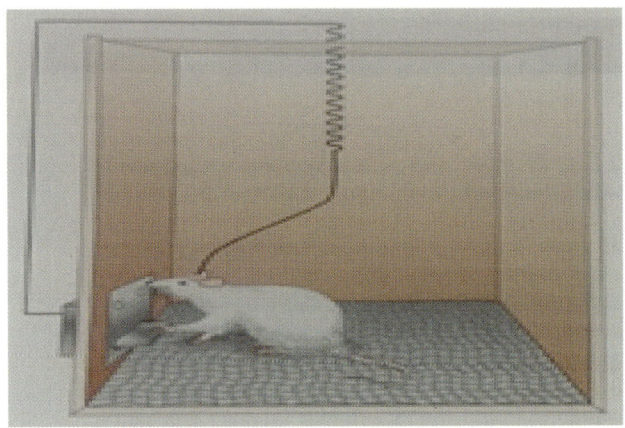

출처: 두개내 자기자극 절차의 실례, 정봉교 외 역, 동기와 정서의 이해, 박학사, p77

쥐에 의한 전기적 자기자극

도파민과 관련한 쥐 실험이 있다. 쥐의 뇌를 열고 도파민 경로에 전극을 연결하여 쥐가 레버를 누르면 뇌에 약한 전기충격을 전달하는 스위치를 작동시키도록 하였다. 쥐는 음식도 먹지 않고 계속 레버를 눌러 도파민 경로를 자극하여 스스로 유쾌한 기분을 선택했다.

3) 은은한 즐거움을 만드는 세로토닌

세로토닌은 체온, 기억, 정서, 수면, 식욕, 기분 조절과 관련된 신경물질이다. 세로토닌도 기분과 정서에 영향을 미치는데 세로토닌 활성이 증가하면 기분이 좋아지고, 감소하면 우울해지는 것으로 알려져 있다. 그러나 세로토닌은 극단적이지 않고 자극적이지 않은 은은한 즐거움을 주는 물질이다. 우울증에 가장 흔히 처방되는 선택적 세로토닌 흡수 저해제(Selective Serotonin Reuptake Inhibitor: SSRI)는 기본적으로 세로토닌 운반체의 억제를 통해 시냅스 공간의 세로토닌 양을 증가시킴으로써 기분을 좋게 하는 약이다. 세로토닌은 공부와 창조성의 기능, 행복, 공격성, 폭력성, 충동성, 의존성, 중독성 등을 조절해 평상심을 유지하게 해주는 것은 물론 감정까지 조절해주는 기능을 한다. 또 주의 집중과 기억력을 향상시키며 신피질을 살짝 억제해 잡념을 없애주고 변연계를 활성화함으로써 공부와 창조성의 기능을 한다. 다음으로 생기와 의욕을 불러일으키고 편안하고 평온한 행복감을 갖도록 도와주어 행복 기능을 한다. 세로토닌은 '자기 억제 회로'가 있어 넘치지 않는다.

세로토닌 분비를 생활 속에서 실천하는 방법을 박용철 정신과 의사는 권한다.

첫째, 가볍게 걷는 것이다. 뇌에서 세로토닌이 왕성하게 분비된다. 둘째, 햇빛을 쐬는 것이다. 셋째, 음식을 오래 씹는 것이다. 저작 운동을 할 때 세로토닌이 분비된다. 음식을 먹을 때 여러 가지 맛을 천천히 음미한다 생각하고 오래 씹어라. 넷째, 감사하는 마음이다. 남들에게 이겼다는 쾌감이 도파민을 분비시킨다면 남에게 고마워하는 마음은 세로토닌을 분비시킨다. 다섯째, 자연과 함께하는 것이다.

"햇빛 좋은 날, 자연을 느낄 수 있는 곳에서, 주위 사람들에 대한 고마움을 생각하면서 걷는 것이다. 하루 30분 이상 산책 또는 걷기 운동을 하라"라고 한다.

　도파민이 분비되는 경로와 세로토닌이 분비되는 경로 또한 다른 것으로 밝혀져 있다.

도파민 경로　　　　　**세로토닌 경로**

Frontal cortex
전두엽

Striatum
선조체

Substantia nigra
흑색질

Nucleus accumbens
중격측좌핵

VTA
복측피개영역

Hippocampus
해마

Raphe nuclei
솔기핵

출처: www.google.com(검색일: 2016.5.2., 검색어: 도파민과 세로토닌)

도파민 경로와 세로토닌 경로

4) 분노와 화 그리고 불안의 주인공, 노르아드레날린

　노르아드레날린은 즉흥적이며 충동적이다. 적극적이지만 공격적으로 되기도 한다. 노르아드레날린 신경은 뇌간 좌우의 청반핵에 대칭으로 있으며 비상시 자극을 보내는 출발점이다. 편도체를 자극해 위험에 대비하게 한다. 그리고 전두엽으로 하여금 적정한 긴장을 하게 함으로써 작업이나 과제수행 등 일을 잘할 수 있게 해준다.

공무원 시험발표일이라 불안하고 초조하다. 불안 물질인 노르
아드레날린이 분비되기 때문이다. 온몸의 세포에 퍼지면 입이
바짝 마르고 팔다리가 떨리는 등 온몸에 불안 반응이 나타난
다. 애써 마음을 가라앉히고 컴퓨터에 합격자 명단을 확인했
다. "와! 합격이다." 즉각 환희 물질 엔도르핀이 분비된다. 두
팔을 치켜들고 큰 소리로 외치며 가슴이 벅차오른다. 불과
0.01초도 안 되는 짧은 순간의 변화이다.

3. 자극에 대한 반응의 임계치 수준, 들뜬 신경계와 안정된 신경계

1) 스트레스 자동 조절장치인 교감신경과 부교감신경, 생각으로 조절 가능한 신경계의 안정화

오감을 통하여 받아들여진 외부자극이나 생각이 주원인인 내부자극에 대한 반응으로 감정이 발생한다. 이렇게 감정이 생기는 것과 동시에 행동으로 연결하기 위하여 자율신경계에 영향을 미친다. 자율신경계 센터는 뇌와 연결되어 있는 신경절을 중심으로 출발하여 온몸의 장기로 연결되어 심장박동, 소화, 호흡, 땀과 같은 신진대사류를 담당하게 된다.

자율신경계에는 교감신경과 부교감신경이 있다. 교감신경은 저항, 긴장, 방어를 담당하고 부교감신경은 수용, 이완, 회복을 담당하는데 교감신경과 부교감신경의 활성화 정도의 균형이 스트레스 대처 능력이 된다. 교감신경 기능이 부교감신경계보다 훨씬 활성화되는 경우에는 신경계가 늘 긴장되어 있고 스트레스 대처 능력이 떨어지게 된다. 반면, 교감신경에 비해 부교감신경 기능이 훨씬 활성화되면 무기력하고 우울한 기운에 빠져 있게 된다.

교감신경계는 우리 몸의 비상 체계라고 생각할 수 있다. 주로 부정적 스트레스를 받으면 뇌는 몸 구석구석에 퍼져 있는 교감신경계를 흥분시켜 위기에 대비한다. 즉, 교감신경이 흥분하면 몸이 위기 상황에 맞게 변화하게 된다. 우리의 뇌는 위기라고 느끼면 싸우거나 도망가는 것 중 하나의 대처방식을 선택한다. 다시 말해 교감신경계가 흥분한다는 것은 싸우거나 도망가기 쉽게 우리 몸을 바꾸는 것을 의미한다. 교감신경계가 흥분하면 힘을 쓰기 위하여 근육들이 긴장한다. 근육들에 산소 공급을 원활히 하기 위해 심장이 빨리 뛰고 혈압이 높아진다. 땀이 흐른다. 에너지를 근육에 동원해야 하므로 소화 기관에 혈액 공급이 제대로 되지 않아 소화가 잘 되지 않는다. 말초 혈관의 혈액도 부족해져 손끝과 발끝이 저리고 떨리기도 한다. 근육이 긴장해 두통과 가슴 조임 등의 증상도 나타난다. 원시시대부터 발달해온 도피나 공격을 할 수 있는 신체환경을 만드는 것이다. 즉, 내장기관들의 활동을 억제하고 심박 수가 증가되고 근육을 긴장하게 만들어서 인체가 에너지를 방출하는 상태가 된다. 이때 몸은 항상성을 유지하기 위하여 부교감신경계를 작동시킨다. 부교감신경계의 역할은 심박동 수와 혈압을 감소시키고 침 분비와 장운동의 증가 및 잠을 유발하고 소화흡수를 촉진함으로써 안정감과 집중력을 도우며 성장발육에 도움을 준다. 또한 배변과 이뇨작용 등을 원활하게 하기도 한다.

중학생 2학년인 동기와 은미는 아파트 벤치에 앉아 내일 있을 교회 행사 이야기를 나누고 있다. 그런데 지나가던 같은 반 친구인 민수와 철민이가 자신을 보면서 손가락질을 하고 웃으면서 걸어오는 모습이 보였다. 갑자기 동기는 쟤들이 지금 나를 놀리고 있고 나한테 와서 자신과 은미를 헤칠 거라는 생각에 분노와 불안한 감정에 휩싸이게 되었다.

동기는 부정적 감정에 휩싸이게 되었기 때문에 스트레스와 관련한 교감신경계와 부교감신경계가 자동적으로 활성화되면서 흥분함과 차분함을 유지하게 된다.
먼저 동기의 교감신경이 활성화되어 심장이 빨리 뛰고 호흡이 가빠지고 혈관이 수축되고, 털이 쭈뼛 서며, 땀이 흐르고 입이 마르며 근육이 긴장되고 소화운동이 저하된다.

이러한 일련의 스트레스와 관련된 생리적 반응(아드레날린 반응)이 급격하게 일어난다. 특별한 자극이 없이 일차적 생리적 반응이 그대로 진행되도록 놔두면, 대략 90초 정도의 시간이 경과하면 분비된 아드레날린 물질이 서서히 소멸되며 자연스레 에너지 발산과정을 마무리하게 된다. 만약 이때 주위에서 누군가 또 다른 자극을 주거나 자신이 생각을 어떻게 하느냐에 따라 이차적, 삼차적 생리적 반응이 연쇄적으로 따라오게 된다. 명심하라. 90초만 참으면 방출된 생화학물질들은 사라지게 된다. 자신의 생각을 조절하여 자극을 하지 않도록 마음을 조절하는 방법을 익혀야 한다.

동기는 마음을 차분히 가다듬고 민수와 철민이가 자신에게 가까이 왔을 때 스마트폰의 새로 나온 허접한 앱 이야기를 하는 소리를 듣게 되었다. 이때 조금 전에 과도하게 활성화된 교감신경계에 대한 항상성 유지를 위하여 부교감신경 활성이 유도되면서, 생리적으로 안정 상태가 되었다.

트라우마와 같은 극도의 스트레스와 연관된 기억을 떠올릴 때 당시와 비슷한 신체 감각을 느끼는 것은 트라우마 당시 극도로 흥분했던 교감신경계의 상태를 뇌가 기억했다가 다시 반복하기 때문이다. 감정이 습관화되는 이유도 마찬가지이다. 교감신경계는 신체 증상뿐만 아니라 감정에도 직접적인 영향을 미치기 때문이다.

2) 교감신경계의 습관적인 흥분 상태, 안정 상태로 가라앉혀야 한다

[교감신경계의 활성도 습관] 그림 (a)에서 평상시 교감신경계의 활성도가 높은 사람과 상대적으로 낮은 사람이 있다. 일상생활 속에서 주로 분노, 불안 등의 부정적 스트레스 상황이 되면 (b)처럼 교감신경계가 활성화되어 여러 증상이 나타나게 된다. 즉, 흥분 상태가 일정 수준 이상으로 올라가면 가슴이 뛰거나, 불안해하거나, 땀이 나는 등의 증상이 나타난다. 교감신경 활성도가 증상이 나타나는 수준 이상으로 올라가지 않으면, 우리가 자각하는 증상이 나타나지 않는다. 하지만 그 경우에도 내가 모르는 사이 교감신경은 어느 정도 긴장했다 풀어진 것이다. 교감신경이 흥분한 뒤 그것을 발생시킨 스트레스가 지나가면 흥분도가 다시 아래로 떨어진다.

하지만 스트레스가 자주 반복되는 상황이면 교감신경계는 좀 다르게 반응한다. 스트레스가 왔을 때 흥분도를 증가시켰다가 스트레스가 지나가도 안정 상태로 돌아가지 않는다. 자신이 인식하지 못하는 수준이긴 하지만 (c)처럼 활성도를 기본적으로 높게 유지하고 있는 것이다. 즉, 교감신경계가 흥분하여 들떠 있는 상태가 된다. 다음에 더 민감하게 반응하기 위하여 긴장 상태를 유지하게 된다. 그래서 스트레스를 자주 받는 사람은 다음번에 더 쉽게 스트레스를 느낀다. 이때, 생각 뇌가 천재적인 시나리오 작가로서 시나리오를 쓴다. '나는 원래 예민한 사람이야'라고.

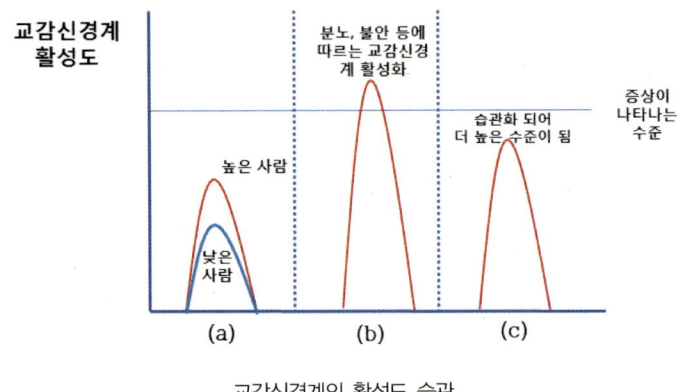

교감신경계의 활성도 습관

　격한 감정도 스트레스의 일종이다. 격한 감정을 보일 때 교감
신경계는 흥분된다. 즉, 스트레스를 자주 받은 사람이 더 쉽게 스
트레스를 느끼듯, 격한 감정을 자주 느꼈던 사람은 다음번에 더
욱 쉽게 격한 감정이 발생한다.

　가령 불안을 자주 느껴서 교감신경계가 흥분된 채로 유지되는
사람은 교감신경계가 민감해져 있기 때문에 작은 자극에도 쉽게
불안을 느낀다. 그런 후에 새로운 불안이 또 다른 스트레스로 작
용해 교감신경계를 더욱 긴장시킨다. 그 결과 더 작은 자극에도
쉽게 불안을 느끼게 되는 악순환의 고리를 형성하게 된다. 바로
이런 악순환의 고리가 감정습관을 만들어내는 중요한 메커니즘
이다. 시험, 대인불안 등 특정 상황에 대한 불안이 자주 반복되면,
상황과 관계없이 불안이 점점 더 쉽게 발생하고, 일상생활 내내
습관이 되는 이유도 이것으로 이해할 수 있다.

교감신경계의 습관화된 흥분 정도는 감정의 습관과 아주 흡사하다. 높은 흥분도는 자주 발생하는 자극에 대해 쉽게 반응하기 위한 것이라는 것은 유사한 자극에 자주 감정반응이 습관화된 것이며 앞으로도 아주 작은 자극에도 쉽게 반응할 준비가 되어 있기 때문이다. 그래서 불안습관에 길들여 있는 사람은 쉽게 불안을 느끼고 분노습관에 길들여 있는 사람은 쉽게 분노를 느낀다.

질문: 나의 교감신경계 흥분도는 어느 정도일까? 나의 교감신경계 흥분도는 주로 어떤 감정 습관에 쉽게 반응하는 것일까?
슬픔/역겨움/분노/놀라움/두려움/기쁨

3) 생각 뇌는 교묘한 나만의 전담 시나리오 작가

우울, 불안, 외로움, 공포, 분노 등 감정의 종류에 따라 교감신경계가 각각 다른 반응을 나타내지는 않는다. 그저 어떤 감정이든 양이 채워지면 교감신경계는 흥분된 쪽으로 간다. 교감신경계는 감정의 종류보다는 그 감정이 주는 자극의 정도에 더 예민하게 반응하는 것이다. 불안이나 분노의 부정적 감정이나 댄스장이나 롤러코스트와 같은 강한 쾌감도 교감신경계를 흥분시킨다. 이러한 강한 감정이 오래 지속되거나 반복되면 교감신경계의 흥분 상태도 오래 지속되고 뇌는 이러한 긴장 상태를 정상으로 인식한다. 그리고 그 상태를 가능한 유지하려고 한다. 이러한 감정습관은 몸의 입장에서 이야기하면 교감신경계의 과도한 흥분이 정상인 양 표준이 되어 버린 것이다. 뇌는 익숙해진 교감신경의 흥분을 유지하기 위해 자신을 속이며 교묘한 수단을 동원할 것이다.

불안으로 익숙해진 습관은 불안을 찾아 생각들을 왜곡하고 시나리오를 쓸 것이다. 분노로 익숙해진 습관은 분노의 대상을 계속 찾을 것이다. 이때 생각은 훌륭한 시나리오 작가가 된다.

"나는~~~ 때문에 화가 난다고."

뇌는 분노의 대상을 찾아 분노를 하는 것이 가장 쉽고 익숙하겠지만 분노의 대상이 사라져 버리면 뇌는 교감신경계의 흥분도를 유지하기 위하여 다른 감정이라도 격하게 끌어들이려고 한다. 예를 들어 분노를 극도의 우울로 변신시킨다. 감정의 종류보다는 감정의 자극 정도가 교감신경의 흥분을 유지하는 데 더 중요하기 때문이다. 또 시나리오 작가가 등장한다.

"나는 우울하다고." "나는 정말 심심하다고."

이상하지 않은가? 흥분한 신경계는 같은 모양인데 극도의 흥분과 분노라는 감정의 모양만 달라지다니!

야구장에서의 유쾌한 즐거움이 갑자기 싸움으로 변한다든지, 무대 위에서의 열광적인 공연 뒤에 혼자 있을 때 극도의 외로움이나 우울에 빠지는 이유를 이것으로 설명할 수 있다. 뇌는 그저 교감신경계를 자극할 무언가가 필요하기 때문에 불안이나 우울, 공포, 분노 등 다른 감정들을 이용하려고 한다. 이전 감정과 같은 종류라면 더할 나위 없겠지만, 상황에 따라 더 취하기 편한 감정을 선택한다. 이전에 흥분되었던 것과 비슷한 크기의 자극을 주는 감정을 찾는다. 따라서 불안, 우울, 분노 등 각각에 맞는 감정 조절도 중요하지만 몸이 기억하고 있는 교감신경의 흥분도 역시 중요하게 다루어야 한다. 교감신경을 안정화시키지 못하면 감정은 그 모습을 바꾸어가며 계속 마음에 상처를 남길 것이기 때문이다.

4) 자극적이지 않은 잔잔한 즐거움을 찾아라

> 스트레스란 '고통이건 쾌락이건 간에 머리부터 발끝까지의 신체 기관에 부담을 주어 신체나 정신의 균형이 위협받는 상태로, 재적응을 필요하게 만드는 자극에 대한 신체의 비특이적인 반응'을 말한다. (대한신경정신의학회)

나이가 들어갈수록 어떤 맛이건 자극적인 음식을 찾는 사람들이 많다. 혀가 약한 맛으로는 충분하지 않을 만큼 습관화되었기 때문이다. 짜게 먹는 사람은 점점 떠 짠맛을 느껴야 맛있다고 하고, 맵게 먹는 사람은 점점 더 매운맛을 좋아하게 된다. 교감신경계의 흥분도를 굳이 다시 설명하지 않더라도 감정은 유사한 종류의 더 강한 감정을 계속해서 요구하게 된다.

자극적인 감정에 익숙해져 있다면 유쾌한 감정이건 불쾌한 감정이건 예외는 없다. 행복감도 성공도 자극적인 정도를 원하다가 그것 때문에 일이 잘 안 될 때에는 반대로 심한 공포와 불안감이 나타난다. 극에서 극으로 움직이는 그의 감정 습관 때문이다. 극과 극이 아닌 그 사이에 있는 작은 즐거움과 행복을 발견하는 습관으로 바꾸어야 한다.

스트레스란 기분 나쁜 고통만을 의미하는 것이 아니라 쾌락과 흥분 같은 자극의 양이 높은 즐거움도 스트레스가 된다. 실제로 홈스(Holmes)와 라헤(Rahe) 박사가 조사한 일생을 살아가면서 받는 가장 큰 스트레스 사건 열다섯 가지를 살펴보면, 결혼, 임신, 출산, 배우자와의 재결합과 같이 기대와 흥분, 쾌감을 동반하는 사건들이 들어 있다. 쾌감 역시 스트레스로 작용할 땐 교감신경을 자극하고 몸을 긴장시킨다. 이렇게 흥분된 교감신경은 언제라도 불안, 분노, 우울, 신체적 통증 등으로 쉽게 변화할 수 있다. 고등학교 졸업식, 야구 경기장, 공연장 등에서 쉽게 난동으로 변하고 폭력적이 되는 것이 그 예이다. 바로 자극적인 쾌감은 나도 모르는 사이 스트레스로 작용해 교감신경을 흥분시키며 교감신경의 흥분은 불안, 우울, 분노 등의 증상으로 쉽게 바뀔 수 있다. 자극적인 쾌감과 행복은 다르다. 행복이나 쾌감이 모두 같은 유쾌 감정으로 생각할 수 있지만 소소한 행복과 자극적인 쾌감은 그 성질 자체가 다르다. 소소한 행복이란 뇌에서 세로토닌이라는 생화학물질이 나오는 것이며 자극적인 쾌감은 뇌에서 도파민이라는 생화학물질이 나오는 것이다.

평면에 그려진 지구의 지도에서 완전히 반대에 있는 곳이 둥근 지구본에서는 가장 옆에 있는 지역이다. 완전히 반대에 있는 것은 서로 같은 것이 될 수 있듯이 극과 극은 서로 통한다. 감정도 마찬가지이다. 극도의 쾌감은 극도의 불안과 맞닿아 있다. 햇빛이 강하면 그 뒤에 따라오는 그림자도 강한 법이다. 강한 햇빛에 익숙해진 뇌는 햇빛이 부족해지면 그 자극과 습관을 유지하기 위해, 가장 어두운 그림자를 선택한다.

NLP 지도자들은 주장한다. "지도는 실제 영토와 다르다."
같은 원리로 필자는 주장한다. "내가 기억해내는 것은 실제와 다르다."

5) 생각의 감옥에서 빠져나와라

지금 창 너머 구름을 바라보세요.

"예전에 놀러 갔을 때~~~."

"내일 뭐 하지?" 하는 생각이 떠오르면 생각의 감옥(?) 속에 있는 것이다.

대뇌피질 자체가 과거의 경험과 학습된 과거 정보이다. 과거 정보가 미래에 영향을 미치게 된다. 현재인 외부 자극 입력과 과거인 내부에 저장된 경험 정보가 합쳐져 반응을 불러일으키지 않는가? 어느 것이 더 영향력을 발휘하는가?

대뇌피질은 쉬지 않고 재잘재잘 자신만의 시나리오를 쓰고 있다. 눈을 감고 아무런 생각을 하지 말고 있어 보라. 가능한가? 어떤 생각들을 하는가?

과거 경험에 대한 후회와 아쉬움, 미래 일어날 일들에 대한 불안과 기대가 대부분일 것이다. 그래서 생각의 감옥에 갇혀 있다는 것이다. 과거나 미래가 아닌 현재 이 순간만이 자신의 삶으로서 의미 있는 것이다.

위에서 설명한 방식대로 시냅스에 강하게 부정적인 회로가 형성되어 있다면 어느 순간 유사한 자극을 보기만 해도 그 세포들이 활성화된다. 그 순간 과거의 기억을 회상하면서 아프게 된다.

그냥 단순히 지금 맞부딪힌 사실(외부 자극)을 맞이하면서도 과거의 아픈 기억을 가져오고 분노를 키우거나 원망하는 시나리오를 얼마나 잘 쓰고 있는지 자신을 살펴 생각해보자. 그러면서 "나는 왜 나쁜 일이 반복되는 거지?"라고 말하지만, 자신이 유사한 자극에 유사하게 반응을 선택하는 것이다.

생각이 많을수록 현재를 살지 못하고 과거의 기억 속에 사는 것이다. 특히 생각 속에 왜곡된 것이 많다면 더욱 단단한 감옥이 될 것이며 누구나 자신의 생각하는 틀을 만들어 가지고 있다. 이런 이유에서 대뇌피질은 유용하지 않은 부정적인 일에 쉬지 않고 소모되고 있다고도 볼 수 있다. 생각과 판단을 멈추고 지금 여기 이 순간에 순수하게 반응해야 한다. 그래야 의사결정이 필요한 순간에 순도 높은 사고를 가능하게 된다.

"시나리오 쓰고 계시네요~~~."

생각 뇌를 쉬게 하라. 생각의 감옥에서 빠져나오라. 평안을 느끼게 되고 순도 높은 사고를 하는 지성인이 될 것이다.

 행복습관 2. 교감신경계를 차분한 상태로 유지한다. 불쾌한 감정에 휩싸이고 교감신경계가 흥분한 상태를 알아차리면 90초간 그 생각으로부터 벗어난다.

제3장

핵심감정의 힘

1. 핵심감정이란?

한 인간이 태어나서 겪는 일상 경험을 통하여 사실기억과 감정 기억이 쌓이는 것은 물론 새로운 자극상황에서 사고하는 방식과 감정을 처리하는 방식이 패턴화된다. 또한 한번 활성화된 감정은 다음에 더 쉽게 활성화되고 이러한 과정을 반복하다가 자신의 감정습관이 된다. 이렇게 습관화되면 자신도 모르는 사이에 세상과 소통하는 주된 사고방식과 감정으로 자리 잡아 마치 자신의 눈에 딱 맞는 안경과 같이 작용하게 된다. 특히 태어나서 다른 사람에게 모든 것을 의존하고 살 수밖에 없는 시기에 겪는 강한 감정들이 변연계의 편도체에 강하게 뿌리박혀 안주인 역할을 하게 된다.

이렇게 자신도 모르는 사이에 깊이 뿌리박혀 사고와 감정과 행동에 영향을 미치고 지배하는 것이 핵심감정이다.

"핵심감정은 한 사람의 일거수일투족에 다 배어 있다.
쌀가마니의 어디를 찔러도 쌀이 나온다."

- 이동식(1970)

"핵심감정은 무의식중에 가장 밑바닥에 있는 감정으로 매 순간에 작용하고 있다. 핵심감정은 이렇게 순간순간 이제까지의 내 삶을 지탱하게 해주는 건강한 면과 현재의 나로 살게 하지 않고, 과거의 감정에 얽매여 힘들게 하는 면이 있다."

- 김경민(2013)

핵심감정은 외부 자극에 대하여 반복적으로 움직이는 마음 상태이다. 사랑받고 싶거나 인정받고 싶은 욕구가 좌절되었을 때 주로 나타나는 감정으로, 한 사람의 말과 행동 및 사고와 정서를 지배하는 중심 감정이라고 할 수 있다. 무의식의 가장 밑바닥에서 매 순간에 작용하여 인간의 전체적인 삶에 영향을 준다. 순간순간 이제까지의 내 삶을 지탱하게 해주는 건강한 면이 있는 반면, 과거의 감정에 얽매여 힘들게 살아가게 하는 면도 있다. 즉, 한 사람의 생존전략인 것이다.

1) 핵심감정의 특징

모든 인간이 공통적으로 일생 동안 경험하게 되는 핵심감정의 특징에 대하여 알아보자.

≫ 핵심감정은 인간이 타고난 본성이며, 고유기능을 갖는다.
1차 감정(핵심감정)을 제대로 다루지 못했을 때 따라오는 2차 감정은 악한 행동으로 연결될 수 있다. 그리고 고유기능을 갖는다는 것은 모든 핵심감정은 인간의 생존에 있어 어떠한 '유익함'이 있다는 의미이다.
- 1차 감정(핵심감정): 분노, 슬픔, 두려움, 역겨움, 놀라움, 기쁨
- 2차 감정: 원망, 적개심, 자기연민, 우울, 염려 등

≫ 핵심감정은 도덕과 관련이 없다.
핵심감정이 발생하는 것 자체는 선하거나 악하지 않다. 외부 자극에 대하여 자신을 보호하기 위하여 생기는 것으로 핵심감정

을 잘 살피면 자신이 원하는 것과 생각을 올바로 관찰할 수 있다.

≫ 핵심감정은 행동으로 옮겨질 때 도덕성이 개입한다.

감정은 선·악으로 평가할 수 없지만 이를 행동으로 옮겼을 때 그 행동이 선한지 악한지 평가할 수 있다. 그래서 부정적인 핵심감정을 오래 품고 있지 말고 빨리 인식하였다가 처리하는 지혜가 필요하다.

≫ 핵심감정은 사용할수록 강화되고 사용하지 않을수록 약화된다.

감정도 자주 사용하면 길이 난다. 길이 난다는 것은 두뇌 속에서 관련된 시냅스가 강한 네트워크로 연결된다는 것인데, 반복적으로 연결되다 보면 어떠한 자극에 대하여도 먼저 그 네트워크가 반응하게 된다. 마치 오른손잡이는 무엇을 할 때도 먼저 오른손을 무의식적으로 내미는 것과 같다. 나쁜 감정회로를 강화하지 말고 좋은 감정회로를 강화하는 것이 감정의 지혜이다.

≫ 인간은 감정을 선택할 수 있으며, 다스릴 힘이 있다.

자신을 도울 수 있는 것은 자신뿐이다. 자신의 감정을 다스리지 못하면 악한 행동으로 이어진다. 강한 감정을 느끼는 순간이 선택의 순간이다. 사실 모든 감정은 자신을 보호하고 생명을 유지하는 진화론적으로 유익하기 때문에 스스로 다스릴 능력 또한 내부에 있다.

≫ 감정은 원인이고 행동은 결과이다.

　반복적으로 상한 감정과 생각, 즉 마음을 가지고 있다면 세계관, 행복관, 인간관이 손상되어 그에 따른 행동은 관계 분리 · 인색 · 슬픔 · 근심 · 분주한 삶 · 배신 · 물질만능 · 망각 같은 부정적인 것으로 이어진다. 그러나 건강한 정서와 생각의 마음을 가지고 있다면 건강한 세계관, 행복관, 인간관을 가지게 되어 행동의 결과도 연합/하나 됨 · 풍요/풍성 · 여유 · 신의 · 철학/가치 · 기억함 같은 긍정적인 것으로 이어진다.

2. 핵심감정 찾아보기

1) 직감으로 선택하기

뇌 속에서 일어나는 사건은 유사하지만 심리로 느끼는 현실과는 엄청난 차이가 있다. 유아기에 아이들은 불편함만 느낄 뿐이지만 자라면서 "아프다", "화난다", "밉다"와 같이 불편함의 종류를 구분할 줄 알게 된다. 같은 불편함의 감정을 세밀하게 구분하여 표현하는 것이 감정조절의 기본적인 단계라 할 수 있다. 우리나라에서 정신과 의사인 이동진 박사가 핵심감정이라는 단어를 처음으로 사용하였으며 김경민은 한국 상황에 맞고 심리상담학적인 관점에서 핵심감정 프로그램을 개발하여 확산하고 있으며 16가지의 핵심감정을 제시하고 자신의 핵심감정을 확인할 수 있도록 설문을 개발하여 제공하고 있다.

1. 부담감	2. 경쟁심	3. 억울함	4. 열등감
5. 외로움	6. 그리움	7. 질투	8. 두려움
9. 화	10. 무기력	11. 허무	12. 슬픔
13. 불안	14. 공포	15. 소외	16. 적개심

2) 인생 최초기억

자신이 할 수 있는 최대한 과거로 돌아가서 기억을 더듬어보자. 그림이나 글로 표현해보자.

Q 1: 그림이나 글 속의 어린 자신은 지금 어떤 감정을 느끼는가?

Q 2: 그림이나 글 속의 주위에 있는 사람들은 어떤 감정을 느끼는가?

Q 3: 왜 나는 인간으로서 이러한 최초 기억을 회상하는 걸까?

Q 4: 위 그림이나 글에서 느끼는 감정과 자신이 지금까지 살면서 자주 느끼는 감정 사이에 관련이 있는가?

영숙이는 2살 이전에 있었던 일을 기억하고 있다. 경북에 있는 작은 시골마을에서 자란 영숙이는 외할머니가 2살 정도 된 자신을 업고 얼음으로 뒤덮인 논에 나갔다가 뒤로 꽈당 넘어졌

다. 다음으로 기억이 나는 것은 엄마가 아파서 누워 있고 열려
있는 방문으로 아픈 엄마가 하얀 엉덩이를 드러내고 의사가
주사를 놓고 있는 것이다.

그다음으로는 6살 된 자신이 6촌 오빠의 손을 잡고 외딴집으
로 이사를 가고 있는 기억이다.

영숙이가 검사지로 확인한 핵심감정은 '공포'였으며, 두 번째
핵심감정은 '소외'였다.

영숙이는 사회생활에서 엄청난 적극성과 몰입을 보이지만 개
인적 인간관계에서는 지극히 소극적이며 자신이 생각하기에 필
요 이상의 친밀한 인간관계를 기피하는 성격으로 굳어져 있다.
그리고 늘 홀로 있는 고독을 즐기고 책을 읽고 글을 쓰거나 혼자
여행을 즐기는 취미생활을 하고 있다.

'소외'는 상대로부터 자신을 스스로 소외시키고 외로워하는
감정이며 '공포'는 생명박탈의 위험과 관련된 감정이다.

3) 반복되는 꿈

어릴 때부터 스트레스를 받거나 자주 꾸는 꿈을 그림으로 그리
거나, 관련 단어를 써보자.

Q 1: 그림이나 글 속의 어린 자신은 지금 어떤 감정을 느끼는가?

Q 2: 왜 나는 이런 꿈을 자주 꾸는 것일까?

Q 3: 위 그림이나 글에서 느끼는 감정과 자신이 지금까지 살면서 자주 느끼는 감정 사이에 관련이 있는가?

영숙이는 창의적이고 도전적인 성격으로 자신에게 주어진 어떤 일이건 해낼 수 있다는 자신감을 가지고 있다. 이러한 성격 덕분에 자신보다 사람들로부터 인정을 받기도 하지만 동료들로부터는 이해할 수 없는 사람으로 인식되기도 하고 아랫사람들로부터는 두려움의 대상이 되기도 한다. 인간관계 문제로 해결해야 하는 스트레스 상황이 되면 주로 뱀 꿈을 꾼다. 생각해보면 어릴 때부터 그랬다. 시골에서 자라면서 뱀한테 물릴 뻔한 공포스러운 기억이 2번 있는 것과도 관련이 있는 것이라 평소 생각해왔다.

또한 다니던 직장에서 타협할 수도 없고 고개를 숙일 수도 없는 상황에서 대안 없이 사표를 내고 실패감에 빠져 있을 때 꾸었던 꿈이 있다.

보기에 엄청 깊고 푸른색이며 끝도 없이 펼쳐진 바다에 얇고

긴 두 개의 막대가 서 있고 그 위에 걸쳐 있는 막대 위에 자신
이 앉아 있었다. 꿈이지만 너무 무서워 세워진 막대 끝을 잡고
기대면서 "언니, 너무 무서워"했다.

4) 즐겨 부르는 노래

우리가 흔히 18번곡이라고도 하는 즐겨 부르는 노래가 우연은
아니다. 노래를 부르면 감정이 따라 올라오고 뇌 속에서는 그 감
정과 관련된 신경물질이 분비된다. 그 감정이 그립고 젖고 싶어
그 노래를 또 부르게 된다.

어릴 때부터 지금까지 즐겨 부르는 노래가 있는가? 한 곡 혹은
두 곡을 기억해보자.

Q 1: 노래를 끝까지 불러보자. 누군가 함께 불러도 좋다. 끝까
　　지 소리를 내어 불러보자.
Q 2: 어떤 감정이 느껴지는가?
Q 3: 이 노래를 부르면서 느꼈던 감정과 자신이 지금까지 살면
　　서 자주 느끼는 감정 사이에 관련이 있는가?

노래 부르는 것을 그다지 좋아하지는 않는 영숙이가 어릴 때
그리고 결혼 전부터 자주 부르는 노래는 '등대지기'였다.
'얼어붙은 달그림자, 물결 위에 자고, 한겨울에 거센 파도 모으
는 작은 섬 생각하라 저 등대를 지키는 사람의 거룩하고 아름
다운 사랑의 마음을'
작은 소리로 불러보니 가사를 보지 않고 끝까지 부를 수 있다.
노래를 끝까지 부르고 나서 생각해보니, 눈물이 날 만큼 감정
이 솟아오른다.
'외로움, 의연함, 결의, 비장함' 이런 감정들이 느껴진다. 그러
고 보니 평소 영숙이가 삶의 상황에서 자주 느끼는 감정이다.

5) 반복되는 행동 패턴

핵심감정은 긍정적인 면과 부정적인 면 모두를 가지고 있다.
긍정적인 면으로 작용할 때 행동할 수 있게 하는 에너지원이며
자산이 된다. 그러나 부정적인 면으로 작용할 때 핵심감정 자체
에 지배되어 관계를 어렵게 하고 행동을 하지 못하는 감정의 노
예와 같은 상태가 될 것이다.

Q 1: 새로운 일에 처음으로 도전해야 한다. 어떤 감정과 생각이
앞서는가? 그리고 어떻게 행동하는가?

Q 2: 자신이 인간관계에 대한 가치관과 행동 패턴을 찾아보자.
- 인간관계는 많을수록 좋다고 생각하는지, 깊이 있는 몇
명과 교제하는 것이 좋다고 생각하는가?
- 가족 안에서의 분위기나 행동은 어떠한가?
- 일이나 공부를 할 때에는 어떻게 하는가?
▶ 자신이 즐겨 가는 모임의 양이나 성격은 어떤 것들이 있는
가? 등을 중심으로 자유롭게 생각해보자.

▸ 나의 핵심감정은 삶을 지탱하는 긍정적인 면으로 작용해왔
는지, 부정적인 면으로 주로 작용해왔는지 생각해 보자.

영숙이의 핵심감정은 '소외'와 '공포'였다. 영숙이는 대인관계
에서 '자기를 보호하기 위해 거리를 두는' 경향이 있는데 이것
은 혼자서 일을 잘해내는 긍정적인 면으로 작용을 한다. 그러
나 부정적인 면으로도 작용을 하는데 '자신에 대해 말을 잘 하
지 않아' 친밀감을 형성하는 데 어려움을 겪고 있다. 가족관계
또한 '냉랭하게 대하는 분위기'가 있다. 이것은 말로 인한 불필
요한 오해를 만들지 않고 '신뢰가 가는 사람'으로 인식하는 데
긍정적인 면으로 작용한다. 반대로 '친밀감이 부족한 가족'이
라는 단점으로 작용한다. 일이나 공부를 할 때에는 '빈틈이 없
고', '꼼꼼하고', '한순간도 놓치지 않으며', '끝장을 보는' 장점
으로 작용하여 정확하면서도 빠른 의사결정은 물론 창의성을
발휘하도록 한다. 강점으로 '창의적', '상상력과 아이디어가 풍
부', '리더십'을 들 수 있다.
영숙이는 자신의 '소외', '공포'라는 핵심감정이 공부나 일을 할
때 원동력으로 작용하였다는 것을 깨달았다.

3. 주요 핵심감정

1) 분노-'나, 상처받았어', '이건 공정하지 않아', '의도성이 있어'

분노는 인간이 경험할 수 있는 핵심적인 4가지 감정 가운데 하나로 가장 많은 에너지를 소모시킨다. 또한 인간의 삶 속에서 분노를 없애서도 안 되고 없앨 수도 없다. 일상생활에서 분노하는 사람과 분노의 영향권 안에 있는 사람 모두의 에너지를 소모하여 감정의 홍수에 빠지게 되기 때문에 객관적으로 분노의 감정에 대해 사실적으로 직면하기 어렵다. 그래서 분노에 대하여 일반적인 사람들의 오해들이 있다.

- ▶ 분노는 나쁜 것이다. ➜ 그렇지 않다. 분노는 귀중하게 생각하는 것을 지키며, 나를 보호하는 보호벽이다.
- ▶ 분노는 없는 것이 건강하다. ➜ 그렇지 않다. 분노를 인식하지 못하거나 억제하면 화병이 생길 수 있다.
- ▶ 분노 조절 능력은 타고났다. ➜ 그렇지 않다. 반복 연습을 통해 분노 조절이 가능하다.

≫ 분노라는 감정을 이해하기
- ▶ 분노는 자신의 가치, 근원적인 필요, 신념과 같은 자기보존

과 관련된 감정이다.

분노(anger)는 자신이 상처받았다는 생각에 대한 감정적 메시지이다. 그리고 그 상처로부터 자신을 보호하고 상처를 준 대상을 몰아내려는 욕구와 관련된 감정 상태이다. 따라서 분노는 공격적이고 해를 주는 행동으로 이어질 수 있다. 그러나 분노의 목적은 공격성 자체에 있는 것이 아니라 자신에게 상처를 준 대상으로부터 자신의 신체와 마음을 보호하기 위한 것이다.

▶ 분노는 자신의 비판적인 평가에 따른 감정반응이다.

분노는 마주한 사건이나 상황이 "불쾌하고, 불공정하고, 바뀔 가능성이 있다"라고 자신이 평가를 한 다음에 나타나는 반응이다. 즉, 사건이나 상황을 일으킨 사람이 "나쁜 의도, 무관심, 배려의 부족"으로 자신을 불쾌하게 했다고 생각할 때 분노가 생긴다.

▶ 분노는 나와 내 것을 지키려는 욕구에서 출발한다.

어떤 사람이 의도적이거나 생각의 모자람 때문에 자신에게 손해를 입혔을 때 분노가 발생한다. 모든 감정은 특별하고 유용한 기능이 있는데, 분노도 마찬가지로 파괴적인 면도 있지만 긍정적인 효과를 볼 수도 있다. 예를 들어 어떤 상황에서 가벼운 '건설적인' 분노를 표현하는 것은 자신이 상대방에게 "나, 상처받았어. 다시는 그러지 마"라고 말하는 것이다. 합리적 사고를 하는 사람이라면 상대가 화가 난 것을 알아차리고, 사과를 하고, 상대를 더 잘 이해하고, 다음에는 비슷한 행동을 피하게 될 것이다. 이러한 주고받기는 관계를 향상시킬 수 있다. 사람들은 적당한 정도의 분노를 표현하는 사람에게 권력과 지위를 주고 협상에서 적당한 분노를 표현하는 사람이 자신이 원하는 것을 더 많이 얻는 경향이 있다는 연구결과도 있다.

학교에서 반복적으로 왕따를 당하는 아이들이나 성폭력에 반복적으로 노출된 여성들의 경우, 힘을 내어 '안 돼요'라고 분노를 표현하지 못한다는 연구결과도 있다.

분명 분노는 나와 내 것을 지키려는 욕구로부터 출발한 고마운 감정이다.

▶ 같은 사건에 대한 자신의 선택, 분노와 공포

많은 경우 불쾌한 상황을 당했을 때 상대가 누구인지에 따라 공포나 분노로 반응한다. 만약 자신이 상대방보다 더 힘을 가졌다고 생각하면 분노할 것이고, 자신이 힘이 없다고 생각되면 공포스러워할 것이다. 좀처럼 상황을 위험한 것으로 지각하지 않는 사람은 분노하기 쉽고, 반면에 많은 상황을 위험한 것으로 보는 사람은 공포를 자주 느끼고 분노는 적게 느끼는 경향이 있다.

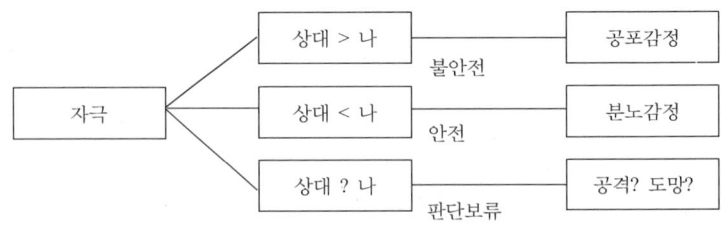

같은 자극에 대한 다른 감정 반응

≫ 분노의 원인

일상생활에서 분노를 일으키는 원인은 무엇인가?

누군가가 자신의 권리를 의도적으로 침해했다는 생각이나 자신에게 일부러 해를 끼치려 했다는 생각이 들면 짜증, 울화, 격노 등의 분노 감정을 일으킨다.

심리학자 돌프 질만(Dolf Zillman)이 분노 유발 요인에 대해 연구한 결과, 자부심을 모욕당했을 때 피해 입은 느낌이나 자기권리가 침해당한 느낌을 받았을 때, 부당한 대우를 받았다고 믿을 때, 목표 달성을 방해받았다고 믿을 때 분노가 솟구친다고 하였다. 날씨나 자연, 무생물에 대해서도 분노가 일어나긴 하지만, 대체로 타인을 가해자로 지목하고 그 행위가 의도적인 것이라고 믿을 때 분노하게 된다. 유명 맛집에 큰마음을 먹고 30분간 운전하여 가서 줄을 서 있는데 나중에 온 사람이 먼저 슬쩍 자리에 들어갈 때, 어떤 생각이 떠오를까? "저 사람은 지금 새치기를 하고 있어" 혹은 엄마가 퇴근하고 저녁상을 차리고 있는데 중학생 딸과 남편은 재미나게 TV를 보면서 킥킥거리고 있다. "나는 하녀인가"라고 생각이 들면서 화가 날 수 있다. 이런 분노의 감정 아래에는 "누군가 나에게 피해를 입혔다." "상대가 다르게 행동할 수도 있었다."란 두 가지 기본적인 믿음이 깔려 있다. 분노를 유발하는 실시간 생각이 '원인 생각'이다. 즉, '왜 이 일이 생겨났을까?'에 대하여 자신이 평가하여 내린 답이다. '원인'을 따지는 사람, 주로 외적 원인을 찾는 사람, 특히 타인을 원인으로 삼는 사람은 살아가면서 많은 분노를 느낄 것이다.

"분노하기는 쉽다. 올바른 사람에게 올바른 때에 올바른 방식으로 분노하기는 어렵다."
- 아리스토텔레스

분노하는 습관은 뒤에서 설명할 순간적인 생각보다는 뿌리깊이 신념과 밀접한 관련이 있다. 분노를 유발하는 패턴화된 사고 양식 습관은 부모나 사회로부터 학습된 것들이 많다. 예를 들어 당연하게 생각하는 학습된 신념으로 불의하거나 불공평하다고 믿고 있는 것, 잘 인식하지 못하지만, 스스로 만들어놓은 규칙이 분노를 만든다. 이러한 신념은 부모의 양육태도, 학교의 교육, 생활하고 있는 사회로부터 강요받거나 교육받은 것들이다.

▶ 자신에 대한 규칙이나 신념 혹은 기대이다.
이것은 사물을 바라보는 왜곡된 시각, 자의적 추측, 과장하기, 한계나 범위를 설정한 것이다.
'나는 절대 실수하면 안 돼.'
▶ 타인에 대한 것으로 다른 사람과 함께 정한 것이 아니라 혼자 정한 기대이다.
'자식은 부모에게 잘 해줘야 해.'
'남자가 여자에게 회식장소에서 술을 따르게 해서는 안 돼.'
'부모는······', '부인은······.'
▶ 타인으로부터 자신의 신념이나 행동통제를 받게 될 때 거부반응이다.
· 심리적인 경계 위반으로 자신이 상처를 받았다.
· 개인적으로 공격받았다고 생각하거나 통제받거나 지배받는

다고 생각이 든다.

· 가지고 있던 기대감이 채워지지 않거나 충족되지 않았다.

· 행동을 통제(심리적인 제한)당했다. 하고 싶지 않은 것을 강요
당하거나 하기 싫은 것을 하도록 강요당했다고 생각이 든다.

· 관계에서 오는 분노이다. 말과 태도, 비난, 짜증, 신경질, 공
격적인 태도, 욕설, 위협적인 태도, 멸시, 비아냥거림, 비웃는
태도, 경멸 등이다.

  '아들아, MT를 가지 마.'

  '너는 그 여자와 결혼할 수 없어.'

  '고등학생이니까 일요일에도 집에서 공부나 해.'

▶ 상황에 대한 것으로 상황에 대한 기대는 사람에 따라서 다
  르다.

· 행동제한에 따른 분노이다. 예로 막힌 차 상황이나 거절에
대한 것이다.

· 수치심 뒤에 따라오는 분노이다.

· 멧돼지 등과 같이 예기치 않은 외부 공격에 대한 것이다.

즉, 자율성(=독립의 욕구)과 친밀성(=관계의 욕구)이 충족되지
않을 때 주로 분노가 발생한다. 대부분 분노의 원인은 요약하면
왜곡된 사고, 학습화된 분노, 욕구의 좌절, 문화적 요인, 자신에
대한 실망이다.

≫ 분노표현의 유형

분노에 대한 반응도 반복하다가 습관화되는데 공격형, 수동형,
수동공격형의 형태로 공격성, 적대감/증오, 경멸/악의, 원망/쓴 뿌

리, 단호한 성격으로 굳어지게 된다.

▶ 공격형: 화가 나면 그대로 표현하며 공격형 주위에는 수동
형이 생기게 된다.

▶ 수동형: 자신을 화나게 한 사람한테 말하지 못하고 담아둔
다. 이 사람들은 화를 내면 안 된다고 생각한다. 화를 제대로
표현하지 못하기 때문에 우울증이나 화병이 걸리기 쉽다.

▶ 수동공격형: 화난 일이 있을 때 직접 표현하지 않고 뒤에서
은근히 골탕을 먹이는 유형이다. 대놓고 표현하지는 않지만
상대방을 곤란하게 만들어 버리곤 한다.

이 세 가지 분노의 유형은 자신이나 타인 누군가에게 해를 끼
치는 형태이다. 누구에게도 해를 끼치지 않기 위해서는 자신의
분노 상황에 대해 잘 인식하고 보내 버리는 표현방법이 필요하
다. 일부 심리학자들은 이것은 놓아버림이라 한다. 분노를 제때
다루지 못하였을 때 적개심, 군림, 자만심, 완고, 복잡한 궤변, 심
리적 고조/저조, 우울감, 경쟁심 등의 2차 감정으로 연결될 수 있
다. 이 감정은 악한 행동으로 곧바로 연결될 수 있다. 분노는 한
번 생기면 여러 종류의 부정적인 감정들이 따라서 발생하기 때문
에 에너지를 소진하게 되고 이성적인 생각을 하지 못하게 된다.

≫ 나의 분노 만나기

나는 주로 어떤 상황에서 분노라는 감정이 일어나는가?

그때 내 몸에서는 어떠한 반응이 생기는가?

나의 감정 상태는 어떠한가?

나는 어떤 방법으로 분노를 표현하는가?

나는 분노를 표현한 후에 어떠한 감정이 생기는가?

▸ 화가 났을 때를 떠올려본다.

① 그때 누가 어떤 말이나 행동을 했는지 사실의 형태로 써본
다. (본 대로, 들은 대로 카메라로 찍듯이 : "～～"라고 했다.
그 사람이 "눈이 커지고 목소리도 두 배 정도로 커지고, 입
을 꾹 다물고～～～"했다)

② 위의 상황에서 상대에 대한 나의 생각을 써본다.
(대개 그 메시지 안에는 '당연히' '마땅히' '했어야만 한다',
'하지 말았어야만 한다' 등의 강요가 들어 있다)

③ ②의 문장을 하나씩 아래 문장에 넣어 천천히 소리 내어 읽
어본다.
나는 내 자신에게 '_____'라고 이야
기하고 있구나.

④ 위의 비판적인 생각들 아래에 있는 자신의 욕구(원하는 것,
지키고 싶은 것, 중요하게 생각하는 것)를 찾아본다.
욕구:_____

⑤ ④가 이루어졌을 때 감정을 찾아본다.
원하는 감정:_____
상대방의 역할에 서서 ①～⑤를 다시 해본다.

(사례)

① 그때 누가 어떤 말이나 행동을 했는지 사실의 형태로 써본
다. (본 대로, 들은 대로 카메라로 찍듯이 ""라고 했다. 예를

들어 "그 사람이 눈이 커지고 목소리도 두 배 정도로 커지고, 입을 꾹 다물고~~~"했다)

팀장인 나는 건물이 4개로 된 교육시설을 순회하기 위하여 1층으로 내려갔다. 민원실에 갔는데 담당직원인 지민이 자리에 없었다. 약 1시간가량 순회를 하고 땀이 후줄근하게 난 상태로 돌아와 민원실에 가니 아직도 지민이 자리에 없었고 자원봉사자가 자리에 대신 앉아 있었다.
오후에 지민이 사무실에 올라오자 나는 "이지민 선생님, 아까 1시간 동안이나 어디를 다녀오셨어요?"라고 했다.
지민은 갑자기 "팀장님, 누가 자꾸 저를 고자질해요? 팀장님 아까 한 시간 동안 민원실에 계시지 않았다고 하던데요?"라고 하였다.
순간 나는 화가 났다.

② 위의 상황에서 상대에 대한 나의 생각을 써본다.
   (대개 그 메시지 안에는 '당연히' '마땅히' '했어야만 한다',
   '하지 말았어야만 한다' 등의 강요가 들어 있다)

자신의 잘못은 생각하지 않고 핑계를 대고 있네. 당연히 자신의 잘못을 인정하고 사과해야 한다.
핑계를 대지 말아야 한다.
다른 직원이 고자질했다고 생각하는 것은 당연히 야비한 짓이다.
다음부터는 그렇게 하지 않겠다고 용서를 구해야만 한다.

③ ②의 문장을 하나씩 아래 문장에 넣어 천천히 소리 내어 읽어본다.
나는 나 자신에게 '핑계를 대지 말아야 한다'라고 이야기하고 있구나.

나는 나 자신에게 '다른 직원이 고자질을 했다고 생각하는 것은 당연히 야비한 짓이다'라고 이야기하고 있구나.

④ 위의 비판적인 생각들 아래에 있는 자신의 욕구(원하는 것, 지키고 싶은 것, 중요하게 생각하는 것)를 찾아본다.
  욕구: 심리적 안정, 배려, 팀워크, 정당한 대가, 팀의 평화
⑤ ④가 이루어졌을 때 감정을 찾아본다.
  원하는 감정: 당당함, 자신감, 믿음, 공정함, 뿌듯함

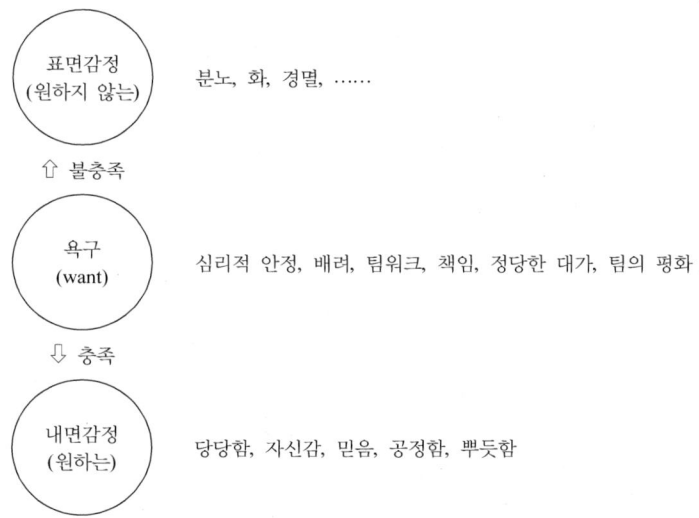

표면감정
(원하지 않는)   분노, 화, 경멸, ……

⇧ 불충족

욕구
(want)   심리적 안정, 배려, 팀워크, 책임, 정당한 대가, 팀의 평화

⇩ 충족

내면감정
(원하는)   당당함, 자신감, 믿음, 공정함, 뿌듯함

자신이 인식하지는 못했겠지만 욕구로부터 출발하여 자신의 욕구가 불충족되었을 때의 감정이 더 강하게 느껴진 것이다. 그러나 충족되었을 때의 원하는 감정 또한 있는 것이다. 불충족에 따른 부정적인 감정에 집중하기보다 충족한 이후의 긍정적인 감

정을 찾아보는 것도 큰 도움이 된다. 자신이 진짜 원하는 것이기 때문이다. 내가 지금 분노한다는 것은 "나는 상처받았어"의 의미이다. 나의 상처를 먼저 싸매주어야 한다.

2) 두려움, 공포, 불안-'앗! 위험해'

두려움은 나에게 '위험'이 있다는 것에 대한 메시지이다. 두려움은 혹시 모를 위험을 감지하고 대비하는 기능을 가진다. 우리가 경험하는 공포는 대부분 경험에 의해 학습된 것이다. 과거에 뱀이나 총에 대한 공포스러운 경험을 한 후 뱀이나 총에 대한 공포가 조건화된 것이다. 보통 두려움은 대상이 있는 경우, 불안은 대상이 없는 경우로 구분한다. 또 불안은 불확실함에 대한 감정으로 이해한다. 여기에서는 같은 유형의 감정으로 다루어보기로 한다.

두려움의 원인은 불의, 개인적 공격, 경계선 침입, 상처, 수치심, 충족되지 않은 기대 등으로 분노의 원인과 상당 부분 겹치게 된다. 어떤 사람이 자신을 해치거나 해치려고 한다면, 분노와 공포가 섞인 감정을 느끼게 될 것이다. 분노와 공포의 가장 큰 차이점은 힘에 대한 인식이다. 어떤 사람이 이유 없이 자신을 모욕했을 때, 상대가 어린아이라면 모욕이 분노를 일으키게 되지만, 자신보다 힘이 세고 총을 가진 사람이라면 모욕이 공포를 일으키게 된다. 많은 국가의 연구결과에서 남성들은 여성보다 분노를 많이 보고하였고 여성들은 공포와 슬픔을 더 많이 느낀다고 하였다. 두려움을 제대로 다루지 못하였을 때 불안감, 실패감, 죄책감, 좌절, 낙심 등의 2차 감정이 따라오고 이 감정은 무기력하거나 자신의 행동을 억압하는 것으로 연결될 수 있다.

즉, 두려움은 '기대하지 않은, 불쾌한, 외적 원인이 있는, 통제할 수 없는' 위험에 대한 반응이다.

≫ 두려움의 유형
많은 사람들이 가지는 일반적인 두려움에는 3가지 종류가 있다.

▸ 위험에 대해 경고해주는 적절한 인간의 두려움
이것은 물, 불, 뱀과 같이 타당한 두려움으로 지극히 자연스럽고 창조섭리에도 맞는 학습된 두려움이다.

▸ 걱정, 근심으로 우리를 감정적, 육체적으로 약하게 만드는 두려움
걱정을 유발하는 두려움은 주로 외부의 원인보다는 우리의 생각으로부터 온다. 주로 우리 혼잣말 가운데 "만약~이라면 어쩌지?"라는 말과 함께 온다. 두려운 감정 다음에 아드레날린과 코르티솔이라는 두 개의 호르몬이 부신으로부터 분비된다. 아드레날린은 반짝이는 힘을 생기게 하여 용기를 내고 대들 수 있게 하며, 코르티솔은 경계와 긴장하게 하여 도망갈 수 있는 준비를 시키며 혈압 레벨을 높이기도 한다. 이러한 호르몬이 지속적으로 분비되면 건강에 좋지 못하다.

▶ 인생의 충만함을 방해하는 두려움

이것은 근심이나 걱정과 비슷한 형태이지만 따라오는 결과에는 엄청난 차이가 있다. 자신의 양심에 따라 순종하며 행동할지 말지를 고민하고 있다고 하자. 양심을 따르자니 손해를 볼 것 같고 외면하자니 두렵다. 이럴 때 양심에 기꺼이 순종하면 자유롭고 충만함을 경험하겠지만 그렇게 하지 못하도록 자신을 막는 두려움이 있다면 이것은 파괴적인 두려움이며 종교인들이 가지는 영성과도 관련이 있다. 이 두려움을 극복하고 이겨내면 관계가 개선될 수도 있겠지만 이겨내지 못하면 관계를 파괴하기도 한다. 부당하거나 잘못된 것을 누군가에게 직면하여 말해야 하는데, 말하지 못하게 하는 두려움이나 누군가와 관계를 하지 못하는 두려움이 여기에 해당된다. 자주 불안을 느끼는 사람은 순간적인 실시간 생각으로 '결과 생각'에 더 집중한다. '원인 생각'에 집중하는 사람은 뒤를 돌아보며 문제의 원인을 숙고한다. 반면, '결과 생각'에 치중하는 사람은 미래를 바라보며 일어날 가능성을 상상한다. 당신은 즐겁고 안전한 미래를 상상하는가? 위압적이고 위협적인 미래를 상상하는가?

적절한 불안은 미래를 준비하게 하고 종족을 보호하는 데 도움이 된다. 지나친 불안은 성공적인 삶을 가로막는다. 미래 위험에 사로잡혀 있는 사람, 습관적으로 최악의 상황을 예상하는 사람들도 있다. 그들은 결코 일어나지 않을 나쁜 일을 걱정하느라 에너지를 낭비한다.

≫ 나의 두려움 만나기

① 두려움/공포/불안의 상황을 떠올려본다.

② 그때 누가 어떤 말이나 행동을 했는지 사실의 형태로 써본다.

③ 위의 상황에서 상대에 대한 나의 생각을 써본다.

　　· "난 도대체 무엇이 위험하다고 생각하는 거지?"

　　· "무엇이 위험하지?"

　　(대개 그 메시지 안에는 '~하면 어쩌지?' 등의 걱정이 들어 있다)

④ ③의 문장을 하나씩 아래 문장에 넣어 천천히 소리 내어 읽어본다.

　　나는 내 자신에게 '_____' 하면 어쩌지라고 생각하고 있구나.

⑤ 위의 걱정하는 생각들 아래에 있는 자신의 욕구(원하는 것, 지키고 싶은 것, 중요하게 생각하는 것)를 찾아본다.

　　욕구:_____

⑥ ⑤가 이루어졌을 때 감정을 찾아본다.

　　원하는 감정:_____

　사람이 하는 걱정 중의 40%는 절대 현실로 일어나지 않을 일이며, 걱정의 30%는 이미 과거에 일어난 일, 12%는 사소한 고민들, 10%는 우리 힘으로 어쩔 도리가 없는 일이라고 한다. 나머지 8%의 걱정만이 우리 힘으로 바꿀 수 있는 일이라고 한다.

"인간에게 일어나는 사건은 단 10%만이 사실이고 나머지 90%는 사건에 대한 생각 반응이다."
"모든 사람은 자신의 실패에 대한 두려움과 상대방의 거부에 대한 두려움을 가지고 있다."

3) 슬픔-소중한 것을 잃어버린 상실감

슬픔은 자신에게 상실한 것이 있다는 생각이 보내는 메시지이다. 우울(depression)은 그런 심각한 반응을 보이기에 충분할 만한 어떤 분명한 이유가 없음에도 불구하고 장기간에 걸쳐 지속되는 불행한 기분이다. 슬픔은 두려움이나 분노보다 약한 정서로 보이지만 약한 우울함으로부터 통제할 수 없는 울음으로 더 지속되었을 때 우울증이나 무기력증으로까지 자라는 위험한 정서이다. 그렇다면 슬픔이라는 정서도 좋은 기능이 있을까?

첫째, 슬픔=고통이다. 슬픔은 고통에서 비롯되는 것이며 이러한 통증은 에너지를 보존하여 더 큰 피해를 입지 않도록 하는 기능을 가진다는 것이다. 고통 속에 있는 사람은 외부 상황에 대응할 힘이 떨어져 있기 때문에 슬픔을 표현하면서 외부 상황에 적극적인 대응을 하지 않아도 된다.

둘째, 슬픔=자아성찰의 기회로 슬픔을 유발하는 상황에서 잠시 떠나는 기능을 갖는다는 것이다. 슬픔으로 인한 사회적 위축은 자신이 실패한 이유를 분석하고 재도약할 수 있는 발판이 될 수 있다.

셋째, 슬픔=도움 요청이다. 슬픔에 빠져 있는 사람에게 위로와 적극적인 도움을 줄 수 있어 자기를 도와달라는 사회적인 신호라는 의미이다.

이렇듯 슬픔의 기능은 잠시 멈춰서 휴식을 줌으로써 다음 단계를 준비하거나 에너지를 보충할 수 있게 하는 기능을 갖는다. 그리고 상실을 경험한 뒤 슬픔의 정서를 극복함으로써 성숙한 인간이 된다. 아이가 동생이 생겼을 때 극심한 상실을 경험하지만 잘 극복하고 난 뒤 성숙한 아이가 되는 것은 쉽게 관찰될 수 있는 장면이다. 그런데 요즈음 정신과를 찾는 많은 중년의 환자들을 치료하는 전문가들의 공통적인 의견은 극심한 상실의 상황에서 환경이나 성격상의 이유로 충분히 애통하지 못하고 묻어두었다가 오랜 시간이 지난 뒤 우울증이나 화병이 된 사람이 많다는 것이다. 슬플 때는 충분히 울고 충분히 애통해야 건강한 것이라고 한다.

≫ 우울증

Q: 우울증에 걸린 사람은 좋은 일은 하나도 없고, 즐거울 때가 전혀 없다고 한다. 그렇다면 우울증에 걸린 사람들은 행복 또는 즐거움이라는 감정 자체를 느끼지 못하는 것일까?

위스콘신 대학의 리처드 J. 데이비드슨(Richard J. Davidson) 교수는 만성 우울증을 앓고 있는 사람과 긍정적인 정서를 지닌 사람들을 각각의 그룹으로 나누어 실험을 하였다.

두 그룹에게 기분이 좋아질 만한 사진을 보여주었다. 아기를 바라보며 행복에 겨워하는 엄마의 모습, 사람들이 즐겁게 춤을 추는 모습, 어린아이들이 신 나게 놀면서 웃는 모습 등을 담은 사진이었다. 그리고 기쁨이나 즐거움을 느낄 때 활성화되는 뇌 부위를 조사하였다. 조사 결과, 사진을 보여줄 때 두 그룹 모두에서 즐거움을 느끼는 뇌 부위가 활성화되었다. 또한 사진을 볼 때 우울증 환자와 건강한 사람의 뇌 활성화 정도도 거의 유사했다. 즉, 초기에는 두 그룹 모두 비슷한 정도로 유쾌한 감정을 느낀다는 것이다. 하지만 그것이 유지되는 시간이 달랐다. 우울증 그룹은 단지 몇 분 동안만 활성화가 유지되었고, 긍정적인 그룹은 한 시간 가까이 뇌 활성화가 유지되었다.

이 실험을 통하여 우울증 그룹은 유쾌함을 몇 분만 느끼고 말지만, 긍정적인 그룹은 유쾌함을 한 시간 가까이 느낀다는 사실을 확인할 수 있다. 우울함이 습관이 된 사람과 즐거움이 습관이 된 사람들의 차이였다. 우울함이 습관이 된 사람이라고 해서 즐거움과 행복감을 느끼지 못하는 것은 아니다. 일이 잘되면 안도도 하고 기분도 좋아진다. 성취감도 느끼고 자신감이 생기기도 한다. 다만 감정을 느끼고 인식하고 표현하는 뇌가 너무나도 굳건하게 습관화되었을 뿐이다.

4) 혐오-'피해, 나를 보호해야 해'

혐오(disgust)는 dis(부정의 의미, ~하지 않는)+gust(즐거움, 기쁨)의 합성어이다. 심리학자들은 혐오란 '기분 나쁜 대상이 입에 닿을지도 모르는 순간에 경험하는 극도의 불쾌감'이라 정의하였다. 혐오는 어떤 대상을 멀리하고자 하는 욕구, 특히 입안에 있는 대상을 뱉어내고자 하는 욕구와 관련된다. 또한 어떤 대상과 접촉하거나 이를 맛보는 것을 생각하는 것조차 거부하고 외면하고 싶은 욕구와 관련된다.

≫ 혐오의 원인

‣ 감각 경험에 의해 유발되는 것

나쁜 혹은 불쾌한 것, 나쁜 냄새, 찐득찐득한 혹은 기름기 있는 물건, 불쾌하거나 더럽거나 혹은 쇠퇴해가는 어떤 대상이나 사람이 담긴 광경

‣ 도덕적 준거, 습관 혹은 규준에 위배되는 부적절한 행동

분비물이나 썩은 고기를 먹을지도 모른다는 상황에서 경험하는 혐오는 우리의 건강을 보호하는 역할을 한다. 미국인과 일본인이 혐오를 느끼는 상황에 대한 어느 연구에서 불쾌한 대상보다는 상대방의 행동이나 신념으로 인해 혐오를 느끼는 경우가 더 많다고 하였다.

혐오(disgust)는 청결함에 대한 신성성이 침해된 경우 생기는 감정이다. 배설물이나 바퀴벌레를 만진 경우 혹은 안타깝게도 이를 먹은 경우, 불결한 무언가가 우리의 몸으로 들어가서 우리의 '신성성'을 감소시킬 것으로 생각할 것이다. 마찬가지로 부도덕한 사람과 이러한 감정이 연합되면 우리의 청결함이나 고결함을 손상시킨다.

그렇다면 내가 생각하는 도덕과 부도덕은 적절한 것인가?

≫ 나의 혐오 만나기

① 혐오스러웠던 상황을 떠올려본다.

② 그때 누가 어떤 말이나 행동을 했는지 사실의 형태로 써본다.

③ 위의 상황에서 상대에 대한 나의 생각을 써본다.

・ "난 도대체 무엇이 부도덕하다고 생각하는 거지?"

(대개 그 메시지 안에는 '~하면 나쁘다?' 등의 자기신념이 들어 있다)

④ ③의 문장을 하나씩 아래 문장에 넣어 천천히 소리 내어 읽어본다.

나는 내 자신에게 '＿＿＿＿＿＿＿＿＿＿' 하는 것은 부도덕하다고 생각하고 있구나.

⑤ 위의 걱정하는 생각들 아래에 있는 자신의 욕구(원하는 것, 지키고 싶은 것, 중요하게 생각하는 것)를 찾아본다.

욕구:＿＿＿＿＿＿＿＿＿＿＿＿＿＿＿＿＿＿＿＿

⑥ ⑤가 이루어졌을 때 감정을 찾아본다.

원하는 감정:＿＿＿＿＿＿＿＿＿＿＿＿＿＿＿＿＿

 행복습관 3. 강한 감정이 느껴지는 순간 스스로 질문하라.
'내가 지금 ○○감정을 느끼네, 이유가 뭐지?'

제4장

내면세계 탐구의 힘

1. 인간행동 모델

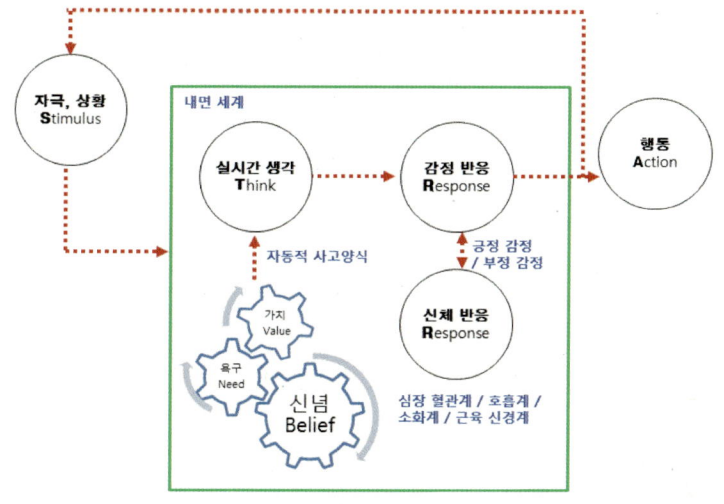

인간행동 모델

    살아가면서 외부의 상황이나 사건을 만났을 때 자동적 사고 과
정에 따른 실시간 생각이 떠오르고 이 생각에 따라 감정과 신체
반응이 유도되고 행동으로 이어진다. 실시간 생각은 순식간에 일
어나며 반복적인 패턴을 가진다. 예를 들면 비슷한 상황에서는
늘 화가 나거나 두려워지는 것이다. 왜 그럴까? 자동적 사고는 과
거 경험을 통해 사실기억과 감정기억으로서 무의식 속에 저장되
어 있다가 새로운 생각을 만들어낸다. 이때 자신이 중요하게 생

각하는 가치가 한몫을 한다. 관계행동의 가치, 물질, 권력에 대한 중요한 마음들이다.

생각에 대한 믿음, 즉 신념은 가치관과 욕구를 포함한 생각 덩어리이다. 윌리엄 글래서(William Glasser)는 욕구가 숨은 조정자이며 인간을 움직이는 근본적인 존재라 하였다.

- 생존에 대한 욕구: 살고자 하고 생식을 통한 자기확장을 하고자 하는 속성
- 소속에 대한 욕구: 사랑하고, 나누고, 협력하고자 하는 인간의 속성
- 힘에 대한 욕구: 경쟁하고 성취하고 중요한 존재이고 싶어 하는 속성
- 자유에 대한 욕구: 이동하고 선택하는 것을 마음대로 하고 싶어 하는 속성
- 즐거움에 대한 욕구: 많은 새로운 것을 배우고 놀이를 통해 즐기고자 하는 속성

행복의 가치를 결정하는 것도 욕구의 충족이라 할 수 있다. 갑자기 1,000만 원이 생긴다면 무엇을 하겠는가? A는 저축을 한다고 하고 B는 여행을 가겠다고 하였다. 선택을 하게 된 이유를 물어보면 마음의 평안을 위해 혹은 미래를 위해 저축을 하고, 지금 즐거움과 자유를 위하여 여행을 간다고 한다. A는 마음의 평안이 이루어지면 행복할 것이라고 생각하는 것이고, B는 여행을 통하여 즐거움과 기쁨을 누릴 때 행복할 것을 기대하지 않겠는가? 반대로 이런 것들이 이루어지지 않을 때에는 욕구 불만족으로 인한 불만이 생길 것이다. 공부를 잘하는 K는 부모님의 선택과 강요에 따라 공부를 하고 J는 공부하는 즐거움으로 한다면, 두 학생이 공부를 하면서 결과뿐 아니라 과정에서 느끼는 감정도 전혀 다른 것이 된다.

가치체계는 성공의 판단 기준이다. 권력이 가치 있는 사람은 성공을 위하여 권력을 찾게 되고 돈이 가치 있는 사람은 성공을

위하여 돈을 버는 데 집중할 것이다. 자신의 가치를 살펴보라. 나는 요즈음 돈, 시간, 재능 등 관심이 어디에 자꾸 가는가? 하루 중에서 특별한 일이 없을 때에도 그냥 관심이 가는 곳 그것이 자신의 가치가 있는 곳이다.

같은 상황, 같은 자극에 대해서도 전혀 다른 해석과 내적 경험을 하여 다른 감정 기억, 사실 기억, 감정 반응, 신체 반응은 완전히 다른 행동을 유발하게 한다. 이러한 내적 세계를 탐구해보자.

2. 원하는 것과 원하지 않는 것에 뒤따라 오는 감정

1) 뇌의 행동방식: 첫째, 안전함, 둘째, 만족감 추구

뇌는 원시시대부터 생존과 번식을 위한 노력으로 진화해왔으며 안전을 추구하고 안전감이 확보되면 무언가 만족할 만한 거리를 찾아왔다. 안전감과 만족감을 추구하기 위해 접근하거나 회피하는 방향으로 행동을 하고 결과에 따라 유쾌하거나 불쾌한 감정이 따라오게 되었다. 안전감은 신체적이거나 심리적인 것을 포함하는데 원시시대에는 신체적 위험 요인이 강하다가 현대에 와서는 심리적인 불안감이 더 지배적이게 되었다. 만족감은 동기로 작용하면서 스스로 선택하는 데 대한 자율성과 성취에 대한 유능감, 사람관계에서 오는 만족감을 포함할 수도 있다.

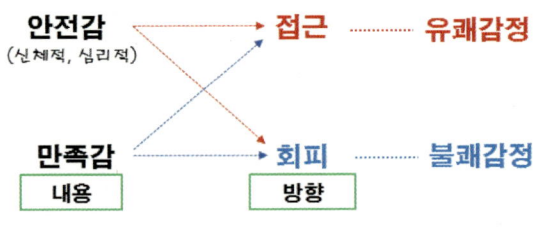

뇌의 2가지 행동 방식

이러한 행동방식에 따라 유쾌하거나 불쾌한 감정이 발생한다. 안전함을 추구하는 방식에 따라 발생하는 인간 공통의 감정이 두려움과 분노, 혐오이다. 두려운 감정에 대하여 도피/도주의 반응, 분노 감정에 대하여 공격성, 혐오의 감정에 대하여 회피 반응을 한다. 신체적, 심리적으로 안전하며, 음식을 먹거나 성적 행위, 즐거운 행위 등을 통하여 만족감을 느끼고 싶은데 그것이 충족되지 못할 때 슬픔이 느껴지며 슬픔이 지속되면 우울에 빠지게 된다. 안전하면서 만족함을 느낄 때 기쁨을 느끼게 된다.

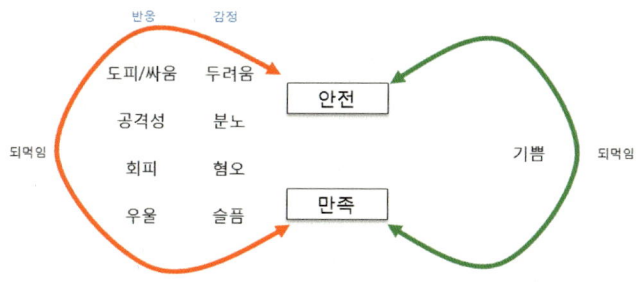

뇌의 행동방식과 감정 및 반응

캘리포니아 대학 폴 에크만(Paul Ekman)은 인종과 문화를 떠나 인간에게 공통적으로 나타나는 표정을 놀람, 행복, 분노, 공포, 혐오, 슬픔의 6가지로 분류하였다. 놀람은 강한 감정을 느끼기 전에 순간적으로 생기는 감정이라 한다면 뇌의 행동방식과 인간이 기본적이고 공통적으로 느끼는 감정들이 일치한다. 두려움, 분노, 혐오, 슬픔의 부정적인 기본 감정들이 한 번 생기면 거기에 자신의 생각이 새로운 입력으로 되먹임되면서 2차 감정으로 자라게 된다.

기본 감정에 따른 2차 감정

기본감정	분노	두려움	혐오	슬픔
	↓	↓	↓	↓
2차 감정	적개심 군림 자만심 복잡한 궤변 심리적 고/저조	불안감 실패감 죄책감 죽어감 낙심 깨짐/꺼져감	증오감 싫어함 구역질 기피하고 싶음	자기연민 자기증오 우울 무관심 열등감

　　원시시대에는 주로 신체적이고 물리적인 안전감과 만족감이 불충족되어 기본감정들이 발생했겠지만, 현대에서는 생활수준이 올라가고 기술이 발달되어 원시시대와 같은 불안감은 상대적으로 줄어들었다. 그러나 삶이 복잡해지고 인간관계가 복잡해지면서 심리적인 안전감과 관계에서 오는 불만족감으로 인해 더 많은 감정의 홍수와 심리적인 문제들을 떠안고 살게 되었다. 감당하기 어려운 감정이 더 자주 생기는 데다 점점 강해져서 부정적인 감정과 생각이 뒤엉켜 자신의 생각이 무엇인지, 사실이 무엇인지를 구분하는 것도 어려운 현대인들이 많다.

　　대한민국 현대인의 공통 정서를 "불안"과 "무기력"이라는 심리학자들의 주장도 이해가 간다.

2) 감정, 세상과 자신이 소통하는 문

　　감정은 세상과 자신이 소통하는 문이다. 수시로 생기고 사라지는 감정을 살펴보면 자신이 세상과 어떻게 소통하는지, 생각이 건강한지 사고 양식은 어떠한지 확인할 수가 있다.

　　우리는 문을 열고 집 안에 들어서고 집 밖으로 나간다. 세상이

라는 외부와 자신의 심리 내면세계를 드나들기 위하여 감정이라
는 문을 통해야 한다. 인간은 눈, 귀, 입, 코, 체감각 기관을 통하
여 세상에 널려 있는 자극들을 받아들인다. 그런데 이때 모든 자
극 상황을 받아들이는 것이 아니라 극히 일부만을 받아들인다.
아침에 자신의 집에서 출근하는 길까지 30분 정도 걸린다고 하자.
자가용이나 대중교통을 이용할 수도 있고 걸어서 갈 수도 있을
것이다. 집을 나서자마자 펼쳐진 세상은 하늘, 수많은 각양각색의
나무, 건물들, 간판들, 지나가는 차들, 사람들, 이 모든 자극을 모
두 받아들인다면 뇌는 미쳐버릴 것이다. 이때 뇌는 자신에게 의
미 있는 자극들만을 골라서 선택적 입력을 한다. 얼마나 신기한
뇌인가? 이렇게 선택적으로 입력한 소수의 자극을 정보와 자신의
과거 경험을 통하여 뇌에 저장되어 있는 사실기억과 감정기억을
재료로 하여 생각을 하여 새로운 기억으로 저장한다. 입력된 정
보와 기억을 조합하여 생각이 만들어지면 곧바로 그에 대한 반응
으로 감정이 생긴다. 이것은 모든 경우에 해당되며 예외가 없다.
이것을 STR 모델이라 하자.

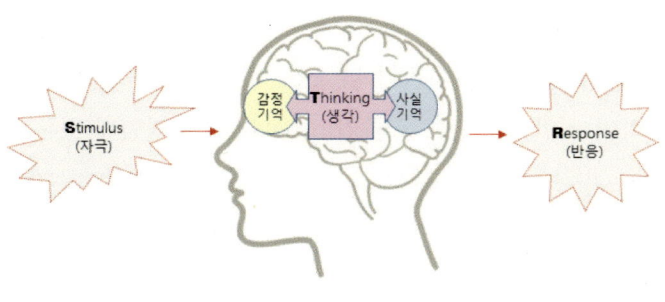

STR 모델

한 사람이 태어나서 세상과 관계를 맺어가면서 반복적으로 생각하는 패턴이 만들어지는데 이것을 사고 양식(thinking style)이라한다. 뒤에서 설명하겠지만 해석자(interpreter)라고도 한다. 사고양식이 합리적인지 편향적인지, 논리적이지 논리적이지 않은지등에 따라 생각하는 힘이 결정된다. 생각을 할 때 사용하는 재료가 자신의 뇌 속에 저장되어 있는 기억들과 자신의 뇌가 필요에 의해 선택적으로 받아들인 자극이기 때문에 자신의 뇌가 보기에는 100% 진실일 것이다. 이러한 내면의 사건이 반복되다 보니 생각하는 방식, 즉 사고 양식이 얼마나 건강한지 어떤 패턴을 사용하는지 알아볼 수가 없다. 그러나 생각 이후에 생성되는 감정 반응은 분명히 인식할 수 있고 건강한 감정과 그렇지 않은 감정을 구분할 수 있다. 그래서 감정 반응은 생각의 건강에 대한 바로미터가 된다.

자극(Stimulus)에 대한 자신의 생각(Thinking)이 그 결과로써 감정 반응(Response)을 일으킨다. 감정 반응은 행동 반응으로 이어질수도 있다. 즉, 감정과 행동을 일으키는 것은 자극이 아니라 그자극을 해석하는 방식이다.

회사에서 지친 몸으로 집에 왔는데 남편은 아직도 집에 들어오지 않았고, 중학생 딸은 컴퓨터 방에 앉아서 카톡으로 친구들과대화하면서 인터넷 만화를 즐기고 있다. 이런 경험이 있는가? 화가 나는가? 반가운 마음이 드는가? 실망스러운가? 그 순간에 왜그런 감정을 느끼느냐고 묻는다면 엄마는 "집에 와서 컴퓨터만하잖아요. 늘 저래요"라고 할 수 있다. 엄마가 화가 난 이유는 분명해 보인다. 엄마가 화가 난 이유는 딸이 공부를 하지 않고 컴퓨터를 하고 있기 때문이다. 그러나 아니다. 엄마가 화가 난 것은 딸이 컴퓨터를 함으로써 '엄마의 기대에 상처'를 주었기 때문이다. 만약 딸이 오늘 중간고사를 마치고 내일이 휴일이라도 화가 날 것인가? 딸의 행동이 아니라 그 행동에 대한 엄마의 '해석'이 화를 일으켰다.

사람들은 모두 부정적인 자극 상황을 만나게 된다. 부정적인 자극 상황은 개인의 감정 반응을 일으키는 사건을 말한다. 실직, 이별, 사랑하는 사람의 죽음 등 커다란 자극 상황이 있다. 마감 시한 위반, 친구와의 말다툼, 인터넷 악플, 지각 등 작은 자극 상황도 있다.

자극은 감정 반응과 행동 결과, 즉 그 사건에 뒤따라 느껴지는 감정과 행동으로 직결된다. 위의 예에서 감정은 분노 또는 실망이다.

겉보기에는 이 세상이 S(자극)→R(감정 반응)로 작동하는 것 같다. 승진, 취업, 선물, 결혼 등 좋은 일을 겪을 때 긍정적인 감정을 느낀다. 좋은 날씨에도 당연히 기쁨과 즐거움을 느껴야 한다. 나쁜 일을 겪을 때는 부정적인 감정을 느낀다. 시험 망치기, 말다툼, 요리 망치기, 칭얼대는 아이에게는 누구든지 분노와 실망과 짜증을 느껴야 한다.

이것이 당연한 것 같지만 감정과 행동을 유발하는 것은 우리가 겪는 사건이 아니다. 이 사건에 대한 우리의 생각이 감정과 행동을 일으킨다. 따라서 세상은 S(자극)→R(감정 반응)이 아닌 S(자극)→T(생각)→R(감정 반응)로 작동한다.

K씨와 M부인은 저녁준비를 하고 있다. 아들이 시험을 마친 날이라 삼겹살을 구워 먹기로 했다. 그릴에 고기를 넣어 구우면서 야채를 씻고 된장을 끓이고 함께 상을 차리고 있다. 시간이 되어 그릴을 열었는데 이런! 고기가 과자처럼 구워진 것이 아닌가? K씨는 "야, 완전 과자처럼 구워졌네. 얘들아, 과자 고기 먹자" 하며 재미있어 한다. 그런데 M부인은 "뭐야, 그걸 어떻게 먹어? 버리고 새로 구워요"라고 짜증을 낸다. 같은 자극에 대해서 완전히 다른 반응을 보이는 것은 각자 다른 생각을 하였기 때문이다. 대부분의 상황에서 우리의 생각이 감정 반응을 일으킨다.

자신이 삶을 살아가면서 유난히 강하게 반응하는 부정적인 자극 상황을 확인해볼 수 있다. 개인적인 삶인지, 직업적인 삶인지, 일반적 인간관계인지, 직장 상사와 같이 자신보다 더 높은 사람과 관련된 것인지 확인하면 자신의 스트레스 원인을 파악해보는 것도 감정조절에 도움이 될 것이다.

3. 행동을 이끄는 감정

영어 'emotion'과 불어 'émotion'은 모두 라틴어 'emotus'에서 나온 것으로 '운동'이라는 뜻을 가진다. 'e 밖으로 향한'과 'motion 운동'의 합성어이다. 학술적으로는 감정, 정서(emotion), 느낌(feeling)을 발생주체나 기간에 따라 구분하기도 하지만 여기에서는 모두 같은 의미로 사용하였다. 인간은 감정에 따라 행동을 활성화시키며, 감정은 행동의 방향을 결정지어 준다.

"그 종의 주인이 불쌍히 여겨 놓아 보내며 그 빚을 탕감하여 주었더니 주인이 노하여 그 빚을 다 갚도록 그를 옥졸들에게 넘기니라."
- 마태복음 18:27, 34

이 마태복음의 성경구절은 매우 유명한 내용이다. 1만 데나리온을 빚진 종을 불쌍히 여겨 놓아주었다. 그런데 이 종이 주인께 감사하고 주인의 집을 나가다가 자신이 1천 데나리온을 빌려준 또 다른 사람을 만나자 당장 자신의 돈을 내놓으라고 협박을 하였다. 이 사실이 주인에게 알려지자 주인이 노하여 종을 옥졸들에게 넘기게 되었다.

(감정) 불쌍히 여겨→(행동) 빚을 탕감하여 줌.
(감정) 노하여→(행동) 옥졸들에게 넘기게 됨.

사랑, 기쁨, 즐거움, 만족 등의 긍정적이고 유쾌한 감정은 인간의 삶을 만족스럽고 행복한 방향으로 행동하게 하는 기능을 한다. 공포, 불안, 분노, 우울 등의 부정적인 감정은 인간의 삶에 활력을 주기도 하지만 대부분 인간의 삶을 파괴하는 역기능적인 작용을 한다.

자극 상황을 만났을 때 짧은 순간에 드는 생각에 따라 감정 반응이 긍정적이거나 부정적으로 활성화된다. 이것은 행동과 관련된 시스템을 활성화시키고 곧 접근 행동이나 회피 행동으로 이어지게 한다. 이러한 일련의 과정은 어느 것이 먼저라고 할 수 없을 만큼 동시에 발생하는 메커니즘이라 할 수 있다

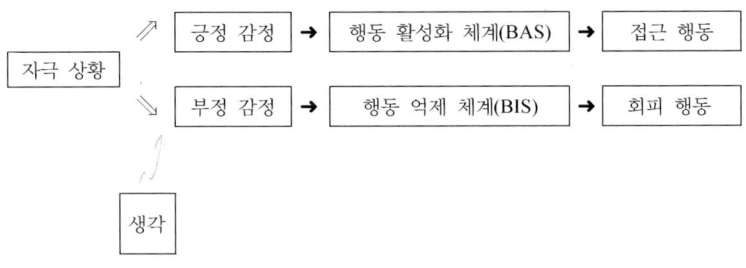

자극-생각-감정-행동의 과정

1) 행동 활성화 체계(BAS)와 행동 억제 체계(BIS)

그레이(Gray)는 강화 민감성 이론(reinforcement sensitivity)에서 인간의 기질에 바탕을 둔 무의식적이고 자동적으로 움직이는 두 가지 독립체계를 제시하였다. 성격 특성의 원인이 되는 두 가지 독립체계는 행동 활성화 체계(behavioral activation system: BAS)와 행동 억제 체계(behavioral inhibition system: BIS)이다. 행동 활성화(접근) 체계

(BAS)는 원하는 것을 얻기 위해 향해 다가가는 행동을 일으키는 뇌 체계이며, 행동 억제(회피) 체계(behavioral inhibition system: BIS)는 원하지 않는 것을 피할 수 있도록 행동을 멈추게 하는 뇌 체계이다. 이 두 체계가 인간을 포함한 동물 적응 행동의 조절과 통제에 매우 중요하고, 이 체계들의 차이가 개인차의 중요한 바탕이 된다고 한다. 행동 활성화 체계는 '음식'이나 '성' 혹은 '더위나 고통의 회피' 등과 같이 원하는 특정 대상을 민감하게 감지하고 적극적으로 추구하도록 만들어주며, 자신이 바라는 바가 달성되리라고 기대할 때 생기는 긍정적 정서인 희망, 흥분, 행복 등을 유발하는 동기 체계다. 행동 활성화 체계가 높은 개인은 자신이 바라는 바를 성취한다는 기대감이 반영되기 때문에 기대, 열망과 같은 긍정적인 정서를 비교적 쉽게 경험한다. 행동 억제 체계는 '처벌'이나 '위협'과 같은 불안 관련 단서들에 반응하여 불안을 경험하고 현재 진행 중인 행동을 멈추고 다른 위험이나 위협 요소들을 찾기 위해 환경을 조사하도록 유도하는 동기 체계이다. 따라서 행동 억제 체계 점수가 높은 개인은 자연스러운 상황에서조차 부정적인 감정 반응을 보인다. 또한 일상생활에서 무력감과 의욕 상실을 경험하고 위협적인 상황에서는 학습의 어려움을 경험하면서 자기에 대한 부정적인 견해를 갖게 될 수 있다. 행동 활성화 체계는 과제 지향적이고 특정 활동에 잘 몰입하여 성공적으로 사회에 적응하는 것과 관련된다는 연구결과가 있다.

행동 활성화 체계(BAS)와 행동 억제 체제(BIS)

행동 활성화 체계(BAS)	행동 억제 체제(BIS)
① 얻고 싶은 것을 향해 다가가게 하는 심리적 가속(액셀러레이터) 체계에 비유	① 처벌과 위험 단서에 반응하여 움직임을 억제하는 심리적 멈춤(브레이크) 체계에 비유
② 민감성 수준은 긍정 감정과 밀접한 관련	② 민감성 수준은 부정적 감정과 밀접한 관련
③ 자기효능감, 주관적 행복, 삶의 만족도와 관련	③ 삶의 만족, 긍정 감정, 자기 효능감과 부적 관련
④ 우울과는 부적 관련	④ 우울, 불안과 관련
⑤ 도파민 경로에 의해 조절	⑤ 세로토닌 경로에 의해 조절
⑥ 뇌의 좌반구 전전두엽의 활동과 관련	⑥ 중격해마 체계(혐오적 동기 체계에 해당)와 뇌간으로부터의 구심성 모노아민계과 관련

2) 접근 목표와 회피 목표 그리고 행복

목표는 사람들이 일상생활에서 순간순간 추구하는 하나의 목적이다. 특정한 대상이나 결과를 추구하는 데 초점을 두고 행동하려는 접근 목표(approach goal)와 불쾌하거나 부정적인 결과를 회피하는 것에 초점을 두고 행동을 유도하는 회피 목표(avoidance goal)로 구분되며 행복과 밀접한 관련이 있다고 심리학자 엘리어트 에런슨(Elliot Aronson)이 말하였다. 친구 관계에서 접근 목표를 가진 사람은 친구 관계를 더 나은 것으로 발전시키는 데 초점을 맞추고 즐거움을 얻기 위해 노력할 것이다. 그러나 회피 목표를 가진 사람은 갈등을 일으키지 않고, 부정적 결과로 나아가지 않는 것에 초점을 맞출 것이다. 접근 목표는 긍정적인 결과를 직접적으로 추구한다는 점에서, 회피 목표는 부정적인 결과를 피하려고 한다는 점에서 두 목표 모두 행복과 관련이 있을 수 있다. 그러나 접근 목표는 현재의 상태에서 더 나은 상태로 나아가고자 하는 목표, 회피 목표는 현재의 상태에서 더 좋지 않은 상태로 가지 않기 위한 목표임을 생각해본다면 접근 목표가 행복을 추구하는 데 더 직접적인 관련이 있다고 추론할 수 있다.

접근 목표와 회피 목표

접근 목표	회피 목표
① 긍정적인 사건을 많이 경험	① 부정적인 사건을 많이 경험
② 외로움을 덜 경험	② 외로움을 더 경험
③ 행복수준과 정적인 관계	③ 행복수준과 부적인 관계
④ 관계 만족도 높음	④ 관계 불안정성과 관련
⑤ 스트레스 정도가 낮음	⑤ 스트레스 정도가 높음
⑥ 행동 활성화 시스템(BAS)	⑥ 행동 억제 시스템(BIS)

위에서 말한 인간의 자연스러운 부정 편향성과 행동 체계(활성화, 억제) 그리고 접근 목표와 회피 목표의 연관성을 추측해볼 수 있다.

부정 편향성이 강한 사람은 어떤 상황에 부딪히거나 사람을 만날 때 부정적인 생각과 감정이 들 것이며 이것은 행동 억제 체계의 활성화와 회피 목표로 연결될 것이다. 부정 편향성이 약하고 긍정 편향성인 사람은 반대로 낯선 상황을 대할 때 긍정적인 생각과 감정, 행동 활성화 체계 활성화, 접근 목표로 연결될 것이다.

쉽게 생각해볼 수 있는 것은 무언가를 이루기 위해 도전하고 노력하는 적극적인 행동양식을 사용하는 사람이 실수를 하지 않으려고 애쓰면서 갈등을 회피하기 위하여 마음을 움츠리고 노력하는 방어적인 행동양식을 사용하는 사람에 비해 긍정적인 감정을 쉽게 유지할 수 있을 것이다. 긍정적인 감정으로 도전했을 때 성취할 확률도 높을 것이며 이것은 자존감이나 자기효능감으로 되먹임되는 선순환이 될 것이다. 어떤 행동을 할 것인가? 어떤 감정 상태를 유지할 것인가? 이 또한 선택의 문제이다.

긍정 편향성→행동 활성화 체계→접근 목표
부정 편향성→행동 억제 체계→회피 목표

생각이 감정을 유발하고 신경전달물질을 분비하게 하며 이것이 신체 반응과 행동으로 이어진다고 하였다. 생각은 누구의 것인가? 이런 상황에서 나쁜 생각을 하는 것이 당연한 것 아니냐고? 그렇지 않다. 부정 편향성의 습관 때문이다. 전환이 가능하다. 선택하자.

3) 행동으로 이끄는 감정, 감정은 자극에 대한 반응, 감정의 원인은 앞선 생각

두 명의 친구가 대학을 졸업한 후 첫 직장에 합격하여 출근을 앞두고 있다. A가 말한다.

"출근하는 날이 늦게 왔으면 좋겠어. 가서 일 잘 못하고 상사로부터 인정 못 받으면 어쩌지?" B가 말한다. "어서 출근했으면 좋겠어. 어떤 사람을 만나고 어떤 일을 하게 될지 기대가 돼." 같은 상황인데 A는 두려움을 느끼고 B는 기대감을 느끼고 있다. 무슨 차이가 있을까? 많은 경우에 이러한 자신의 부정적인 감정을 다른 사람 혹은 상황 탓으로 돌린다.

"너 때문에 상처받았어."　　"그녀 때문에 정말 황당했어."
"상사 때문에 미치겠어."　　"그 여자 때문에 재수 없어."
"그 일 때문에 돌아 버리겠어." "우리 직장은 나를 짜증나게 해."

이렇게 삶의 순간순간 만나게 되는 상황은 자극이 되고 자극은
감정 반응을 이끌고 감정 반응은 신체 반응과 행동 반응을 이끈다.

생물은 살아 있는 식물, 동물, 미생물의 총칭이다. 생물의 특징
은 진화하고, 각각의 유전물질에 의거하여 각각 발생하고 기능하
면서 환경에 어떻게 반응하며 적응하는가에 대한 결정능력을 갖
는다. (생명과학대사전 용어)

생명이 있다는 것은 자극 상황에 반응할 수 있다는 것을 의미
한다. 인간에게는 감정 반응과 신체 반응이 있고 이것을 행동으
로 표현하게 된다. 감정에 대한 일반적인 정의는 자극에 대한 반
응이다. 공포나 분노도 자극에 대한 반응이며, 어떤 자극과 반응
사이에 자신을 해롭게 할지도 모르는 것들을 걱정하는 생각이 있
었다.

자극은 자연이나 인공물과 같은 외부 사물이 될 수도 있고 함
께하는 사람들의 말이나 표정과 같은 것도 될 수 있다. 혼자 있을
때 이유 없이 떠오르는 수많은 생각이 자극이 되기도 한다. Lazarus
의 복합적 평가 모형에서도 주어진 자극에 대한 자신의 생각이
곧 감정으로 연결되는 것을 보여주고 있다.

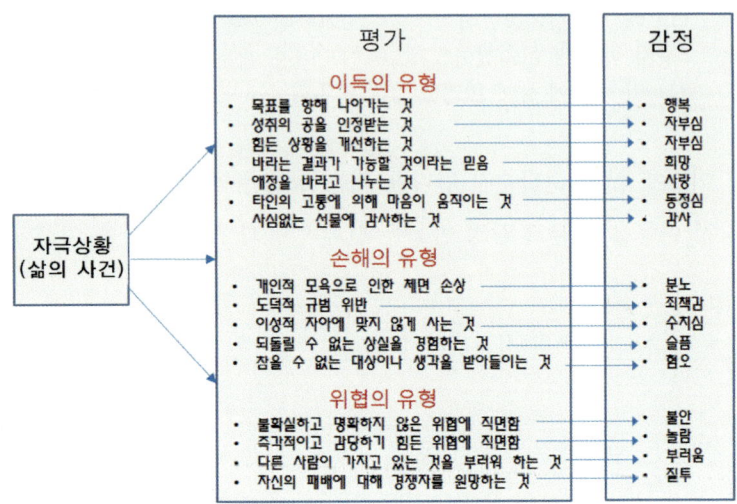

<figure>
평가	감정
이득의 유형	
• 목표를 향해 나아가는 것	• 행복
• 성취의 공을 인정받는 것	• 자부심
• 힘든 상황을 개선하는 것	• 자부심
• 바라는 결과가 가능할 것이라는 믿음	• 희망
• 애정을 바라고 나누는 것	• 사랑
• 타인의 고통에 의해 마음이 움직이는 것	• 동정심
• 사심없는 선물에 감사하는 것	• 감사
손해의 유형	
• 개인적 모욕으로 인한 체면 손상	• 분노
• 도덕적 규범 위반	• 죄책감
• 이성적 자아에 맞지 않게 사는 것	• 수치심
• 되돌릴 수 없는 상실을 경험하는 것	• 슬픔
• 참을 수 없는 대상이나 생각을 받아들이는 것	• 혐오
위협의 유형	
• 불확실하고 명확하지 않은 위협에 직면함	• 불안
• 즉각적이고 감당하기 힘든 위협에 직면함	• 놀람
• 다른 사람이 가지고 있는 것을 부러워 하는 것	• 부러움
• 자신의 패배에 대해 경쟁자를 원망하는 것	• 질투
</figure>

Lazarus의 복합적 평가: 이득, 손해, 위협의 유형들

인간이 본능적으로 주로 느끼는 부정적 감정 몇 가지를 통하여 확인해보자.

≫ 공포/두려움

외진 밤길을 혼자 걸어가고 있던 중학생 수진이는 갑자기 뒤에서 자신을 따라오는 발자국 소리를 들었다. 순간 수진이의 편도체가 위험을 감지하고 활성화되면서 심장이 빨리 뛰기 시작한다. 시상의 명령을 심장 위에 있는 부신이 받아 아드레날린이라는 호르몬을 분비하기 때문이다. 각 근육에 혈액이 빨리 공급되면서 힘이 생기게 된다. 수진이는 싸울 것인지 도망갈 것인지('싸우기 아니면 도망가기 반응, Fight or Flight Response') 판단한다. 상대에 대하여 전혀 알 수도 없어 극심한 공포에 사로잡혀 온 힘을 다하여 도망간다. 이렇게 위급한 상황에서 갑자기 예상치 못한 힘이 나오는 것이 생존반응 덕분이다.

그런데 자극 인식과 공포/두려운 감정 사이에 순식간에 앞선 생각이 만들어진다. "위험하다"라고.

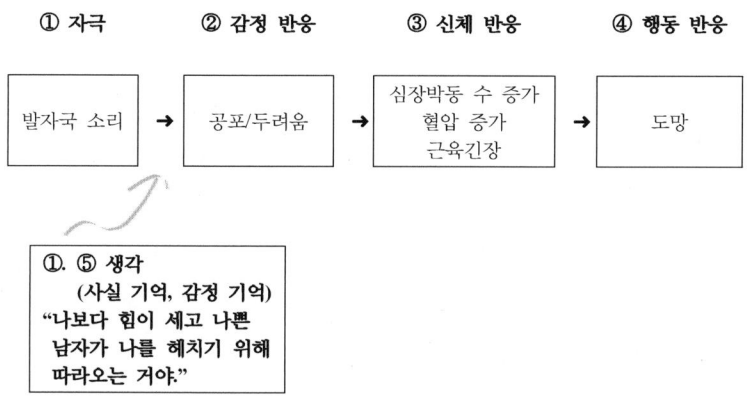

① 자극 　　　② 감정 반응 　　　③ 신체 반응 　　　④ 행동 반응

| 발자국 소리 | → | 공포/두려움 | → | 심장박동 수 증가
혈압 증가
근육긴장 | → | 도망 |

①. ⑤ 생각
(사실 기억, 감정 기억)
"나보다 힘이 세고 나쁜
남자가 나를 해치기 위해
따라오는 거야."

그러나 같은 상황에서도 만약 편도체가 위험을 감지하고 도망가려는 순간, "수진아" 하고 아빠가 부르는 소리를 듣는다면 긴장상태가 풀리게 될 것이다. 편도체가 위험을 감지하고 도망가려는 순간, 전두엽이 상황을 파악한 것이다.

이렇게 위험을 감지하는 편도체와 상황을 파악하는 전두엽이 생존반응에 결정적 역할을 한다. 우리의 뇌는 특히 생존과 관련된 것은 잊지 않도록 프로그램 되어 있다. 특히 공포와 두려움과 관련한 기억은 같은 일을 되풀이하지 않기 위해 편도체가 반드시 기억하도록 되어 있다. 편도체가 활성화되면 해마와 나머지 뇌의 부분에 이것을 중요하니 기억하라고 말한다. 편도체가 활성화되지 않으면 뇌는 중요하지 않으니 기억하지 않아도 된다고 말한다. 쥐는 고양이를 무서워하도록 편도체가 기억하고 있게 된다. 결국 두려움과 공포는 경험하여 저장된 자신의 기억이 만들어내는 것이다.

≫ 분노

어느 날 고궁을 나오면서

김 수 영

왜 나는 조그마한 일에만 분개하는가
저 왕궁(王宮) 대신에 왕궁의 음탕 대신에
오십 원짜리 갈비가 기름 덩어리만 나왔다고 분개하고
옹졸하게 분개하고 설렁탕집 돼지 같은 주인 년한테 욕을 하고
옹졸하게 욕을 하고

······ 생략 ······

영애 씨는 최근에 옮긴 직장일로 많이 지쳐 있다. 벌써 1년째 주말도 없이 수시로 출근을 하는 데다 이러한 상황이 언제 끝날지 아무도 예측할 수 없다. 새로운 직장은 평생교육기관으로 학습자나 강사들로부터 민원도 많아 정서노동자가 된 기분이다.

그날은 토요일로 일찍 집에 들어가 오랜만에 맛있는 저녁을 준비하여 가족들과 함께 저녁시간을 보내야지 생각하며 5시에 집에 들어갔다. 남편은 부인이 집에 없다는 핑계로 사무실에 나가서 아직까지 집에 오지도 않았다. "분명 인터넷 바둑을 두고 있을 거야." 중2 딸은 아직까지 씻지도 않고 잠옷을 입고 있다. "딸은 하루 종일 스마트폰과 컴퓨터 게임만 했을 거야." "씻지도 않았네." "남편은 무얼 하나? 일찍 들어와 딸 공부라도 좀 봐주지."

고1 아들은 아침에 나갔는데 아직도 들어오지 않고 있다. 전화를 해보니 대학교 운동장에서 축구 삼매경에 빠져 있다. "저 열정으로 공부를 하지."

옷을 갈아입고 저녁거리를 장만하기 위해 마트에 가기로 생각하고 딸에게 미안한 마음도 있고 하여 함께 가자고 했다. 딸은 흔쾌히 함께 가자고 따라 나왔다. 엘리베이터를 타고 내려왔을 때 문제가 생겼다. 영애 씨는 아파트 단지 안에 있는 마트에 가려고 했는데 딸은 차를 타고 대형마트에 갈 것으로 기대했던 모양이다. "엄마 차 저기 있는데?" "아니, 동네 마트 갈 건데." 갑자기 딸은 그럼 가지 않겠다면서 화를 내고 다시 들어가 버렸다.

영애 씨는 순간 화가 났지만 길에서 화를 낼 수도 없고 기운도 없어 그냥 혼자 갔다. 마트에 가서 이것저것을 사고 돌아오는데 양쪽 어깨가 아플 만큼 짐이 무거웠다. 돌아오는 길에 두 번을 쉬었다. 집에 들어오니 어느새 남편이 들어와 있고 딸은 소파에 누워 여전히 스마트폰 삼매경에 빠져 있다. 남편은 다정한 척 말한다. "전화하지 그랬어?"

'아! 화나. 나는 이 집에서 황소야!' 속으로 생각했다.

그래도 참고 저녁준비를 하는데 남편은 옆에서 영애 씨가 사 온 떡을 먹으며 인심 쓰듯이 떡을 영애 씨에게 먹여주려고 했다. 영애 씨는 아무 말도 하지 않고 눈을 흘기며 떡을 먹지 않았다. 남편은 갑자기 화를 내며 컴퓨터 방에 들어갔다. "또 컴퓨터 바둑을 할 거야."

영애 씨는 일요일에도 출근을 하여 저녁 6시에 집에 들어갔다. 이렇게 틀어진 부부는 월요일 저녁까지 아무런 말도 하지 않았다. 영애 씨는 분노 속에서 이틀을 보냈다.

1차 사건: 최초에 자신의 감정, 신체, 행동 반응을 유발하게 된 사건

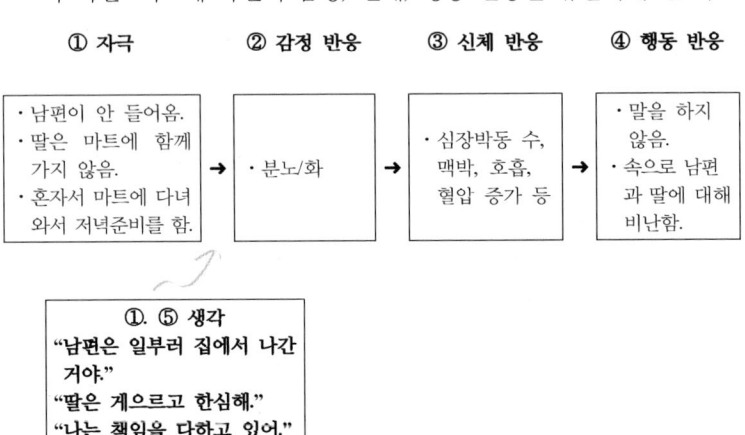

2차 사건: 1차 사건이 해결되지 않아 자신이 혼자서 이어가는 사건

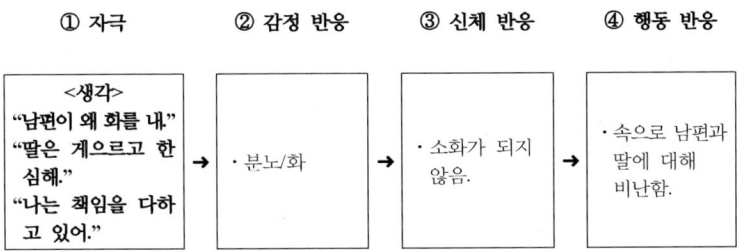

어떠한 자극 상황에 대해서는 분노/화로 반응하게 되며 신체 반응은 두려움과 비슷하다. 행동 반응은 전혀 다른 상황이 된다. 많은 경우에 자신의 감정 반응에 대하여 상대방을 책임자로 돌리게 된다. "너 때문이라고." 그러나 잘 생각해보면 자극과 감정 반응 사이에 찰나의 시간 동안 앞선 생각이 있다. 이것이 감정 반응의 진짜 책임자이다. 이 생각은 누구의 것인가? 결국 분노/화는 자신의 생각이 만들어낸 것이다.

분노와 불안은 인체의 거의 모든 시스템에 영향을 미친다. 심장 혈관계를 교란시켜 심장이 두근거리고 혈압이 오르거나 감소하며 심장이 빠르게 또는 불규칙하게 뛴다. 호흡계에도 영향을 받는다. 호흡이 얕아지고 빨라지며 질식하는 듯한 느낌도 든다. 바로 이 질식하는 것 같은 증상이 '불안(anxiety)'의 어원이다. 라틴어 '앙게레(angere)'는 '숨이 막히다' 또는 '목을 조르다'라는 뜻이다. 소화계도 영향을 받는다. 식욕이 감소하고 배가 아프다. 음식을 먹으면 속이 쓰리다. 근육 신경계에서도 변화가 일어난다. 놀람 반응이 증가하고 눈꺼풀이 씰룩거리고 사지가 후들후들 떨리고 근육이 경련하며 목적 없이 서성거리게 된다. 비뇨기계도 영향을 받는다. 소변이 마려운 느낌이 자주 들어서 화장실을 자주 드나들게 된다.

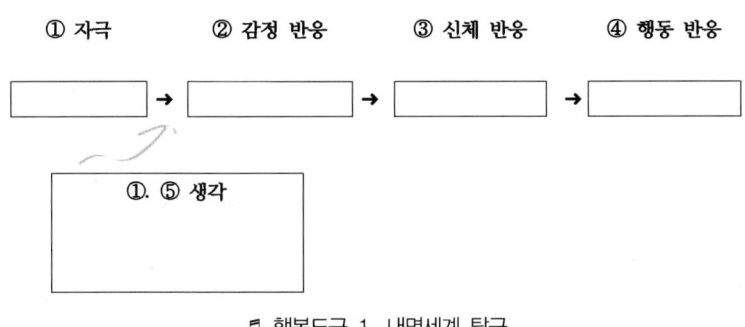

♬ 행복도구 1. 내면세계 탐구

≫ 상실에 대한 슬픔

중2 유빈이는 설날 세뱃돈으로 12만 원을 받았다. 엄마에게 세뱃돈을 드리기가 미덥지도 않고 아깝기도 하여 이번에는 자신이 알아서 쓰겠노라 떼를 써서 간신히 허락을 받아냈다. 평소 1주일에 5천 원의 용돈을 받아서 쓰던 유빈이에게 12만 원은 엄청 큰돈이었다. 지갑에 돈을 두둑이 넣고 가지고 다니면서 친구들에게 맛난 것도 사주고 평소 사고 싶었던 화장품을 사는 재미가 쏠쏠하였다. 토요일 오후 2시경 친구 진아 집에 가는 길에 살 것이 없지만 6만 원가량 남은 지갑을 기분 좋게 들고 나갔다. 마음이 든든하고 자신감이 있는 듯하였다. 진아 집에서 한참을 놀다가 갑자기 지갑 생각이 났다. 가방과 주머니를 다 뒤져 보아도 지갑이 없었다. 갑자기 심장이 뛰고 머리가 하얘지는 듯했다. 진아와 함께 온 집을 다 뒤지고 유빈이 집까지 오던 길을 따라가면서 가보았지만 지갑을 찾을 수 없었다. 마음 한구석이 텅 빈 것과 같고 그렇게 좋던 진아와 함께 있는 것도 싫어지면서 얼굴에 피가 모두 빠져나가는 듯한 느낌이 들었다. 집에 돌아가 자신의 방에 들어가 침대에 누워 이불을 뒤집어썼다.

지금 유빈이는 상실 뒤에 오는 슬픔 속에 있다. 물론 엄마에게 야단맞을 생각에 대한 걱정도 있겠지만 그건 뒤에 따라오는 감정이다. 슬픔은 가진 것을 상실한 후에 찾아오기도 하고 기대한 것이 이루어지지 않을 때 찾아오기도 한다. 슬픔이 반복이 되고 길어지면 우울함에 빠지게 된다.

≫ 혐오/역겨움

평소 사극을 즐겨 보는 진희는 주말 저녁 드라마 <정도전>을 재미있게 보고 있다. 임금의 의붓아버지로 국부의 자리까지 오른 이인임이 폐결핵에 걸린 몸으로 귀향살이를 하는 장면으로 시작하였다. 다시 정권의 자리 도방으로 돌아올 각오를 다지고 있고 그와 뜻을 함께하는 신료 중 한 사람이 그를 찾아와 함께 훗날을 도모하는 장면이 이어지고 있다. 둘은 훗날을 도모하는 대화를 억울함과 함께 나누고 있는데 갑자기 이인임이 자신의 옆자리에 있는 나무 상자 뚜껑을 열고 한 움큼의 구더기를 집어서 입에 틀어넣는다. 입에서 벌레가 터지는 소리와 함께 이인임이 구역질을 하면서도 결의에 찬 표정으로 꿀떡 삼키는 장면이다. 이때 진희는 갑자기 구역질을 하면서 더 이상 이 장면을 볼 수 없어 자리를 떠서 물로 입을 헹구어냈다.

이때 진희가 느끼는 감정이 혐오감이다. 더러운 것이 자신의 입속으로 들어갈 것만 같은 불결함에서 생기는 감정이다.

> 수영과 미진은 오랫동안 함께 지내온 대학동창 사이다. 대학을 졸업한 이후에도 함께 만나 여러 개의 모임을 할 만큼 각별한 사이이다. 그런데 둘 사이에 문제가 생겼다. 함께 스터디하는 구성원 가운데 각각 주말부부를 하는 민철과 수영이 유난히 가깝게 지내게 된 것이다. 모임을 마친 후 밤늦게 함께 가기도 하고 모임에서도 두 사람은 미진이 보기에 지나치다 싶을 만큼의 신체적 접촉을 하는 것이다. 미진은 이러지도 못하고 저러지도 못하는 사이에 두 사람의 행동은 점점 더 과감하고 거리낌이 없어져 갔다. 미진은 모임을 마치고 집으로 돌아오는 길에 온몸에 벌레가 붙은 듯한 찝찝함을 지울 수가 없었다. 그리고 미진은 이 모임에서 빠지기로 작정하였다.

미진이 느끼는 감정 또한 혐오감이다. 혐오감에는 신체적 혐오감과 도덕적 혐오감이 있는데 미진이 지금 도덕적인 혐오감을 느끼고 있는 것이다.

≫ 감정을 다루는 3가지 방식

생각이 감정을 유발하는 원인으로 작용했다 하더라도 개인마다 감정을 다루는 패턴화된 방식이 있다. 인간은 어릴 때부터 경험했을 모든 사건을 편도에 기억된 정서에 의해 두려움, 긴장, 불안 속에 살게 된다. 아무리 좋은 정보를 선택하고자 노력하고 긍정적이 되려고 해도 잘 안 된다. 자신이 의도하는 대로 삶을 창조하고 평안하기 위해서는 편도에 저장된 감정을 잘 이해해야 한다. 감정을 느끼는 것도 습관이지만 감정을 다루는 방식 또한 습관화되고 자동화된 것이다. 이렇게 자동화된 시스템은 억압, 분출, 조절의 3가지로 구분할 수 있다.

억압은 부정적 감정을 느꼈을 때, 표현하지도 않고 외면해 버리는 방식이다. 억압한다고 사라지는 것이 아니라 뇌 속에 저장되어 있다가 관련된 유사한 외부자극에 대하여 강하게 반응하여 더욱 강화하게 된다. 표출은 감정을 그대로 드러내는 것으로, 장기적으로는 바람직하지 않은 결과를 가져오게 된다. 당장 보기에 자신은 속이 편안하고 상대방에게 상처를 주는 것 같아 보이지만 반복되다 보면, 결국 자신이 그 상처를 떠안게 된다. 감정을 언제까지 억압할 수 있을까? 1년, 2년, 10년? 억압은 언제까지나 지속될 수 없고 언젠가 분출하게 될 불씨로 남게 된다. 억압은 분출로 가기 전단계일 뿐이다. 조절은 자신에게서 발생한 강한 부정적 감정을 인식하고, 적절하게 처리한 후 외부로 보내 버리는 것이다. 감정의 지혜는 이렇게 부정적 감정을 짧게 즉시 처리하고 소멸시키는 것이다. 이렇게 할 때 감정적 기억에서 감정의 에너지를 없애고 사실적 기억만을 기억하여 미래의 어느 순간에 과거의 감정기억으로부터 자유롭고 객관적으로 받아들일 수 있게 된다.

감정 표현의 3가지 방식

억압(-in): 수동형 표현	표출(out): 공격형 표현	조절(-control): 조절형 표현
외면하고 참으며 감정을 눌러두는 경우, 사라지는 것이 아니라 감정적 기억으로 뇌 속에 저장된다.	불평을 하며 분노를 발산하는 경우로 자신의 정신건강보다 주위에 있는 사람들이 상하게 된다.	자기감정을 응시하며 관찰하는 경우로 감정적 기억과 정보에서 감정 에너지를 없애고 사실적 기억과 정보로 만드는 것을 말한다.

4. 세상을 해석하는 습관

"세상의 그 무엇도 그 자체로 좋거나 나쁘지는 않다.
단지 우리의 생각이 그렇게 만들 뿐"

- 셰익스피어

1) 사용할수록 길이 나는 감정 습관, 생각 습관

태어나서 모든 자극에 대한 최초 반응을 하고 이것은 반복이
되다가 더 이상 의식하지 않고 자동화된 것을 습관이라 한다. 어
떤 자극 상황에 대하여 처음으로 느끼는 감정과 생각이 있은 다
음에 유사한 자극에 대하여 활성화되기를 반복하면 감정 습관과
생각 습관이 형성되고 이것은 신념이 된다.

아무도 가지 않던 산길을 한두 명이 가고 그 뒤를 많은 사람이
이어서 가다 보면 잘 닦여진 길이 나서 마치 원래부터 있었던 것
처럼 자연스럽게 되는 것과 같다.

위에서 자극 상황에 대하여 앞선 생각이 있었고 감정 반응이
따라온다고 하였다. 그러나 동시에 감정 반응은 대뇌피질로 끊임
없이 정보를 되먹임하여 생각에 영향을 주어 순환고리가 만들어
지게 된다. 나중에는 감정이 생각에 영향을 준 것인지 생각이 감
정을 만든 것이지 구분조차 하기 어려워지게 된다.

자신의 감정과 생각이 좋은 것인지 나쁜 것인지 어떻게 알 수

있을까? 좋은 길은 따라가면 좋은 곳으로 이어지고 나쁜 길은 따라가면 나쁜 곳으로 이어지는 것은 자연스러운 일일 것이다. 생각이 감정을 이끈다고 하였으니, 생각이 인도하는 길의 끝에는 감정이 있는 것으로 생각해볼 수 있다. 부정적 감정으로 이끄는 것을 나쁜 생각으로 긍정적 감정으로 이끄는 것을 좋은 생각이라 해도 좋을 것이다. 물론, 근거 없는 좋은 생각의 위험성에 대해서는 백 퍼센트 동의한다. 여기서 말하는 좋은 생각은 냉철한 생각과는 다른 것으로 자극 상황을 나쁜 감정으로 인도하지 않는 생각을 말한다. 또한 위험 상황에 대하여 공포/두려움의 부정적 감정으로 인도하는 생각은 생존을 지켜주는 좋은 감정이다.

좋은 생각은 긍정적 감정으로 나쁜 생각은 부정적 감정으로 길을 만든다.

부정적인 감정은 대부분 나쁜 생각이 만들어내는 것이다. 두려움, 분노, 비통, 슬픔 등과 같은 부정적인 감정에는 각 감정을 유발하는 나쁜 생각의 종류가 있었다. 이러한 생각들이 우리의 감정적인 경험의 종류와 강도를 형성한다. 감정을 느끼게 하는 생각의 종류를 확인하는 한 가지 방법은 경험하는 감정의 종류를 확인하는 것이다. 생각의 길을 따라갔을 때 만나게 되는 것이 감정이며, 감정이 없이 생각을 확인하는 것은 어려운 일이기 때문이다.

나쁜 생각의 결과

나쁜 생각의 길		길 끝에서 만나는 감정
■ 감히 나를 모욕하다니.	→	분노
■ 나는 잘 하는 게 아무것도 없어.	→	무가치감
■ 내 생일에 선물도 안 주네.	→	섭섭함
■ 왜 저렇게 경박하게 떠들어.	→	불쾌함
■ 또 지적당하면 어쩌지?	→	걱정
■ 야단맞으면 어쩌지?	→	불안함
■ 이런 반복이 언제 끝나지?	→	두려움
■ 지금 당장 이 일을 마쳐야 해.	→	긴장감
■ 주도적으로 일할 수 없어?	→	짜증

이러한 생각들이 객관적 사실일까? 주관적 해석일까?

이와 반대로 긍정적인 감정은 자극 상황을 만났을 때 좋은 생
각을 따라간 결과이다.

좋은 생각의 결과

좋은 생각의 길		길 끝에서 만나는 감정
■ 내 아들은 정직하고 성실하다.	→	든든함
■ 나는 연극공연 좋아해.	→	신 남 또는 행복
■ 정말 재미있는 이야기네.	→	재미있음
■ 모든 게 잘 될 거야.	→	평화로움
■ 나는 유능한 사람이야.	→	자신감
■ 누구나 실수를 하지.	→	용서받음/용서함
■ 좀 더 공부해야지.	→	긴장의 완화
■ 이 정도도 충분하지.	→	자족
■ 우리 팀은 올해 정말 잘했어.	→	자부심
■ 참 좋은 남편을 만난 것은 복 받은 삶이지.	→	감사
■ 나는 나를 좋아해.	→	수용
■ 저분의 그림은 정말 기가 막혀.	→	경외감

우리의 감정은 환경이 만들어낸 것이 아니라 학습된 사고 양식의 산물이다. 그래서 생각이 건강해야 감정이 건강하다. 특히 이유도 명확하지 않고 지속적인 괴로운 감정은 부정확한 생각의 결과일 때가 많다. 따라서 상황이 기분을 결정하는 게 아니라, 상황에 대한 생각으로 자신의 감정을 결정하는 것이다.

2) 인간의 부정 편향적인 성향(negativity bias)

어휘사전에는 긍정 감정보다 부정 감정을 묘사하는 단어가 훨씬 더 많다. 인간은 긍정 감정보다 부정 감정에 더 많은 주의를 기울이게 된다. 인간의 마음은 좋은 것보다 나쁜 것에 더 강력한 영향을 받는다. 이것을 부정 편향성이라 한다.

같은 경험에 대한 긍정 정서와 관련 부정 정서

긍정 정서	경험 내용	부정 정서
평온감	평화롭게 흘러가는 삶의 상태에 대한 감흥	불안 · 공포 · 혼란감
환희감	긍정적인 사건이나 변화에 대한 유쾌한 흥분감	슬픔 · 우울 · 좌절감
애정감	좋아하는 사람이나 대상에 대한 사랑의 마음	미움 · 혐오 · 고독감
자존감	자신의 긍정적 특성이나 성취에 대한 만족감	자괴감 · 열등감
유희감	어떤 활동을 하면서 느끼는 재미와 흥겨움	지겨움 · 피로감
영 감	지적인 깨달음이나 통찰에 대한 유쾌한 감흥	답답함 · 지루함
희망감	긍정적인 미래에 대한 기대감과 설렘	절망감 · 두려움
사은감	자신에게 주어진 것에 대해서 감사하는 마음	원망감 · 복수심
흥미감	새롭고 색다른 것에 대한 호기심과 기대감	권태감 · 따분함
경외감	장대함과 아름다움에 대한 놀라움과 감동	경멸감 · 혐오감

특히, 우리나라 말에는 유난히 부정적인 표현이 많다.

도대체 뛰지 말라면 어떻게 하라는 건가? ‘걸어가시오'가 옳은 표현일 것이다. ‘그렇게 하지 마.' 그럼 어떻게 하라는 건가? ‘나는 3천 원을 가지고 있는 것이지' ‘3천 원밖에 없는 것'이 아니다. ‘내가 가진 것은 열정'이지 ‘내가 열정밖에 없다'는 옳지 않다. 부정어는 실체가 없어 듣는 사람의 마음을 얼어붙게 한다.

사자가 상상되지 않는가? 영어는 부정어가 앞에 나오기 때문에 그래도 좀 낫다. 우리나라 말은 표현하고 싶은 것을 다하여 충분히 상상한 후에 부정어가 나오니 헷갈리기도 하고 이미 뇌에는 앞부분의 정보가 모두 입력된 후이다.

　　나는 *별을 좋아하지* 않는다. ➜ 별, 좋아함이 뇌에 입력
　　I don't like star.

이렇게 부정어가 많은 것도 문제가 되겠지만 무엇보다 인간의 뇌가 원래 부정 편향적인 성향을 가지고 있다. 인간의 뇌는 원시시대에 생존을 위협하는 위험한 요인이나 상황을 기억하도록 진화되어 왔다. 언제 어느 곳에서 어떤 위험이 있을지 모르는 상황

에서 모든 감각기관이 반응할 준비를 하고 긴장하고 있었을 것이다. '쉿~' 소리가 나면 두려움/공포로 인해 도망가거나 싸울 준비를 했을 것이다. 상대가 막대기를 들고 자신에게 걸어오면 혹시 모를 공격에 대비하기 위하여 긴장하고 준비해야 했을 것이다. 자면서도 무슨 일이 일어나면 가족을 지키기 위해 불안 속에서 잠을 잤을 것이다. 이러한 유전인자가 중요한 요인으로 작용할 것이다.

또 한 가지 중요한 원인은 성장과정이다. 인간은 태어나서 처음으로 엄마를 통하여 세상과 소통히고 엄마의 반응을 통하여 자기존재감을 형성하게 된다. 스스로 아무것도 할 수 없는 아기가 세상에 대하여 가지는 감정이 어떠한 것일까? 엄마의 한결같은 따뜻한 보살핌이 있다 하더라도 정상적인 뇌를 가진 인간이라면 순간순간 두려움과 불안, 분노를 느낄 것이라 생각할 수 있다. 왜냐하면 아이에게 엄마는 전부이지만 엄마의 모든 시간이 아이의 것은 아니기 때문이다.

이렇게 유전적인 요인과 성장환경적인 요인을 통하여 인간은 부정적인 감정을 더 많이 그리고 자주 사용하게 된다. 앞에서 많이 사용하는 감정은 쉽게 활성화되고 탄탄하고 넓은 길이 난다고 하였다. 이렇게 하여 인간의 부정 편향성이 강화된다.

한 번 강화된 부정 편향성은 특별하고 아주 강한 자극이 없이는 자연스럽게 활성화된다. 부정 편향성의 강화는 긍정적인 성향의 사용을 방해하게 되어 점점 부정 편향성이 익숙하고 어느 순간 자신도 모르게 자동화되어 버릴 것이다. 이것은 마치 가운데가 움푹 파인 길 위에 공을 두면 아래로 굴러 떨어져 파인 곳으로 향하게 되는 것과 같다. 만약 공을 위쪽으로 올리고 싶거나 이 길의 위치를 바꾸고 싶다면 몇 배의 의식적인 노력을 해야 할 것이다. 어느 순간 자연스러운 상태가 되어 자동화되기 전까지는. 어쩌면 인간의 부정 편향성은 애써 벗어나고 싶지 않은 안전지대일 수도 있다.

긍정 감정은 그것이 습관화될 때까지 처음에는 선택하고 노력해야 느낄 수 있는 감정이다. 부정 편향성에서 벗어나는 것은 행복으로 들어가는 첫 관문을 통과하는 것이기도 하다. 부정 편향성으로는 행복의 필요충분조건인 긍정을 할 수 없을 테니까 말이다.

사람은 마음먹은 만큼 행복해진다.
- 에이브러햄 링컨

자신이 습관적으로 부정 편향성의 길을 걷고 있다면 당장 돌아서서 긍정 편향성의 길로 돌아서야 한다. 긍정도 부정도 100% 자신의 선택이다.

3) 자동화된 실시간 생각과 신념이라는 빙산

실시간 생각은 부정적인 자극 상황에 곧바로 떠오르는 것으로 알아차리지 못할 수도 있다. 자극 상황을 접하자마자 너무 짧은 시간 안에 강렬한 감정에 휩싸이기 때문에 생각을 알아차릴 정도의 냉정을 유지하는 것도 어렵고 자신의 생각을 알아채는 혹은 자신의 생각을 관찰하는 또 다른 자신이 있어야 하기 때문이다. 이 생각이 자극 상황에 직면할 때 어떤 감정을 느끼고 어떻게 행동할 것인지를 결정한다.

자극 상황에 대하여 인간은 원인을 찾도록 진화되어 왔다. 이 때 자극 상황에 집중하기보다는 감정의 원인을 찾고 그 책임을 물으려 한다. '원인이 무엇인가'에 집중하는 사람과 '결과가 어떻게 영향을 미칠까'에 집중하는 사람이 느끼는 감정에는 큰 차이가 있다.

> 중학생 2학년인 유빈이와 수진이는 수업시간에 스마트폰을 가지고 있다가 선생님한테 걸려서 일주일 동안 빼앗겼다. 유빈이는 수진이가 조신성이 없는 데다 선생님은 유독 자신에게만 인색하여 빼앗았다고 '원인'에 집중을 하였다. 따라오는 감정 반응은 분노 또는 화였다. 수진이는 집에 가서 엄마한테 야단 맞을 생각과 일주일 동안 스마트폰 없이 지내는 동안 친구들과 연락이 되지 않을 '결과'에 집중을 하였다. 두려움과 불안이 감정 반응이다.

생각(원인)과 감정(결과)의 연결 관계

생각(원인)		감정(결과)
본인의 권리에 대한 침해	⇨	분노, 화
상실	⇨	슬픔, 우울
타인의 권리에 대한 침해	⇨	죄책감
미래 위협	⇨	불안, 두려움

자극 상황과 맞닥뜨린 순간에 즉시 떠오르는 생각이 감정을 유발한다고 했다. 그런데 유사한 상황에서는 유사한 순간적인 생각이 떠오르고 유사한 감정과 유사한 행동으로 이어진다. 이것은 마치 공식처럼 자동적으로 연결된다. 이렇게 유사한 자극에 대해 동일한 내용의 순간적인 생각이 드는 것은 그 아래 깔려 있는 자

신의 신념이 자리 잡고 있기 때문이다. 그리고 순간적인 생각만으로는 특정 자극에 대한 강렬한 반응을 설명할 수 없을 때가 있다. 인간이 어떻게 행동해야 하는지, 세상이 어떻게 돌아가야 하는지, 행복하기 위해 어떻게 해야 하는지에 대한 뿌리 깊은 신념의 영향을 받고 있는 것이다. "행복하기 위해 성공해야 해", "성공하기 위해 공부를 잘해야 해", "모든 사람이 행복할 수는 없어", "인간은 믿을 수가 없어", "인간은 누구나 자신을 위해 거짓말을 해", "부모님은 나를 위해 이 정도는 해주어야 해", "세상은 공평해야 해", "세상은 돈이나 권력 있는 사람들을 중심으로 돌아가" 등이 이에 해당한다.

4) 자동화된 실시간 사고양식

벡(Beck)과 에머리(Emery)는 자동적 사고양식의 타당성을 평가하는 5단계 과정을 머리글자 A-FROG로 설명하였다.

A-Alive(나의 사고는 나를 생기 있게 하는가?)
F-Feel(나는 이러한 사고의 결과로 기분이 더 나아졌는가?)
R-Reality(나의 사고는 현실적인가?)
O-Others(나의 사고는 다른 사람과의 관계에 도움이 되는가?)
G-Goals(나의 사고는 나의 목표를 성취하는 데 도움이 되는가?)

어떤 상황을 만났을 때 자신도 모르는 사이에 실시간 떠오르는 생각은 자동적 사고과정의 결과인데, 일반적인 사람들의 자동적 사고양식에 대해 알아보자.

≫ 회피지향형과 추구지향형

모든 인간의 행동은 즐거움을 추구하거나 고통을 회피하려는 행위의 반복이다. 우리는 손에 화상을 입는 고통을 피하기 위해 성냥불에서 손을 멀리한다. 해 질 무렵의 즐거움을 추구하기 위해 아름다운 석양을 감상한다. 어떤 사람은 운동을 좋아하기 때문에 2km나 되는 거리를 걸어서 출근한다. 어떤 사람은 자동차 탑승 공포증이 있어 걸어서 출근할 수도 있다. 어떤 사람은 산문이 주는 교훈과 통찰력을 즐기기 때문에 헤밍웨이, 박경리, 조정래의 책을 읽는다. 그는 자신에게 즐거움을 주는 것을 추구하는 것이다.

또 어떤 사람은 사람들이 무식한 얼간이라고 놀릴까 봐 그런 작가의 책을 읽을 수도 있다. 그는 즐거움을 찾는 것이 아니라 고통을 회피하려고 하는 것이다. 어떤 것을 추구하는 것이 아니라 그것으로부터 회피하고 싶은 것이다. 사람들에게 절대적으로 어떤 한쪽 성향만 있는 것은 아니다. 누구나 추구하는 것이 있는가 하면, 또 회피하는 것도 있다.

모든 사람은 자신을 지배하는 모드, 즉 강하게 끌리는 성향의 어떤 특유한 프로그램이 있다. 어떤 사람은 활력이 넘치고, 호기심이 많으며, 위험한 것도 마다하지 않는다. 그런 사람들은 자신에게 흥미 있는 것을 추구할 때 가장 편안함을 느낀다. 반대로 어떤 사람들은 주의 깊고, 신중하며, 방어적이다. 그런 사람은 세상을 매우 위험한 곳으로 생각한다. 그래서 그들은 즐거움을 추구하기보다는 위험하고 위협적인 것을 회피하는 행동을 선택한다. 다음 질문을 통해 회피지향형인지 접근지향형인지 확인해보자.

Q. 당신의 중3 아들이 공부는 열심히 하지 않고 여자친구와 축구하는 데 많은 시간을 들이고 있다. 아들에게 왜 공부를 열심히 해야 하는지 설명해보자.

Q. 당신은 지금 30세 청년이며, 지금 다니고 있는 직장을 여러 가지 이유로 그만두고 새로운 직업을 구하려고 한다. 어떤 것을 고려하겠는가?

≫ 내적 통제형과 외적 통제형

통제감(sense of control)이란 외부의 영향에 상관없이 '내 의도대로 내 일들을 통제할 수 있다'는 믿음이다. 통제의 소재는 잘한 일에 대한 보상 획득과 잘못한 일에 대한 처벌 회피와 같은 결과물이 자신의 행동(내재론자, internalizer) 혹은 외부적 요소(외재론자, externalizer)에 의해 통제된다는 일반화된 기대이다. 심리학자 줄리언 로터(Jullian Rotter)는 '통제의 소재(locus of control)'에 따라 사람을 두 부류로 나누어 설명하였다. 외적 통제소재를 가진 사람들은 운명이나 환경, 타인 등 외부적 요인에 의해 자신의 삶이 만들어진다고 생각하고, 내적 통제소재를 가진 사람들은 자신의 판단과 노력으로 삶을 만들어간다고 생각한다. 이것이 바로 '자율성'이다. 통제소재가 내부에 있다고 느끼는 사람들일수록 스트레스를 덜 받고 문제 해결 능력은 커진다. 자신이 할 수 없는 것에 매달리거나 고민하기보다는 자신이 할 수 있는 것에 힘을 집중하기 때문이다.

· 외적 통제 위치중심을 가진 외재론자

통제 위치가 바깥에 있다고 생각하는 사람은 자기가 처한 환경 혹은 조건의 통제권이 자신이 아닌 바깥에 있다고 생각하는 사람이다.

> "아, 어쩌다 보니 운이 좋아서 이번에는 성적이 잘 나왔어."
> "어차피 세상은 몇몇의 힘 있는 자들에 의해 지배되는 거야. 힘없는 사람이 그걸 어쩔 수가 없지."
> "이건 내가 어떻게 할 수 있는 일이 아니야. 상황이 그렇게 풀렸기 때문에 이번에 실패한 거라고."
> "내 삶은 부모를 잘못 만나서, 배우자를 잘못 만나서 망했다!"

· 내적 통제 위치중심을 가진 내재론자

통제 위치가 내부에 있다고 생각하는 사람은 이렇게 말한다.

> "결국에는 사람들이 자신이 하는 만큼 세상에서 평가를 받게 되어 있어."
> "내가 지금 하는 일이 결국에는 이 세상에도 어느 정도의 영향을 줄 거야."
> "역시, 열심히 했더니 성적이 올랐구나. 나도 할 수 있어."
> "어려워 보이는 일이기는 하지만 꾸준히 한다면 결국에 해낼 수 있을 거야."

통제 위치가 내부에 있다고 생각하는 사람은 실패에 무기력해지지 않고 다른 접근 점을 찾아 재도전을 하거나, 실패를 교훈 삼아 다음번에 같은 실수를 반복하지 않으려고 노력한다. 왜냐하면 결국 내 인생은 자신이 어떻게 하느냐에 달린 것이라고 생각하기 때문이다. 또한 자신의 삶이 자기 자신에게 달려 있다고 생각하며, 스스로 결정하고 행동과 성과에 책임을 진다. 자신의 삶에 필요한 창조적인 힘을 발휘한다. 어떤 자세를 가지고 있는 사람이 성공할 확률이 높고, 인생에 대해 만족감이 높을까? 단순히 성공하느냐 성공하지 못하느냐의 여부를 떠나서, 통제위치가 내부에 있다고 인식하는 사람은 인생에 대한 만족도도 높아질 수밖에 없다. 남 탓을 하기 이전에, 자신의 잘못을 객관적으로 평가하고, 그 다음 다가올 일에 대해 긍정적인 시각을 가지기 때문이다. 어떤 성격심리학자는 "어떤 성격을 가진 사람이든 간에 그 사람이 성공적이고 행복한 삶을 살 수 있는가는 이 통제위치가 어디에 있는가에 달려 있다. 그것 한 가지는 확실하게 예측이 가능하다"라고 했을 정도이다.

Q. 당신은 직장 상사로부터 좋지 않은 평가를 받고 있다. 그에 대하여 어떻게 이유를 설명하겠는가?

≫ 자기중심형과 타인중심형

사물을 자기 기준으로 판단하는가, 타인 기준으로 판단하는가에 관한 것이다. 어떤 사람은 인간의 상호작용을 개인적으로 자신에게 어떤 의미가 있는가 하는 관점에서 바라보고, 어떤 사람은 자기 자신과 다른 사람을 위해 무엇을 할 수 있는가 하는 관점에서 바라본다. 물론 어느 쪽이든 둘 다 항상 극단적인 것은 아니다. 자기중심적으로만 생각한다면 자기만 아는 이기적인 사람이 될 것이다. 타인중심적으로만 생각한다면 순교자가 될 것이다. 만약 자신이 인사부에서 직원 채용을 담당한다면 입사 지원자가 어느 부류에 속하는지 알고 싶지 않을까? 얼마 전에 한 유명 항공사에서 고객 불만사항의 95%가 5%의 직원들 때문에 나온다는 것을 알았다. 이 5%의 직원들은 지극히 자기중심적인 사람들이었다. 그들 대부분은 고객이 아니라 자신을 돌보는 데 관심이 많았다. 그들은 나쁜 직원이었을까? 그럴 수도 있고 아닐 수도 있다. 그들은 분명히 잘못된 자리에 있었다. 똑똑하고 열심히 일하고, 적성에 맞는지는 몰라도 분명히 업무 성적은 좋지 않았다. 그들은 잘못 배치된 좋은 직원들이었을지도 모른다. 항공사는 어떻게 대처했을까? 항공사는 그들을 타인중심적인 직원으로 교체했다. 그후 그 회사는 입사 지원자를 그룹으로 분류하여 인터뷰하면서, 지원 동기를 물어보았다. 대부분은 여러 면접관 앞에서 대답한 답변에 의해 평가받으리라 생각했다. 하지만 사실은 어떤 지원자가 답변을 할 때 다른 응시자들이 답변자에게 보이는 행동적 반응에 의해 그 각각의 응시자의 자질이 평가되도록 설계된 자리였다. 즉, 답변자에게는 고객으로서의 역할이 자연스럽게 설계된 자리였다. 다시 말해서 답변하는 사람에게 가장 관심을 기울이고, 가장 많은 시선을 보내며, 어느 답변자에게나 미소 지으며 지지하는 응시자가 가장 높은 점수를 받았다. 한편, 다른 응시자가 답변하는 동안 답변자에게는 거의 관심을 두지 않고 자기의 답변 내용을 생각한다든지 하면서 혼자만의 세계에 빠져 있는 모습을

보인 사람은 자기중심형 성향으로 분류되어 우선적으로 채용대
상에서 제외되었다. 이런 인사 정책의 결과로 회사에 대한 불만
이 80% 넘게 줄어들었다. 이런 사례야말로 근본사고방식이 비즈
니스 세계에서 중요한 이유이다. 사람들은 누구나 지속적으로 근
본사고방식을 표현하고 있다. 상대방의 성향이 무엇인지, 현재 어
떤 것에 관심이 있는지 알아내기 위해 집중적인 연구가 필요한
것은 아니다.

　자기중심형인 사람인지 타인중심형인 사람인지 알아내려면,
다른 사람에게 얼마나 많은 관심을 보이는지 살펴보라. 사람들을
향해 기대고 서서 그들이 말하는 것에 관심을 두고 지켜보는가?
아니면 등을 돌리고 지루해하며 아무런 반응을 보이지 않고 있는
가? 누구나 때때로 자기중심적이 된다. 물론 그것도 중요하다. 중
요한 것은 우리 자신이 주로 어떤 행동을 하느냐 하는 것과 우리
의 내부정보 처리 과정이 원하는 결과를 생산해내는 데 도움이
되느냐 하는 것이다.

Q. 당신은 어느 정도의 자기중심형 혹은 타인중심형 태도를 가지고 살아가는가?
　 그 예를 들어보자.

5. 신념과 만나기

1) 신념에 대하여

신념(信念): [명사] 굳게 믿는 마음 (표준국어대사전)
믿을 신(信), 생각할 념(念), 생각에 대한 믿음

○ 신념은 우리 두뇌의 사령탑이다.
○ 신념은 생리체계까지 지배하는 힘이 있다.
○ 신념은 의식적으로 선택할 수 있는 삶의 도구이다.
○ 신념의 원천은 과거의 경험+미래의 상상이다.
○ 신념을 형성하는 요인은 크고 작은 경험들이다.
○ 신념은 과거의 결과를 통해서 형성된다.
○ 미래를 머릿속에서 현실처럼 경험하면 신념이 형성된다.
○ 신념은 "자신의 뇌가 가지고 있는 패턴화된 생각"이다.
○ '할 수 있다'는 신념을 가지면 5,000가지 방법을 발견하지만
'할 수 없다'는 신념을 가지면 5,000가지 이유를 발견한다.

모든 인간은 무언가를 믿고 산다. 지구가 둥글다는 믿음, 하늘
이 무너지지 않고 안전할 거라는 믿음, 오늘 밤 자고 나면 내일은
무사히 깨어날 거라는 믿음 등 수많은 '생각에 대한 믿음'이 있기
때문에 마음의 평안을 누리며 살 수 있는 것이다. 인간은 죽는다
고 생각하면 죽는다. 이것과 관련된 사례를 소개하면 다음과 같다.

(1) 2005년 냉동차 안에 40대 남자가 갇혀 있었다. 도움을 요청

했지만 늦은 밤이었기 때문에 아무도 그를 발견하지 못하였다. 결국 그는 밤새도록 냉동차 안에서 죽음에 대한 공포를 느끼며 갇혀 있게 되었다. 다음 날 직원 한 사람이 냉동차 문을 열었을 땐, 이미 동사한 후였다. 냉동차 안 벽에는 그가 쓴 것으로 추정되는 기록이 남아 있었다. '온몸이 차가워온다. 그래도 기다리는 수밖에 없다. 차츰 몸이 얼어온다. 이제 정신이 몽롱해진다. 이것이 나의 마지막일지도 모른다.'

그는 결국 죽었다. 부검 결과 동사했는데 이 사실이 TV에 나왔다. 그가 갇혀 있었던 냉동차는 고장 난 것으로 실제 내부 온도는 섭씨 14도에 불과했고 환기구가 있어 그가 버틸 만한 산소도 충분히 있었다. 자신이 냉동차에서 죽을 것이라는 그의 생각이 정말로 그를 죽음으로 몰고 간 것이었다.

(2) 미국의 심리학자가 실험을 하였다. 사형수를 눈을 가리고 팔을 묶고 어딘가로 데리고 갔다. 눈은 풀지 않고 팔걸이가 있는 의자에 앉히고 팔을 묶었다. 그리고 날카로운 자로 손목을 긁고 물을 한 방울씩 떨어뜨렸다. 결국 27분 만에 사형수는 죽었다고 한다.

이 사례에서 인간은 현실세계의 사실 여부와 관계가 없더라도 마음속에 존재하는 세계에서의 강한 믿음을 현실화시킬 수 있다는 것을 확인할 수 있다. 이와는 반대로 의학적으로도 포기한 환자들이 삶에 대한 강한 기대와 이겨낼 수 있다는 믿음으로 기적을 만들어내는 많은 예를 볼 수 있다. 이것이 인간의 정신적 힘, 즉 신념의 힘이다. 진리라고 생각하는 신념이 있는가? 진리가 될 수 있는 신념, 또는 반대로 진리가 될 수 없는 신념은 어떤 것이 있을까? 지금과 반대되는 신념을 갖게 된다면 우리의 인생은 어떻게 바뀔까? 아이티 문화권에서는 '뼈로 가리키는' 주술사의 치명적인 힘이 사람을 죽일 수 있다고 믿는다. 하지만 실제로 사람을 죽이는 것은 주술사가 아니라 확실성에 대한 느낌, 즉 신념이다.

신념은 창조하는 힘과 파괴하는 힘의 두 가지 얼굴을 동시에 가지고 있으며 우리의 삶에 놀라운 영향력을 미친다. 우리의 신념은 종종 과거의 경험을 통한 생각에서 생겨나며, 한 번 신념이 되어 버리면 그것이 단지 하나의 관점이라는 사실을 잊고 절대 진리로 생각하는 경향이 있다. 그러나 과거의 경험만이 확신의 근거가 될 수 있는 것은 아니다. 로저 베니스터처럼 아직 시도해 보지 않은 것도 상상력을 동원해 이루어낼 수도 있다.

1950년 스포츠계에서는 어떤 인간도 1마일(1,609km)을 4분 안에 달릴 수 없다는 '음속의 벽'이 있었다. 학계에서 생리학적으로 음속으로 벽을 깨뜨릴 수 없는 이유를 증명하는 동안 영국의 로저 베니스터는 날마다 1마일을 3분 59초 04에 뛰는 상상을 하며 그것이 가능하다고 믿었다. 1954년 옥스퍼드 대학교 트랙에서 사상 최초로 1.6km를 4분 이내에 주파하였다. 마침내 그는 1954년, 4분 안에 1마일을 주파한 최초의 인간이 되었다. 정확히 3분 59초 04였다. 할 수 있다는 상상, 그 상상을 믿는 완전한 믿음이 위대한 결과를 낳은 것이다.

누구나 목표를 정할 수는 있지만 그 목표를 믿는 강한 신념이 있을 때 이룰 수 있다. 원하는 목표를 세우고 꼭 이루겠다는 신념, 이룰 수 있다는 신념이 있을 때 열정은 자동으로 생기게 마련이다. 입으로 생각으로 글로 쓴 목표도 중요하지만, 자신에 대한 믿음, 신념이 있는가가 목표를 이루는 데 결정적인 요인이다. 따라서 자신이 원하는 신념을 만들어야 한다. 합당한 경험이나 상상력을 충분히 동원할 수 있으면, 어떤 생각이라도 우린 신념으로 변환시킬 수 있다. 다음 진술 중에서 어느 쪽이 옳은 말일까? 사람은 기본적으로 정직하고 예의 바르다. vs 사람은 부정직하고 이기적이다. 하려고만 한다면, 사람은 근본적으로 부패한 존재라는 것을 보여줄 경험이나 증거를 충분히 모을 수 있다. 반대의 경우에 초점을 맞추면, 사람은 근본적으로 정직하다는 증거를 쉽게 발견할 수 있다. 어느 신념이 정말 옳은 것일까? 어느 쪽을 택하더라도 그 신념은 자기에게 사실이 될 것이다. 신념은 우리의 모든 행동을 지배한다. 삶의 일부에 영향을 미치기도 하고, 좀 더 광범위하게 영향을 미치기도 한다.

이렇듯 포괄적인 신념은 특수한 조건에서 만들어진 신념을 일반화하면서 형성된다. 이를 완전히 잊어버린다 해도, 무의식중에 우리는 그것을 의사 결정의 안내자로 삼는다. 우리 삶에 미치는 이러한 신념의 효과는 무한하지만 그렇다고 부정적일 필요는 없다. 포괄적인 신념을 바꾸면 여러 면에서 좀 더 나은 삶의 변화를 맞게 될 것이다.

중3 유빈이네는 엄마와 아빠, 고2 오빠, 4인 가족이다. 아빠는 바쁜 부인을 배려하여 집안청소를 스스로 잘 돕는 착한 가장이다. 그런데 딸 유빈이 방을 청소할 때마다 "이제 네 방은 네가 청소기 밀어." "네 방은 네가 정리해"라고 한다. 그럴 때면 유빈이는 "왜 아빠는 나만 차별하는 거야?"라며 볼멘소리를 한다. 이런 일이 반복되던 어느 날, "유빈아, 네 방을 좀 봐, 너는 네 방을 스스로 청소기 돌리고 걸레질해"라고 아빠가 말하였다. 유빈이는 "아빠 미워"라고 하면서 청소는 하지 않았고 아빠와 유빈이는 모두 기분이 상했다.

이것을 지켜보던 엄마가 유빈에게 물었다.

"유빈아, 아빠가 왜 그렇게 한 것 같아?"

"모르겠어. 나만 미워해."

"엄마 생각에 아빠는 청소는 여자가 해야 해라는 믿음이 있는 것 같아."

그렇게 말하자 유빈이는 "말도 안 돼"라며 화를 냈다.

"너는 청소를 누가 해야 한다고 믿고 있어?"

"그건……."

아빠와 유빈이는 각자 "자기 생각에 대한 믿음"을 진실로 알고 있다. 자신의 신념과 다른 현실 상황과 부딪힐 때 강한 부정적 감정이 생긴다. 특히 어릴 때 부모님으로부터 자신도 모르게 물려받아 내재화된 믿음은 자신에게는 절대적인 진리여서 의심해볼 여지가 없어진다. 어릴 때부터 가져왔던 이러한 생각과 믿음이 익숙하기 때문에 놓아 버리지 못한다. 익숙한 것에서 편안함을 느끼기 때문이다. 그러므로 자율적으로 살아가려면, 자신의 기계적 믿음에 대해 의문을 품을 수 있어야 한다. 자신과 인간과 세상에 대한 당신의 믿음이 왜 생겨났는지, 어디서부터 왔는지, 지금도 맞는 것인지, 정말 자신의 생각이라 할 수 있는지, 앞으로도 그렇게 생각하고 살아가야 하는지 의문을 거쳐야 한다. 그러한 과정을 거치고 나서야 비로소 자신의 생각이라고 할 수 있다.

인간의 좌뇌에 있는 해석기 모듈은 하루 종일 바쁘다. 만나는 상황마다 내부 정보와 섞어 새로운 이야기를 만들어내기 때문이다. 처음에 만들어낸 이야기를 반복적으로 사용하다 보면 습관화되고 습관화되면 더 이상 생각해볼 여유도 없이 강화되어 '생각에 대한 믿음', 즉 신념이 된다.

2) 패턴화된 해석기(interpreter)

컴퓨터가 이해할 수 있는 것은 0과 1로 구성된 이진수뿐이다. 인간이 컴퓨터에게 명령을 내리기 위해 사용하는 언어는 go, a+b와 같은 자연어에 가깝다. 인간이 가까운 프로그래밍 언어를 사용하여 작성하면 이것을 컴퓨터가 이해하는 0 또는 1의 언어로 변환하는 과정을 거치는데 이것을 해석기(Interpreter)라 한다. 인간이 삶을 살아가다가 세상에서 마주치는 자극 상황을 자신의 기억과 조합하여 생각을 만들어내는 과정은 마치 컴퓨터 해석기와 같다. 너무나 자연스럽고 순식간에 이루어지기 때문에 자신에게만은 절대 진리인 것이다. 이렇게 해석기가 작용하는 패턴화된 것을 사고 양식이라 하자. 사고 양식이란 개인이 자극에 대해 대응하는 일반적인 방식으로 그 자극의 원인을 자신도 모르는 사이에 규정하는 태도이다.

이렇게 세상을 해석하는 해석기의 상태를 파악할 수 있는 것도 결국에는 감정이다. 대부분의 경우에 부정적인 감정이 생성된다면 해석기의 패턴을 확인해볼 수 있다. 감정은 사고 양식, 즉 생각의 패턴을 확인할 수 있는 바로미터이다.

① 원인의 주체: 자신-타인

누구나 자극 상황을 만나면 즉시 그 원인이 자신인지 타인인지를 찾는다. 좋지 않은 자극이나 좋은 자극 모두에 해당된다.

② 사고의 방향: 부정-긍정

자극 상황을 만났을 때 긍정적인 해석을 하면 긍정적인 감정이, 부정적인 해석을 하면 부정적인 감정이 떠오른다.

③ 집중하는 시간: 과거-현재-미래

이 경우에는 외적 자극보다는 자신의 생각이 자극이 되는 내적 자극으로 자극 상황 만났을 때 과거나 현재 혹은 미래에 집중하게 된다.

이것이 서로 교차되면서 각기 다른 감정이 생성된다. 자신은 다음과 같은 상황에서 어떠한 감정을 만나는지 살펴보자.

해석양식에 따른 감정

해석 양식		방향	감정
원인의 주체	자신	긍정적 해석	자부심-교만함
		부정적 해석	자책감-무기력, 열등감
	타인	긍정적 해석	존경심, 감사
		부정적 해석	분노, 화, 원망, 적개심
집중하는 시간	과거	긍정적 해석	흐뭇함, 뿌듯함
		부정적 해석	후회, 억울함
	현재	긍정적 해석	자부심
		부정적 해석	짜증
	미래	긍정적 해석	기대감
		부정적 해석	불안함, 두려움

다음 질문에 답해보자. 감정을 살펴본 후 해석기 패턴을 확인해볼 수 있다.

① 나는 주로 원인의 주체를 어떻게 해석하는가?

② 나는 자극 상황에서 주로 과거, 현재, 미래 중 어떤 시간에 집중하는가?

뒤에서 나오겠지만 무조건 긍정적인 해석을 하는 것은 위험한 방식이다. 긍정적이되 현실을 직시하여 변화하거나 대응할 수 있는 합리적인 긍정성이 열쇠이다.

3) 생각에 대한 믿음, 신념 만나기

언제 왜 형성된 지도 모르는 채 자신을 지배하는 신념을 확인해보고 벗어 버리면 완전한 자유의 길에 들어서게 된다.

신념→순간적인 생각→감정→행동으로 이어지는 사이클에서 부정 감정 생성이 강화되었다면, 즉시 부정을 생성하는 신념으로 벗고 평화롭고 자유로운 마음을 선택해야 한다.

긍정의 관과 부정의 관

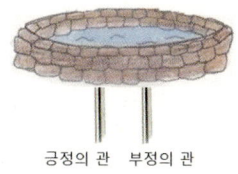

긍정의 관   부정의 관

어느 우물 아래 땅속에 긍정과 부정의 물을 솟아나게 하는 두 개의 관이 있다. 두 개의 관은 따로 작동되지만 동시에 두 개의 관에서 물이 솟아나지는 않는다. 또 이 관은 물이 많이 솟아날수록 기능이 강화되어 더 많은 물을 솟아나게 하면서 반대의 관은 사용할 수 없게 된다.
뇌에서 긍정감정과 부정감정도 이와 같이 작동한다.

뇌의 부정 편향성인 이유 때문에 많은 사람은 부정적인 감정을 훨씬 더 많이 생성하고 그 속에 머물러 있게 된다. '생각에 대한 믿음'이 모든 스트레스와 고통의 원인, 즉 감정의 원인이다. 이 생각에 대한 믿음, 신념을 만나고 확인하면 모든 생각에서 해방되어 완전한 자유와 평화로운 상태가 될 것이다. 그런 다음에 긍정적인 의미나 재미를 적극적으로 선택하여 채워 넣다 보면 긍정의 관이 강화되고 어느 사이 뇌는 긍정의 물로 채워질 것이다.

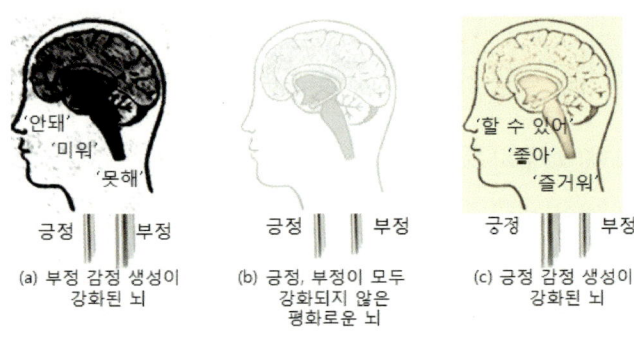

긍정 감정과 부정 감정이 일어났을 때 나타나는 뇌의 변화

자신만의 인생을 살다 보면 어느 순간에 자신만의 고유한 뇌가 형성된다. 기억도 감정을 생성하는 습관도 세상을 해석하는 것도 무엇보다 자신의 생각에 대한 믿음까지도 자신만의 고유한 방식이 형성된다. 누구나 완전히 유쾌한 정서만을 생성하는 습관이 형성되지 않아 자신의 내면세계를 들여다보고 개선하고 싶을 때가 있다. 그러나 부정적인 생각과 감정, 잘못된 신념들도 뒤섞여 있는 자신의 뇌를 이용하여 더 나은 뇌의 상태를 만든다는 것이 어려울 수밖에 없다. 이럴 때 필요한 것이 내면세계를 탐구할 수 있는 검증된 도구이다. 미국의 바이런 케이티(Byran Katie)는 저서

『네 가지 질문』에서 '생각에 대한 믿음'이 모든 스트레스와 고통의 원인임을 발견하고 모든 생각에서 해방되어 완전한 자유와 평화를 이루는 방법을 제안하였다. 여기에서 그 일부를 인용하여 제시해본다. 이것을 행복도구, 내면세계 탐구2라 하자.

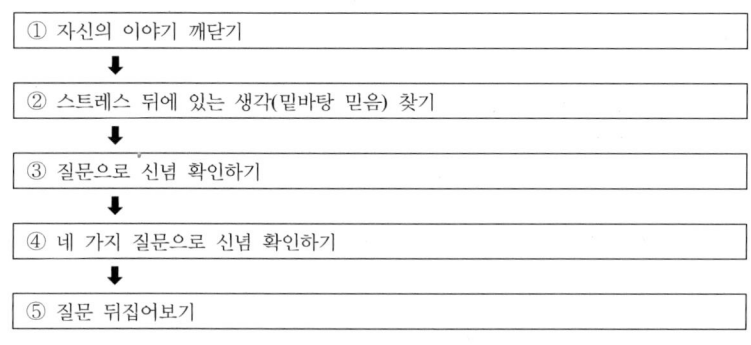

① 자신의 이야기 깨닫기

② 스트레스 뒤에 있는 생각(밑바탕 믿음) 찾기

③ 질문으로 신념 확인하기

④ 네 가지 질문으로 신념 확인하기

⑤ 질문 뒤집어보기

♬ 행복도구 2. 내면세계 탐구2

①~⑤까지 도구를 한꺼번에 따라 해보는 것이 힘들 수 있다. 가벼운 마음으로 ①을 해보고 더 자신의 내면세계를 탐구해보고 싶으면 ②~④를 하고 더 자신이 생기면 ⑤단계를 따라 해볼 것을 권한다.

≫ ① 자신의 이야기 깨닫기

우리가 진실이라고 확신하는 생각들, 잇달아 일어나는 생각들을 '이야기'라고 하자. 이야기는 과거나 현재 또는 미래에 대한 생각일 수 있다. 이야기는 '······해야 해'라거나 '······했으면 좋았을 걸', '그것은 ······때문이야'라는 생각일 수 있다. 생각들은 이야기 속에서 하루에도 수백 번씩 나타난다. 잠에서 깨어 방에서 걸어 나올 때, 어떤 사람이 미소를 짓지 않거나 응답 전화를 하지 않을 때, 낯선 사람이 자신을 보고 미소를 지을 때, 중요한 편지를 열어보려 할 때, 가슴에서 낯선 느낌이 느껴질 때, 직장 상사가 당신을 호출할 때, 배우자나 애인이 당신에게 어떤 목소리 톤으로 말을 할 때, 우리의 마음속에는 그런 이야기들이 나타난다. 이야기들은 이런 것들이 무엇을 뜻하는지 우리에게 얘기하는, 검증되거나 조사되지 않은 이론들이다. 우리는 그것들이 단지 이론에 불과하다는 것을 깨닫지 못한다.

나는 ○○○한 사람이다.

나는 ○, ○, ○을 잘한다.

나는 ○○○ 경우에 ○○○ 것이 옳다고 생각한다.

나는 부모란 당연히 ○○○해야 한다고 생각한다.

나는 자식은 당연히 ○○○해야 한다고 생각한다.

나는 남편은 당연히 ○○○해야 한다고 생각한다.

나는 부인은 당연히 ○○○해야 한다고 생각한다.

내 뜻대로 하면 행복할 거야.

삶은 불공평하다.

나는 상대방의 고통을 느낄 수 있다.

죽음은 슬픈 것이다.

착하게 살지 않으면 신에게 벌을 받을 것이다.

○○○한 것은 나쁜 짓이다.

○○○한 것은 착한 행동이다.

≫ ② 스트레스 뒤에 있는 생각 찾기

일상에서 경험한 모든 스트레스는 현실과 일치하지 않는 나만의 생각에 대한 믿음에 집착한 까닭에 일어난다. 마음을 불편하게 하는 생각 뒤에는 늘 현실과 다른 자신만의 생각이 있다. "아들은 내 말에 따라야 해", "나는 자식에게 무엇이 유용한지 알고 있어", "남편은 내 말에 동의해야 해"와 같은 생각들이다. 우리는 현실에 반하는 생각을 믿고, 그 뒤 스트레스를 느끼고, 다음에는 그 느낌에 따라 행동함으로써 스스로 더 많은 스트레스를 만들어 낸다. 최초의 원인인 생각을 이해하는 대신에, 우리 바깥을 바라봄으로써 스트레스 받는 느낌을 바꾸려고 노력한다. 만일 당신이 불 속에 손을 넣었다면, 손을 치우라고 누군가가 말해주어야 할까? 당신이 결정해야 할까? 아니다. 불에 데자마자 손이 움직인다. 손에게 지시할 필요가 없다. 손이 스스로 움직이기 때문이다. 마찬가지로, 진실하지 않은 생각이 고통을 일으킨다는 것을 이해하면, 당신은 그 생각을 떠나게 된다. 그 생각이 있기 전에는 고통이 없었다. 그 생각이 고통을 일으킨다. 그 생각이 진실하지 않음을 깨달으면 역시 고통이 없다.

스트레스 상황을 자신에 대해 학습하는 기회로 삼을 수 있다. 스트레스 상황에 대해 문장으로 써본다. 그 뒤에 따라오는 느낌과 느낌 아래 있는 자신의 밑바탕 믿음들에 대해 알아볼 수 있다.

✏️ 상황 1. 내 아들이 물건을 스스로 정리하라는 내 말을 무시
　　　　한다.

기분:

밑바탕 믿음들

　-

　-

예) 아이는 어른을 존중해야 한다.

　　사람들은 나를 존중해야 한다.

　　사람들은 내 지시에 따라야 한다.

　　내 지시는 상대방에게 가장 좋은 길이다.

　　내 말을 무시한다는 것은 나를 존중하지 않는다는 뜻이다.

✏️ 상황 2. 초등학교 2학년인 아들이 미리 연락도 없이 갑자기
　　　　들이닥쳐서는, 내가 일하고 있거나 심지어 욕실에
　　　　있을 때에도 즉시 돌봐주기를 바란다.

기분:

밑바탕 믿음들

　-

　-

예) 상황을 보아가며 원하는 것을 요청해야 한다.

　　자녀들은 부모가 돌봐줄 수 있을 때까지 기다려야 한다.

✎ 상황 3. 대부분의 직장 동료가 열심히 일하는데, A는 자신
　　　　의 일을 잘 처리 못하고 자꾸만 이 사람 저 사람에
　　　　게 도움을 요청하여 우리 팀의 업무에 지장을 준다.

기분:

밑바탕 믿음들

　-

　-

예) 누구나 스스로 자신의 일을 처리해야 한다.
　　직장에서는 열심히 일해야 한다.

✎ 상황 4. 초등학교 2학년인 아들이 내가 만들어준 음식을 감
　　　　사히 여기거나 맛있게 먹지 않는다.

기분:

밑바탕 믿음들

　-

　-

예) 자녀들은 무엇을 먹을지 결정할 권한이 없다.
　　나는 감사하다는 말을 들어야 한다.

✎ 상황 5. 남편은 내가 싫어함에도 불구하고 일주일에 4번 정
　　　　도 늦게까지 술에 취하여 오는 일이 10년간 지속되
　　　　고 있다.

기분:

밑바탕 믿음들

-

-

≫ ③ 질문으로 신념 확인하기

자신을 힘들게 하는 사람이나 상황에 대한 판단을 종이에 써본다. 자신에게 스트레스를 주는 과거, 현재, 미래의 상황에 대해, 그리고 자신을 화나게 하거나 슬프게 하거나 두렵게 하는 사람, 애증의 감정이 엇갈리는 사람, 자신이 싫어하거나 염려하는 사람에 대해 써라. 생각하는 대로 그대로 솔직하게 써라. 이 일이 어렵게 느껴져도 이상할 것이 없다. 우리는 지속적으로 남을 판단하지 말도록 교육받았기 때문이다. 그러나 여전히 우리는 끊임없이 남을 판단한다. 현실은, 우리의 머릿속에서는 남에 대한 판단이 멈추지 않는다는 것이다. '마음을 종이에 옮기기'를 하다 보면 자신이 다른 사람을 어떻게 생각하는지 알게 되고, 이를 통해 자신이 어떠한지 알게 된다. 그리고 마침내 자기 바깥에 있는 모든 것이 자기 생각의 반영임을 알게 된다. 자신은 이야기꾼이자, 모든 이야기를 바깥으로 투사하는 사람이며, 세상은 자신의 생각이 투사된 이미지이다.

자신의 감정들이 결과를 걱정하거나 처벌을 두려워하지 않고 완전히 표현되도록 허용하라. 마음속에 떠오르는 생각과 이야기들, 화나 원망, 슬픔 등 고통을 일으키는 생각들을 종이에 써라. 자신에게 상처를 입힌 사람들, 가장 친했던 사람들, 자신이 질투하는 사람들, 용납할 수 없는 사람들에게 먼저 비난의 손가락을 가리켜라. '남편은 나를 떠났어.' '어머니는 나를 사랑하지 않았어.' '내 아이들은 나를 존경하지 않아.' '친구가 나를 배신했어.' '직장 상사가 싫어.' '이웃 사람들이 너무 싫어. 그들 때문에 내 삶이 엉망이 되어 버렸어.' 오늘 아침 신문에서 읽은 기사에 대해, 살해당한 사람에 대해, 기근이나 전쟁으로 집을 잃은 사람들에 대해 써라.

모든 문제는 한 가지 주제의 변형이다.

"이런 일은 일어나지 않아야 해. 나는 이런 일을 겪지 않아야 해. 신은 불공평해. 삶은 공평하지 않아."

우리가 주로 이웃을 판단하는 여섯 가지 양식을 바탕으로 바이런 케이티(Byron Katie)가 질문을 만들었다.

"나는 ……를 원해."	"나는 화가 나, 왜냐하면"
"나는 ……이 필요해."	"이제 다시는 ……하지 않겠어."
"그들은 ……해야 해."	"그들은 ……하지 말아야 해."

· 자신을 화나게 하거나 슬프게 하거나 실망시키는 사람은 누구인가요? 자신은 그 사람의 어떤 점이 싫은가요?

나는 ○○이 싫다. 왜냐하면 그는 내 말에 귀를 기울이지 않기 때문이다.

나는 ○○에게 화가 난다. 왜냐하면 그는 나를 존중하지 않기 때문이다.

나는 ○○에게 화가 난다. 왜냐하면 그는 나를 한밤중에 깨우며 내 건강에는 관심도 없기 때문이다.

나는 ○○이 싫다. 왜냐하면 그는 내가 하는 말마다 딴지를 걸기 때문이다.

나는 ○○ 때문에 슬프다. 왜냐하면 그는 몹시 화가 나 있기 때문이다.

• 당신은 그 사람이 어떻게 바뀌기를 원하나요? 그 사람이 어떻게 하기를 원하나요?

나는 ○○이 내게 충분히 관심을 기울여주기를 원한다.

나는 ○○이 나를 완전히 사랑해주기를 원한다.

나는 ○○이 내게 필요한 것들에 세심하기를 원한다.

나는 ○○이 내 말에 동의해주기를 원한다.

나는 ○○이 더 많이 운동하기를 바란다.

• 그 사람이 해야 하거나 하지 말아야 할 것들(행위, 태도, 생각, 느낌 등)은 무엇인가요?

○○은 텔레비전을 너무 많이 보지 말아야 한다.

○○은 담배를 끊어야 한다.

○○은 내게 사랑한다고 말해야 한다.

○○은 나를 무시하지 말아야 한다.

○○은 아이들이나 친구들 앞에서 나를 비난하지 말아야 한다.

• 당신이 행복하기 위해 그 사람이 해야 할 필요가 있는 것들은 무엇일까요?

○○은 내 말에 경청할 필요가 있다.

○○은 내게 거짓말하지 않을 필요가 있다.

○○은 자기 생각을 얘기하고, 나와 마음을 나눌 필요가 있다.

○○은 내게 자상하고 친절하고 너그러울 필요가 있다.

• 당신은 그 사람을 어떻게 생각하나요? 목록을 만들어보세요.

○○은 정직하지 않다.

○○은 부주의하다.

○○은 유치하다.

○○은 자기는 규칙을 따르지 않아도 된다고 생각한다.

○○은 무관심하며 나를 위해 시간을 내지 않는다.

○○은 무책임하다.

• 당신이 그 사람(그것, 그 상황)과 다시는 경험하고 싶지 않은
  것은 무엇인가요?

나는 앞으로 다시는 ○○과 함께 살고 싶지 않다. ○○이 바뀌
지 않는다면…….

나는 앞으로 다시는 ○○이 건강을 망치는 모습을 지켜보지 않
겠다.

나는 앞으로 다시는 ○○과 말다툼하고 싶지 않다.

나는 앞으로 다시는 ○○의 거짓말에 속고 싶지 않다.

≫ ④ 네 가지 질문으로 신념 확인하기

네 가지 질문으로 탐구하는 과정이다.

---
① 그게 진실인가요?
② 당신은 그게 진실인지 확실히 알 수 있나요?
③ 그 생각을 믿을 때 당신은 어떻게 반응하나요?
   <보조질문>
     ·그 생각을 내려놓을 이유를 찾을 수 있나요?
     ·그 생각을 유지할 스트레스 주지 않을 이유를 찾을 수 있나요?
④ 그 생각이 없다면 당신은 어떨까요?

---

① 그게 진실인가요?

스스로 물어보라. "○○은 내 말에 귀를 기울이지 않는다는 말이 진실인가?"

② 당신은 그게 진실인지 확실히 알 수 있나요?

다음 질문들을 잘 살펴보라. "○○은 내 말에 귀를 기울이지 않는다는 말이 진실인지 내가 정말로 알 수 있는가? 나는 다른 사람이 귀 기울여 듣고 있는지를 확실히 알 수 있는가? 때로는 듣고 있는 것처럼 보이지만 사실은 다른 생각을 하고 있지 않은가?"

③ 그 생각을 믿을 때 당신은 어떻게 반응하나요?

"○○은 내 말에 귀를 기울이지 않는다"라는 생각을 믿을 때, 당신이 어떻게 반응하고 ○○을 어떻게 대하는지 조사해보자. 목록을 만들어보자.

"나는 그를 노려본다. 그의 말을 가로챈다. 그의 말에 관심을 보이지 않는 것으로 그에게 복수한다. 그가 내 말에 귀를 기울이도록 더 빨리, 더 크게 얘기한다." 내면으로 더 깊이 들어가면서 계속 목록을 만들어보자. 당신이 그 상황에서 자기를 어떻게 대하는지, 그것이 어떻게 느껴지는지 보자.

"나는 마음의 문을 닫는다. 스스로 고립된다. 많이 먹고 많이 잔다. 며칠씩 텔레비전을 본다. 우울하고 외로워진다."

"당신이 ○○은 내 말에 귀를 기울이지 않는다"라는 생각을 믿을 때 스스로 어떻게 반응하는지, 고요히 침묵하며 알아차리도록 하라.

④ 그 생각이 없다면 당신은 어떨까요?

이제 "○○은 내 말에 귀를 기울이지 않는다"라는 생각을 믿을 수 없다면 당신은 어떡할지 곰곰이 생각해보자. 눈을 감고서, ○○이 당신의 말에 귀 기울이지 않는 모습을 마음속에 그려보아라. ○○이 귀 기울여 듣지 않는다는, 그가 귀 기울여 들어야 한다는 생각이 아예 없다고 상상해보아라. 충분히 여유를 가져라. 무엇이 드러나는가? 무엇이 보이는가? 그것이 충분히 느껴지는가?

≫ ⑤ 질문 뒤집어보기

"나는 ○○이 싫다. 왜냐하면 그는 내 말에 귀를 기울이지 않기 때문이다"라는 원래 문장을 뒤바꾸면, "나는 내가 싫다. 왜냐하면 나는 ○○의 말에 귀를 기울이지 않기 때문이다"가 될 수 있다. 이 말이 당신에게 원래 문장만큼 진실하거나 더 진실한가?

당신의 말에 귀 기울이지 않는 ○○에 대해 생각하는 동안, 당신은 그의 말에 귀 기울여 듣고 있는가? 당신이 다른 사람의 말에 귀 기울이지 않는 사례를 계속 찾아보기 바란다.

원래 문장만큼 진실하거나 더 진실할 수 있는 또 하나의 뒤바꾸기는 "나는 내가 싫다. 왜냐하면 나는 내 말에 귀를 기울이지 않기 때문이다"이다. 당신이 마음속에서 자기의 일을 벗어나 ○○의 일을 생각하고 있을 때, 당신은 자기의 말을 귀 기울여 듣고 있는가? 그가 당신의 말에 귀를 기울여야 한다고 믿을 때, 당신은 자기의 삶을 미루고 있지는 않는가? 그가 당신의 말에 귀를 기울여야 한다고 믿는 동안, 당신이 ○○에게 어떻게 말하는지 들을 수 있는가?

뒤바꾸기는 건강과 평화, 행복을 위한 당신의 처방이다. 당신은 지금까지 다른 사람들에게 처방해온 그 약을 자기 자신에게 줄 수 있는가?

4) 스스로 해보기

≫ 스트레스에 대한 질문으로 신념 확인하기
· 당신을 화나게 하거나 슬프게 하거나 실망시키는 사람은 누구인가요? 당신은 그 사람의 어떤 점이 싫은가요?
[예: 나는 (이름) 때문에 화가 난다(슬프다. 괴롭다 등등). 왜냐하면 (이름)은 ＿＿＿＿＿＿＿＿ 때문이다.]

· 당신은 그 사람이 어떻게 바뀌기를 원하나요? 당신은 그 사

람이 어떻게 하기를 원하나요?

[예: 나는 (이름)이 _____를 원한다.]

_____

· 그 사람이 해야 하거나 하지 말아야 할 것들(행위, 태도, 생각, 느낌 등)은 무엇인가요?

[예: (이름)은 _____해야 한다(또는, 하지 말아야 한다).]

_____

· 당신이 행복하기 위해 그 사람이 해야 할 필요가 있는 것들은 무엇일까요? (오늘은 당신의 생일이라서 원하는 것은 뭐든지 가질 수 있다고 상상해보라)

[예: (이름)은 _____할 필요가 있다.]

_____

· 당신은 그 사람을 어떻게 생각하나요? 목록을 만들어보세요. (관대하지 마라)

[예: (이름)은 _____하다.]

_____

· 당신은 그 사람(그것, 그 상황)과 다시는 경험하고 싶지 않은

것은 무엇인가요?

[예: 나는 앞으로 다시는 _____하고 싶지 않다
(또는 하지 않겠다).]

≫ 네 가지 질문으로 신념 확인하기

① 그게 진실인가요?

목적은 자신의 가장 깊은 내면에서 무엇이 진실인지 발견하려는 것이다. 그 진실은 자신이 이제껏 한 번도 생각해보지 못한 것일 수 있다. 하지만 자신의 진정한 대답을 경험하면 스스로 알게 된다.

② 당신은 그게 진실인지 확실히 알 수 있나요?

이 질문은 모르는 곳으로 더 깊이 들어갈 기회를, 그리고 이미 안다고 생각하는 것의 밑에 있는 대답을 발견할 기회를 준다. 이 영역에 대해 내가 할 수 있는 말은 오로지 악몽의 밑에는 좋은 것이 있다는 말뿐이다. 당신은 정말로 진실을 알고 싶나요?

③ 그 생각을 믿을 때 당신은 어떻게 반응하나요?

// 몸, 느낌, 생각

그 생각을 믿을 때 자신은 자기를 어떻게 대하고, 상대방을 어떻게 대하는가? 어떻게 행동하는가? 구체적으로 적어보아라. 자신의 행동을 하나씩 적어보자. 그 생각을 믿을 때 자신은 그 사람에게 뭐라고 말하는가? 자신이 하는 말들을 적어보자. 그 생각을 믿을 때 자신의 삶은 어떤가? 그런 반응들이 몸에서 각각 어떻게 느껴지는지 적어보자. 그런 느낌이 몸의 어느 부위에서 느껴지는가? 그것이 어떻게 느껴지는가?(따끔따끔한, 화끈 달아오르는 등) 그 생각을 믿을 때 머릿속에서는 어떤 말들이 오가는가?

④ 그 생각이 없다면 당신은 어떨까요?

눈을 감고 기다려보자. 한순간이라도 그 생각이 없는 자신을 상상해보자. 자신이 그 사람 앞에 있을 때(또는 그 상황에서) 그 생각을 아예 생각할 능력조차 없었다고 상상해보아라. 어떤 모습이 보이는가? 그것이 어떻게 느껴지는가? 상황이 어떻게 다른가? 이 관념이 없다면 자신의 삶이 어떻게 다를 수 있는지 적어보아라.

예를 들어, 그 생각이 없다면 똑같은 상황에서 그 사람을 어떻게 대할까? 그게 내면에서 더 친절하게 느껴지는가?

≫ 질문 바꾸어보기

질문 바꾸어보기는 원래 문장을 바꿔 쓰는 것이다. 먼저, 그 문장이 마치 자신에 대해 쓰인 것처럼 바꿔 쓴다. 다른 사람의 이름 대신 자기 이름을 넣는다. '남편'이나 '친구' 대신 '나'를 넣어라. 예를 들어 "남편은 내게 친절해야 한다"는 문장은 "나는 내게 친절해야 한다"와 "나는 남편에게 친절해야 한다"로 바뀐다.

또 하나의 형태는 정반대로 뒤바꾸는(180도 반대로 회전시키는) 것이다. 그러면 원래 문장은 "남편은 내게 친절하면 안 된다"로 바뀐다. 그는 내게 친절하면 안 된다. 그는 내게 친절하지 않기 때문이다. 우리가 여기에서 알아보려는 것은 '어떻게 하는 것이 옳은가?'가 아니라 '무엇이 실제로 진실인가?'이다.

뒤바꾼 문장이 원래 문장만큼 진실하거나 더 진실한지 곰곰이 살펴보자. 예를 들어, "나는 내게 친절해야 한다"는 뒤바꾸기는 원래 문장만큼 진실하거나 더 진실해 보인다. 왜냐하면 남편이 내게 친절해야 한다고 생각할 때 나는 화를 내고 분개하며, 나 자신에게 굉장한 스트레스를 주기 때문이다. 이것은 친절한 행위가 아니다. 내가 나 자신에게 친절하다면, 다른 사람이 내게 친절하기를 기다리지 않아도 된다. "나는 남편에게 친절해야 한다"는 뒤바꾸기도 최소한 원래 문장만큼은 진실하다. 남편이 내게 친절해야 한다고 생각하고, 그래서 내가 화를 내고 분개할 때 나는 남편을 몹시 퉁명스럽게 대한다. 특히 마음속으로 나 자신부터 시작할 것이다. 남편이 내게 어떻게 해주기를 바란다면, 내가 먼저 나 자신에게 그렇게 해주겠다. "○○은 내게 친절하면 안 된다"는 뒤바꾸기는 분명히 반대의 것보다 더 진실하다. 그는 내게 친절하면 안 된다. 그는 지금 그렇지 않기 때문이다. 그것이 현실이다.

예를 들어 '남편은 나를 비난하지 말아야 한다'고 생각한다면 그것은 남편의 일이 아니다. '비난하지 말아야 한다'는 것은 나 자신의 철학이다. 그러니 그렇게 살아야 할 사람은 나 자신이다. 이렇게 실천하다 보면 당신은 남편의 일에 간섭할 겨를이 없어질 것이다. 삶은 그곳에서 시작한다. 삶은 남편이 있는 곳이 아니라, 지금 당신이 있는 곳에서 시작한다.

≫ 이야기를 발견하기 힘들 때
가끔 마음은 불편한데, 그 불편한 느낌 뒤에 어떤 생각이 있는지 찾기 어려울 때가 있다. 마음을 불편하게 하는 생각을 정확히 찾기 어려울 때는 다음의 방법이 도움 될 수 있다.

먼저 빈 종이 여섯 장을 준비한 뒤, 다 펼쳐놓을 수 있는 곳에서 시작해보자. 첫 장에 번호 '1'을 쓰고, 맨 위에 슬프다. 실망스럽다. 창피하다. 당혹스럽다. 두렵다. 짜증이 난다. 화가 난다고 써. 그 아래에는, 왜냐하면 ——————————이라고 써라. 종이의 중간쯤에는, 그리고 그것은 ——————————라는 뜻이라고 써라.

다음 장에는 번호 '2'를 쓰고, 맨 위에 원한다고 써라.

다음 장에는 번호 '3'을 쓰고, 맨 위에 해야 한다고 써라.

다음 장에는 번호 '4'를 쓰고, 맨 위에 필요하다고 써라.

다음 장에는 번호 '5'를 쓰고, 맨 위에 판단한다고 써라.

다음 장에는 번호 '6'을 쓰고, 맨 위에 다시는 하지 않겠다고 써라.

모든 사람은 거울에 비친 당신의 모습입니다.
당신에게 되돌아오는 당신의 생각입니다.

6. 삶을 이끄는 것은 눈에 보이는 현실이 아니라 생각

플라톤의 동굴의 비유

바위섬에 동굴이 있고 동굴 밖으로 세상이 펼쳐져 있었다. 이 동굴은 깊고 끝은 벽으로 막혀 있으며, 동굴 끝에는 죄수들이 앉아 있었다. 그들의 얼굴은 동굴 벽면을 향하도록 쇠사슬에 묶여 있었다. 그런데 동굴 바깥에는 태양이 뜨고 달이 뜨고 화려한 세상이 펼쳐져 있다. 평생 동굴의 벽만 봐온 죄수들은 자신들의 등 뒤에서 빛이 들어와 벽에 투영된 그림자가 세상이자 우주인 것으로 확신하고 있었다. 즉, 실제 모습이 아닌 우상화된 모습이나 비친 모습이 진실이라고 믿고 있었던 것이다. 자기들이 본 그림자가 전부이기 때문이었다.

그런데 그중 한 사람의 죄수가 우연찮게 쇠사슬을 풀고 동굴 밖으로 나갔다. 하지만 동굴 밖 빛이 눈이 멀 정도로 너무 강해 밖으로 나가는 것이 두려웠다. 그래서 자신이 평생을 갇혀 살아온 동굴 안 '현실'로 다시 들어왔다. 하지만 그는 결국 호기심을 이기지 못하고 동굴 바깥으로 나갔다. 밖에 나가 보니 세상에는 양, 소, 사람, 들판, 해, 달, 별 등이 있었다. 그는 그동안 자신이 보아왔던 것이 실은 거짓임을 알게 되었다. 빨리 돌아가 동료들에게 진실이라고 믿고 있는 것이 거짓이었다는 사실을 알려주고 싶었다. 그는 애타는 마음으로 동굴에 갇힌 죄수들에게 말했다. 세상은 동굴 벽에 비치는 그림자가 아니고 해가 뜨고 달이 뜨고 동물과 사람과 식물이 어울려 사는 아름다운 곳이라고. 하지만 동굴의 죄수들은 그의 말을 전혀 믿지 않는다.

동료들이 그의 말을 믿게 하는 방법은 어두운 동굴 밖으로 나와 세상을 보여주는 것뿐이다. 동굴의 죄수들에게 세상의 진실을 알려주려면 그가 백 마디 말을 전하는 것보다 쇠사슬을 끊고 실제로 목격하도록 하는 방법밖에 없는 것이다.

신념(=생각)에 갇힌 몸
"이념은 가슴이 찢어지는 심정 없이는 풀려나기 힘든 쇠사슬과도 같다."
- 칼 마르크스

인간에게는 두 개의 현실이 존재한다. 객관적 현실과 심리적 현실이다. 심리적 현실에서는 논리가 통하지 않는다. 객관적인 증거도 설득력이 없고 과학적인 증거도 무력하다. 생각이 주관적 현실을 지배하기 때문이다. 마치 심리적 현실은 생각이 만들어내는 것이다. 이러한 이유에서 삶을 살아갈수록 심리적 현실에 관심을 가져야 한다. 내적 현실, 마음의 소리에 귀를 기울여야 한다. 삶을 이끄는 것은 눈에 보이는 현실이 아니라 보이지 않는 마음이기 때문이다.

생각이 육체를 지배하는 두 가지의 현상이 있다. 플라세보(placebe)와 노세보(nocebo) 현상이다. 플라세보는 "당신을 기쁘게 해드릴게요"라는 의미의 라틴어이다. 심리학에서 연구한 결과, 생각이 진통제라고 믿으면 몸에서 진통효과가 나타난다는 것이다. 생각이 뇌를 움직여서 엔도르핀이라는 강력한 진통제를 분비시키기 때문이다. 반대로 노세보는 부정적 효과를 나타내는 경우로 생각이 'no'라고 하면 뇌도 따라서 'no'라고 확신하게 된다는 것이다.

행복과 불행이 생각의 평가에서 나온다. 생각이 부정적이고 부족한 곳을 보고 있으면 불행해질 수밖에 없다. 인간의 유전적인 특징과 부정 편향성으로 인하여 부정적이고 두렵거나 공포감, 불안, 우울에 노출되는 것이 쉽다. 행복하기를 원한다면 애써 긍정적인 면을 찾아내야 한다. 지금 부정적인 것이 감지되었다면 나머지 모두는 긍정적인 것일 테니까……. 그럼에도 아주 작은 부분인 부정적인 면에 집중하고 있는 뇌와 감정과 생각 모두에게 자유를 주자.

What matters most is how you see yourself!
중요한 것은 자신을 어떻게 평가하고 있느냐!

모든 지킬 만한 것 중에 더욱 네 마음을 지키라.
생명의 근원이 이에서 남이라.

- 잠언 4:23

 행복습관 4. 행복도구 1(내면세계 탐구1)과 행복도구 2(내면세계 탐구2)를 이용하여 자신의 내면세계를 수시로 여행해보자.

제5장

긍정 뇌의 힘

1. 通統(통통)한 뇌의 습관

긍정은 want, 부정은 not want
원하는 것으로 뇌를 채우는 것이 긍정 뇌의 행복 습관이다.

좋은 뇌, 건강한 뇌? ⇨ 소통하고 통합된 뇌
: 수평으로 좌뇌와 우뇌가 소통, 수직으로 생명 뇌, 감정 뇌와
  이성 뇌가 소통, 외부 정보 입력-생각-출력이 잘 통하고 뇌의
  원래 기능을 통합적으로 사용하는 뇌

1) 나만의 세상 해석기(Interpreter)

같은 자극 상황에 대해서도 모든 사람은 각기 다른 것을 선택
적으로 입력하여 정반대의 생각을 지어내고 자신만의 감정을 느
끼고 행동을 한다. 이런 이유에서 일란성 쌍둥이조차 같은 기억
같은 감정, 같은 행동을 할 수 없다. 즉, 모든 뇌는 고유하다. 뇌가
정보를 처리하는 자신만의 방식은 정해져 있다. 힘없고 의존적인
어린 시절에 살아내기 위한 자신만의 생존전략을 만드는 과정에
서 주된 감정과 사고 양식이 형성된다.

'떼써서 원하는 것 얻어내기'   '포기하고 우울에 빠져 있기'

'애교 부려서 관심을 얻어내기' '화를 내서 원하는 것 얻어내기'
'얌전하게 있어서 사랑받기'   '이것저것 번갈아가며 써보기'

이런 일들이 반복되면서 자신만의 감정 기억과 사실 기억이 차곡차곡 저장된다. 또한 세상을 해석하는 해석기가 형성된다. 기억이 누적되고 해석기가 자동적으로 잘 작동하게 된 시점이 되면 '보고 싶은 것만 보이고 듣고 싶은 것만 들리는' 그야말로 '눈 뜬 장님'이 되어 버린다. 일단 견고해진 해석기(패러다임)는 다양한 관점에서 보려 하거나 유연하게 대처하고 싶어도 여간 어려운 것이 아니다. 또한 뇌는 능동적인 주체이기 때문에 가만있으려 해도 계속해서 재잘거린다. 가만히 앉아서 자신의 뇌가 재잘거리는 소리를 들어보면 내용도 없이 그냥 소모적인 감정을 쏟아낼 때도 있다. '불안해', '~~~ 어쩌지?' '~가 화나' 뇌가 쉬지 않고 재잘거리고 시나리오를 쓰다 보면 어느 것이 사실이고 어디까지가 자신이 쓴 시나리오인지 구분할 수 없게 된다. 그러다가 사실을 볼 수 없게 된다. 이것이 생각 속의 감옥이다. 그래서 막상 중요한 의사결정을 하거나 생산적인 생각을 해야 할 때에 뇌는 멘붕 상태에 빠지게 된다. 하던 방식대로 감정을 쏟아 내거나 시나리오를 쓰지 않고 객관적인 실체를 재료로 하여 논리적으로 생각을 하려니 어색하고 불편한 것이다.

에너지 소모량은 많지만 생각의 순도가 떨어진 것이다. 에너지 효율을 높이고 순도 높은 생각을 하려면 평소 뇌를 편하게 두어야 한다. 즉, 소모적인 감정 에너지 레벨을 낮추고 시나리오를 쓰면서 생각의 감옥에 빠지지 말아야 한다.

올바른 자극을 입력하기→정확하게 생각하기→선택하여 반응하기의 과정이 필요하다. 올바른 자극을 입력하기 위하여 오감을 통하여 관찰하는 습관이 필요하다. 정확하게 생각하기를 위하여 자신의 가치관과 신념-욕구-생각-감정을 알아차리기 습관을 추천한다. 선택하여 반응하기를 위하여 원하는 것 말하기 습관을 추천한다.

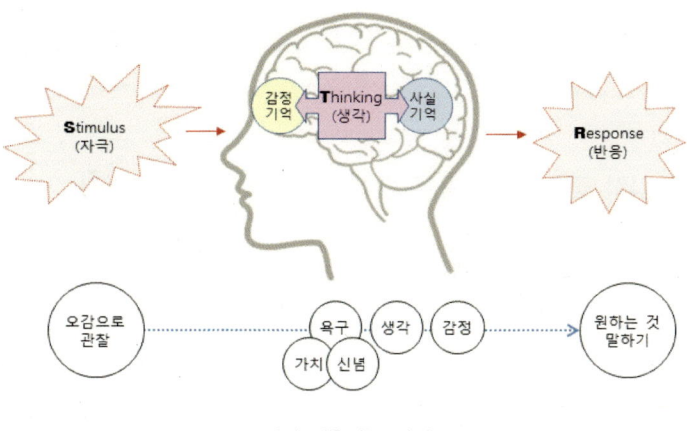

뇌가 작용하는 과정

지금까지 설명한 뇌의 작용을 간단하게 표현하면 다음과 같다.

$$Reaction = Input + 사실기억 \times 감정기억 \times 개인\ 해석기$$

▸ 현재의 반응(감정, 생각): 현재 자극과 과거 정보를 조합하여 새로운 경험 형성(현재의 반응은 되먹임으로 저장되어 다음에 사용할 재료가 된다)

▸ 관찰한 입력: 현재 맞닥뜨린 자극 상황에서 오감을 통해 선택적으로 관찰한 사실

▸ 사실 기억: 과거 경험을 통해 뇌에 저장되어 있는 사실 기억

▸ 감정 기억: 과거 경험을 통해 뇌에 저장되어 있는 감정 기억

▸ 개인 해석기: 긍정/부정 패턴, 타인/자신 패턴, 과거/현재/미래 패턴

Garbage In Garbage Out! 쓰레기가 들어가면 쓰레기가 나온다!
Good In Good Out! 좋은 것이 들어가면 좋은 것이 나온다! 굿 뉴스가 굿 브레인을 만든다!

2) 입력 줄이기→잡음을 줄여 생각의 순도를 높이기

뇌를 편하게 하여 에너지 효율성을 높여야 한다. 삼성병원 나덕렬 교수는 행복한 뇌를 만들기 원한다면 "후두엽/측두엽/두정엽을 자주 닫아라"라고 하였다. 후두엽은 시각정보, 측두엽은 청각, 두정엽은 감각을 통합하는 기능을 담당한다. 이 뇌들을 닫는다는 것은 불필요한 입력을 줄이고 꼭 필요한 입력을 선택하라는 것이다. 눈을 감기만 해도 뇌는 엄청나게 많은 불필요한 정보를 처리하는 수고를 덜 수 있다. 더 소모적인 입력은 내면에서 쉴 새 없이 자기 마음대로 떠오르는 생각들이다.

후두엽/측두엽/두정엽을 닫는 방법은 눈을 감기, 명상, 사색, 기도, 조용한 곳 찾기 등이 있다. 흔히 사람들은 명상은 아무것도 하지 않고 가만히 있는 것으로 여기고 쉬거나 시간을 낭비하는 것으로 생각한다. 그러나 이것은 잘못된 생각이다. 명상은 적극적

인 활동이다. 명상을 많이 한 사람과 일반인을 비교한 결과 명상을 많이 한 사람들은 전두엽, 그중에서도 가운데가 두껍다. 명상이 정적이기만 했다면 나올 수 없는 결과이다. 후두엽/측두엽/두정엽을 닫고 무엇을 할 것인가? 내가 간절히 원하는 것을 찾아야 한다. 나는 작은 일을 잘 마무리하고 있나를 생각한다. 나는 무엇 때문에 태어났을까, 나는 무엇을 하려고 하는가를 생각한다. 나는 누구인가, 나의 색깔은 무엇인가를 생각한다. 진리는 무엇인가, 나에게 향기가 있는가, 나에게 아름다움이 있는가를 생각한다. 이런 생각을 하는 순간, 뇌전체가 초기화된다. 회사에 비유를 하면 사장단이 '우리 회사는 어떤 회사이고 왜 존재하는가?'를 생각하는 것과 마찬가지이고, 결과에 따라 발전된 회사로 거듭날 수 있는 것이다. 이제 1년에 하루, 혹은 1주일에 한 시간이라도 떼서 조용한 공간으로 나가자. '나 잘 가고 있나? 이대로 살아도 되는가?'를 생각해야 한다. 왜 사람들이 좀처럼 변하지 못할까? '시간이 없어서일까?' 절대로 아니다. 틈만 나면 게임을 하거나 볼거리 억제 못함증에 걸려 인터넷 및 TV 앞에 앉기 때문이다. 명상하지 않으면 간절함과 목마름은 생기지 않는다. 목마른 사람이 우물을 판다고 하지 않는가? 목마르지 않은 사람은 절대로 변하지 않는다. 인터넷이나 TV를 1주일 동안 보지 않는다고 해서 세상에서 절대로 뒤처지지 않는다. 그러나 간절함이나 목마름을 찾지 못하면 세상에서 뒤처진다. 또한 어려움이나 고난이 있을 때 후두엽/측두엽/두정엽이 강제로 닫힌다. 이때, 간절함과 목마름이 생긴다. 그러므로 어려움을 재수 없음으로 생각하지 말기 바란다. 오히려 변하고 성장할 수 있는 기회로 삼아야 한다.

3) 생각 줄이기→행위하는 내가 아닌 존재하는 내가 되기

가만히 있어도 끊임없이 생각이 생겨났다가 꼬리에 꼬리를 물고 이리저리 끌고 다닌다. 이것은 생각의 원래 기능이다.

하루에도 5만 가지 생각을 한다고 하는데, 생각이 많다 하여도 그중에서 유익하고 생산적인 생각을 따져 본다면 얼마나 될까? 이런저런 원하지 않는 생각에 휩싸이다 보면 에너지를 모두 사용하여 더 이상 무엇도 할 수 없게 되기 쉽다.

명상을 배울 때의 일이다. 눈을 지그시 감고 허리를 곧게 세우고 앉아 정좌명상을 하고 있었다. 아무것도 하지 않고 눈을 감고 가만히 앉아 있어보니 생각이라는 것이 수시로 불쑥 생겨 '아, 생각이 떠오르네'라고 속으로 말하고는 흘려보내기를 반복하였다. 명상을 하던 터라 생각을 하지 말아야 한다고 생각해보았자 소용이 없었다.

생각이란 녀석은 그냥 자신의 일에 충실할 뿐이고 그냥 바라보고 흘려보내면 그만인 것을 애써 무언가를 하려고 하니 더욱 복잡해지기만 하였다. 나는 그냥 떠오르는 생각에 대해서도 무언가를 해야 한다고 생각하고 있었다. 그냥 존재하는 그대로 바라봐주면 되는 것을, 왜 나는 꼭 행위하려고 애쓰고 있었을까? 그냥 존재 그대로 귀한 생각, 귀한 감정, 감사한 몸으로 받아들이면 훨씬 더 내면 에너지를 효율적으로 사용할 수 있었을 것이다. 생각이 나를 끌고 다니지도 않았을 것이고, 감정에 생각을 보태어 부풀어 오르게도 하지 않을 수 있다. 생각을 줄이자. 행위하는 내가 아닌 존재하는 나 자신을 허락하자. 그냥 떠오르는 생각을 관찰하기만 하면 된다.

4) 지금 & 여기에 충실하기

지금 이 순간 고개를 돌려 하늘을 바라보세요. 순간 자신의 뇌 속을 채우는 것이 무엇인가요?

"내일 무엇을 하지."

"어제 재미있었는데……."

"순희와 만나기로 했는데……."

만약 이런 일상생활에 관한 생각들이 떠오른다면 현재를 살기보다 과거나 미래를 주로 사는 사람이다. 지금 눈에 들어오는 것, 지금 귀에 들리는 것, 지금 내 손에서 감촉이 느껴지는 것, 지금 내 옆에 있는 사람이 현재의 내 인생이다. 무엇을 해야 하던, 무엇을 하였던 과거나 미래에 대한 생각이 아닌가? 생각이나 판단은 미래나 과거의 것이다. 뇌를 자유롭게 활동하도록 쉬게 두고, 자신은 현재를 즐기다가 필요할 때에 판단하고 생각하면 뇌는 더 질적인 사고를 가능하게 해준다. 판단을 중지하자. 이성적 판단은 내 안에 존재하는 지식과 가치가 버무려져 합리화하고 원래 있던 생각을 더욱 굳어지게 하는 것으로 대부분 자기합리화를 위한 것이다.

코이케 류노스케 스님은 『생각 버리기 연습』이라는 책에서 자신의 '감각기관에 집중하기'를 제안하였다. 눈에 보이는 것을 응시하고, 귀를 열어 소리에 집중하고, 입고 있는 옷, 손에 느껴지는 감촉을 느껴보는 것이다. 그렇게 하다 보면 뇌가 자기합리화를 위해 쉴 새 없이 재잘거리는 것이 사라지고 편히 쉴 수 있게 된다. 긍정적 정서를 선택하려면 지금 여기에 자신의 뇌를 집중시켜라.

5) 내면을 관찰하기

불쾌한 감정이 불쑥 올라오면 얼른 알아차리는 연습을 해야 한다. 생각이 솟아나면 그 또한 알아차리는 연습을 해야 한다. 그 생각과 감정을 유발하게 된 욕구도 알아차려야 한다. 몸의 미세한 감각도 알아차리는 연습을 해야 한다. 자신이 '이런 생각'을 하고 있고 '이런 감정'을 느끼고 있으며 '이런 몸의 감각'이 있다고 알아차리다 보면 오히려 자유로울 수 있다. 언어중심의 좌뇌와 공간중심의 우뇌는 뇌량으로 연결되어 있다. 감정을 관장하는 변연계와 이성을 관장하는 대뇌피질은 전교련으로 연결되어 있다. 좌뇌와 우뇌 사이에 뇌량을 통하여 원활하게 소통하고 수직으로는 감정뇌와 이성뇌가 잘 소통하는 것이 건강하고 행복한 뇌이며 창의적인 뇌가 된다. 여러 가지 방법이 있겠으나 내면의 생각과 감정, 신체감각을 관찰하는 것만으로도 뇌 안의 소통에 크게 도움이 된다.

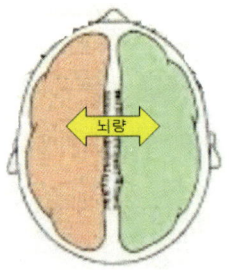 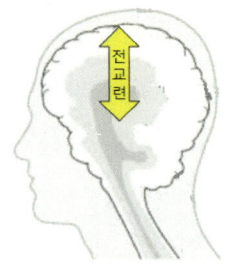

좌뇌, 우뇌를 연결하는 뇌량   3층 뇌를 연결하는 전교련

 행복습관 5. 좋은 정보를 보고 듣고 생각을 줄이고 자신에게 질문하기

2. 긍정성과 부정성

사람은 누구나 정도의 차이는 있지만
다른 사람과 비교하면서 열등감을 느끼고
미래에 대해 불안감을 느끼고
나만이 알고 있는 죄의식을 갖고 있다.

- 셰익스피어

합리적인 긍정성을 가지기 위하여 긍정적인 면을 선택하여 볼
수 있는 힘을 갖는 것이 우선이며, 다음으로 현실에 놓여 있는 냉
혹한 사실을 직시하는 힘을 갖는 것이다.

1) 부정 정서는 그냥 있어도 주어지는 것, 긍정 정서는 노력해야 가질 수 있는 것

정서를 담당하는 편도체, 시상하부 등은 뇌의 앞쪽 표면에 해
당하는 대뇌피질보다 더 안쪽에 있다. 인간의 뇌는 일반적으로
안쪽으로 들어갈수록 본능에 의한 타고난 것과 관련이 있다. 바
깥쪽에 있는 대뇌피질에 가까울수록 후천적이며 해석이 필요한
내용과 관련이 있다. 인간의 뇌는 태아에서부터 성장해가는 동안
안쪽, 중심으로부터 외부, 전면으로 발달해나간다.

일반적으로 부정적 정서를 담당하는 뇌구조물은 안쪽에, 긍정
적 정서를 담당하는 뇌구조물은 바깥쪽에 분포한다. 이러한 이유

에서 우리가 긍정적 정서를 느끼기 위해서는 후천적 노력이 필요하다는 것을 의미하다. 공포나 불안은 우리가 노력하지 않아도 쉽게 경험할 수 있는 '주어지는 것'이지만 행복과 기쁨은 그 느낌을 위해 노력해야만 가질 수 있는 정서이다.

뇌의 구조와 기능을 볼 때, 어떤 상황에서 뇌는 감각기관을 통하여 정보가 입력되고 편도에서 부정적인 감정이 생성되면 변연계에 있는 시상하부와 대뇌피질 쪽 전두엽으로 동시에 정보가 전달된다. 시상하부로는 부정 정서가 그대로 전달되지만 전두엽으로 가면 이 감정들에 대해 해석을 하고 의사결정을 한다. 이 과정은 1장에 있는 그림 <편도에서 생성된 정서 전달경로>을 참고하라.

인간의 뇌는 쓸수록 강화되고 사용하지 않으면 약화된다. 이런 가소성의 원리에 따라 정서 회로도 자주 사용하는 회로가 강화되어 습관이 된다. 일단 습관으로 고착되면 별도의 노력을 하지 않아도 쉽게 활성화된다.

Q. 나는 긍정 정서 회로와 부정 정서 회로 중 어떤 회로 사용이 습관화되었는가? 증거 사례는?

2) 세상을 바라보는 두 개의 눈, 긍정성 vs 부정성

긍정 정서 회로와 부정 정서 회로가 습관화되면 마치, 긍정성의 눈과 부정성의 눈 중에서 한 가지만을 사용해야 하는 애꾸눈과 같이 된다.

어느 신발회사의 영업사원 두 사람이 시장개척을 위해 아프리카의 오지로 갔다. 시장조사를 마친 두 사람이 각각의 보고서를 본사에 보냈다. 그중 한 사람은 보고서를 이렇게 썼다.

"아프리카 원주민들은 신을 아예 신지 않음. 따라서 판매 가능성 없음."

그런데 다른 한 사람의 보고서는 달랐다.

"아프리카 원주민들은 신을 아예 신지 않음. 따라서 판매 가능성 매우 높음."

같은 상황에 대하여 가능성 0%와 가능성 100%로 본 것이다.

인간에게 감정은 자신을 외부의 위협으로부터 지켜주기 위한 파수꾼 역할을 한다. 혹시 누군가 나를 무시하지는 않나? 나를 공격하지는 않나? 왜 저 사람은 저렇게 생각하지?라고 끊임없이 뇌는 비교하고 분석하고 나의 심리적, 신체적 안전을 지키려 애쓰고 있다. 긴장 상태에 있다는 의미이다. 긴장 상태에 늘 있다 보면 자연스럽게 예민해지고 부정적인 감정들이 불쑥 솟아나게 마련이다. 부정적 감정이 많이 드는 것은 어찌 보면 생물학적 존재로서 당연한 것이다. 반면, 긍정 감정은 그렇지가 않다. 심리적이고 신체적으로 안전해야 하고, 또 무엇인가에 동기를 느끼고 행동으로 이어진 다음에 찾아오는 감정이 아닌가?

부정 감정은 가만히 두면 자꾸 발화하고 강화되기 마련인 반면, 긍정 감정은 가만히 두면 기능이 감퇴되어 나중에는 기뻐해야 할 상황이 되어도 "내가 기뻐해도 되나? 안전한가?"라는 무의식 속에서 긍정할 수 없게 된다.

긍정 정서(유쾌 정서)와 부정 정서(불쾌 정서)는 동시에 느낄 수 없다.

· 긍정 정서(=유쾌 정서): 사랑, 기쁨, 즐거움, 만족 등

인간의 삶을 윤택하게 하는 순기능적 측면으로 안전함과 만족

함에 대한 신호이다.

·부정 정서(=불쾌 정서): 공포, 불안, 분노, 우울 등

인간이 위험을 경계하고 자신을 지킬 수 있는 순기능적 측면과 잘못 활용하였을 때 인간의 삶을 파괴하는 역기능적 측면이 있다. 안전하지 못하거나 만족에 대한 불충족의 신호이다.

안전함+만족감=긍정적인 상태

불안전함 또는 만족감 불충족=부정적인 상태

앞에서 설명한 인간의 부정 편향성과 습관의 원리가 합쳐져 부정 편향성이 습관화되면 세상을 바라보는 눈이 부정적으로 형성된다. 힘없는 어린 시절 부모님이나 세상으로부터 부정적 피드백이나 무관심으로 인해 부정적인 감정과 부정적인 생각을 반복했을 수 있다. 게다가 뇌가 안전한 상태에 있을 때에는 무감각하다가 불안하거나 불충족된 상태에 민감하게 반응하기 때문에 마치 안전한 상태의 무감각이 평안함이나 긍정적인 상태로 인식하기가 어렵다. 이런 이유에서 뇌는 부정적인 측면에 쉽게 반응하는 습관이 만들어지기 쉽고 일단 습관화되면 나쁜 점, 위험한 점, 자신의 심리적 만족감에 위반되는 점에만 반응하게 된다.

부정적으로 세상을 바라보는 안경을 쓴 꼴이 된다.

생각해보자. 주위에 있는 사람들을 머릿속으로 한 번씩 떠올려 보자.

・내 배우자의 장점과 단점을 말해보자.

장점	단점

・직장 상사의 특징을 말해보자.

・오늘 아침부터 지금까지 내가 떠올린 감정들을 생각해보자.

긍정 감정	부정 감정

영숙 씨는 연구기관에 근무하는 팀장이다. 위로 원장이 있고 아래로는 8명의 팀 연구원이 있다. 1년 전 처음으로 원장을 만났을 때 모든 팀원은 원장의 매력에 푹 빠졌다.

"정말 박학다식하세요."

"예술가 같으세요."

"부드러운 카리스마."

"냉정한 이성과 따뜻한 감성."

사실 원장은 인문학적으로 소양이 깊고, 신념이 뚜렷하면서 통찰을 가진 그러면서도 음악적 소양이 깊고 하모니카 연주도 꽤 수준급이다. 말을 할 때 목소리 톤이 부드럽고 큰 소리를 내지 않으며 지시하는 어투를 잘 쓰지 않는다. 이러한 점들을 직원들은 그의 매력으로 보았을 것이다.

그러나 3년이 지난 지금 직원들은 원장의 매력을 아무도 말하지 않는다. 매력은커녕 원장을 전혀 알지 못하는 제3의 사람이 직원들로부터 원장에 대해 하는 말을 듣는다면 정말 형편없는 원장을 상상하게 될 것이다. 원장이 연구원들에게 갖는 불만 또한 마찬가지이다. 처음 부임했을 때에는 모든 연구원이 '성실하고' '순수하고' '각자 역할을 다하는' 유능한 연구원으로 보였다. 그러나 3년이 지난 지금은 '최선을 다하지 않고' '무능하고' '자부심이 없는' 수준 이하의 연구원으로 보인단다. 영숙 씨는 원장과 대화를 할 때나 연구원들과 대화를 할 때나 답답하기는 매한가지이다. 사실 원장은 여전히 부드럽고 능력 있는 분이시고 연구원들도 여전히 성실하며 순수하다. 다만 각자 서로에게서 발견하는 점이 긍정에서 부정으로 바뀐 것이다. 그리고 마치 원장이나 연구원들이 괴물인 것처럼 묘사해대고 있는 것이다. 영숙 씨는 이 연구원이 감옥같이 느껴져 사직을 했다.

흔히 '너 없으면 못 살겠다'고 결혼을 한 후에는 '너 때문에 못 살겠다'고 한단다. '말수 없는 남자친구가 든든하고 좋았어'라는 결혼 이유가 '곰하고는 못 살겠다'는 이혼 사유가 되기도 한다. 이렇게 극단적이지는 않아도 삶의 현장에서 만나는 많은 현장에서 너무 쉽게 단점을 찾아내고 문제점을 찾아내는 족집게 같은 말들을 많이 들을 수 있다.

인간의 뇌는 익숙해진 것에는 무감각해지고 자신의 심리적 안전감에 거스를 때에는 민감하게 반응하도록 길들여져 왔기 때문에 어쩌면 장점이니 긍정적인 면이니 하는 것은 아예 볼 수조차 없고 원래 상대에게는 그런 좋은 점은 없었다고 믿게 되는 것 같다.

부정적인 면에 쉽게 반응하고 격하게 반응하는 것이 자연의 이치이다. 그렇기 때문에 긍정성을 갖기 위해서는 의도적이고 세심한 주의를 기울이며 노력해야 한다. 습관화되기 전까지는.

부정적으로 세상을 보는 눈 vs 긍정적으로 세상을 보는 눈

행복은 만족감이 충만한 상태이다. 행복하기를 원한다면 습관적이고 자동화된 부정적 세상 보기에서 긍정적 세상 보기를 하는 눈을 가져야 한다.

두 마리의 늑대
한 체로키 노인이 손자에게 삶에 대해 가르치고 있었습니다.
"마음속에서는 늘 싸움이 일어난단다."
그는 손자에게 말했습니다.
"너무 끔찍한 싸움이어서 마치 두 마리 늑대가 싸우는 것과도 같단다."
"하나는 악마 같은 놈인데 분노, 질투, 슬픔, 후회, 탐욕, 교만, 분개, 자기연민, 죄의식, 열등감, 거짓, 허영, 잘난 체하고 자신의 거짓자아를 나타낸단다.
또 다른 놈은 선한 놈이지. 이놈은 기쁨, 평화, 사랑, 희망, 친절, 선의, 고요함, 겸손함, 동정심, 관대함, 진실, 연민, 신뢰를 나타낸단다.
이 같은 싸움이 네 안에서도 일어나고 모든 사람의 마음에서도 일어난단다."
손자는 잠시 동안 그 말을 생각하다가 할아버지에게 물었습니다.
"그럼 어떤 늑대가 이기나요?"
체로키 노인은 간단하게 대답했습니다.
"네가 먹이를 주는 놈이 이긴단다."

3. 합리적인 긍정성

1) 학습된 낙관주의(Learned Optimism)

학습된 무기력(learned helplessness)은 피할 수 없거나 극복할 수 없는 환경에 반복적으로 노출된 경험으로 인하여 실제로 자신의 능력으로 피할 수 있거나 극복할 수 있음에도 불구하고 스스로 그러한 상황에서 자포자기하는 현상이다. 마틴 셀리그만(Martin E. P. Seligman)과 동료 연구자들이 동물을 대상으로 회피 학습을 통하여 공포의 조건 형성을 연구하던 중 발견한 현상이다. 셀리그만은 24마리의 개를 세 집단으로 나누어 상자에 넣고 전기충격을 주었다. 제1집단의 개에게는 코로 조작기를 누르면 전기충격을 스스로 멈출 수 있는 환경을 제공하였다. 제2집단은 코로 조작기를 눌러도 전기충격을 피할 수 없고, 몸이 묶여 있어 어떠한 대처도 할 수 없는 환경을 제공받았다. 제3집단은 비교 집단으로 상자 안에 있었으나 전기충격을 주지 않았다. 24시간 이후 이들 세 집단 모두를 다른 상자에 옮겨놓고 전기충격을 주었다. 세 집단 모두 상자 중앙에 있는 담을 넘으면 전기충격을 피할 수 있게 되어 있었지만 제1집단과 제3집단은 중앙의 담을 넘어 전기충격을 피했으나, 제2집단은 전기충격이 주어지자 피하려 하지 않고 구석에 웅크리고 앉아 전기충격을 받아들이고 있었다. 제2집단은 자신이 어떤 일을 해도 그 상황을 극복할 수 없을 것이라는 무기력이 학습된 것이다. 셀리그만은 혐오 자극으로 회피 불가능한 전기충격을 경험한 개들은 회피 가능한 전기충격이 주어진 경우에도 회피 반응을 하지 못하는 사실을 보고 이를 학습된 무기력이라 하였다.

셀리그만은 학습된 무기력과 정반대의 현상인 학습된 낙관주의를 주장하면서 이러한 사고 습관은 영구불변한 것이 아니라 자신의 사고방식을 선택할 수 있다는 것을 강조하였다. 낙관주의는 '긍정적 사고의 힘'의 재발견이 아니라, 오히려 실패를 경험할 때 '부정적이지 않은 사고'의 힘을 이용해서 어떤 생각을 하느냐가 중요하다. 살다 보면 누구나 겪게 마련인 실패에 직면하여 자신에게 내뱉는 파괴적인 말들을 바꾸는 것이 낙관주의의 핵심기술이다. 셀리그만은 불행의 원인을 설명하는 언어습관이나 마음가짐을 보면 개인의 성향이 낙관주의와 비관주의 중 어느 쪽에 쏠려 있는지 알 수 있다고 말한다. 낙관주의자는 불행의 원인이 일시적이며 특수하고 외부, 즉 남에게 있다고 해석한다. 반면, 비관주의자는 보편적이며 일반적이고 내부, 즉 자신에게 있다고 해석한다.

비관론자들이 부정적이고 실망스럽고 포기하는 방향으로 자동적 사고를 하도록 학습화, 습관화되었다면 반대로 낙관성 또한 학습될 수 있다. 단, 이미 학습된 것과 반대의 방향으로 자신을 이끌어갈 때에는 훨씬 더 많은 의지와 노력이 필요할 것이다.

2) 합리적인 긍정성

심리학자 셸리 테일러(Shelley Taylor)와 조너선 브라운(Jonathan

Brown)은 정신건강에서 정확한 현실 인식의 중요성을 강조하였다. 그들은 인간이 세상을 조작 처리하여 긍정적인 착각을 많이 한다고 하였다. 지나치게 긍정적인 자기평가, 통제력에 대한 과도한 자신감, 비현실적인 낙관성을 초래하는 실수와 편견을 반복한다는 것이다. 긍정적 평가와 부정적 평가의 균형을 맞추는 것은 고사하고 긍정적인 측면에 치중하는 사람이 많다는 것이다. 게다가 이러한 긍정적인 착각이 실제로 정신 건강을 증진시킬 수 있다고 주장한다. 정신이 건강한 사람은 주로 자신의 인생에 대한 통제력을 과장하고 자신을 긍정적인 측면에서만 바라보며 미래를 비현실적으로 낙관한다는 것이다.

그러나 긍정적인 착각은 위험하고 '합리적인 낙관성'이 실제로 유익하다는 것을 보여주는 증거가 더 많다. 예로 비합리적으로 낙관적인 사람은 건강 이상을 등한시하며 "나한테 그런 일이 일어날 리가 없어"라는 태도는 건강 증진은 고사하고 질병예방 행동도 외면하는 것을 주위에서 쉽게 볼 수 있다. 자기는 암에 걸리지 않을 거라고 믿는 흡연자는 금연할 가능성이 적으며, 흡연의 즐거움을 지속하려고 스스로 기만한다. 그들은 자기가 폐가 까맣게 죽어가고 있으며 폐암이나 후두암으로 사망할 위험이 높다는 것을 결코 믿지 않는다. 담배를 빨아들일 때 그런 믿음을 떠올린다면 담배 맛을 즐길 수 없을 것이다. 우리나라에 "골골하면서 백세 동안 산다"라는 말이나, 건강하던 사람이 갑자기 지병으로 사망하는 경우를 생각해보라.

한 연구에서는 비합리적으로 건강을 낙관하는 사람은 실제로 건강한 사람 또는 건강을 많이 걱정하는 사람보다 스트레스에 더 취약하다는 것을 밝히기도 했다. 그들의 스트레스 취약성은 심장 박동 수 증가, 확장기 혈압 상승 등 심리적 증상이었다. 또한 부정적인 감정을 억압하고 긍정적인 감정만 느끼려고 애쓰는 사람은 부정적 감정을 받아들이고 보다 합리적이고 현실적인 사람보다 스트레스에 심리적 반응을 더 강렬하게 보인다.

합리적인 낙관성이란 현실을 부정하지 않으면서 긍정적인 관점을 유지하고, 부정적인 측면을 무시하지 않으면서 긍정적인 측면을 적극적으로 인식하는 능력이다. 합리적인 낙관성은 긍정적 결과를 장담하지 않으면서 그런 결과를 희망하고 열망하며 그것을 위해 열심히 노력하는 것을 의미한다. 또한 좋은 일이 저절로 일어날 거라고 믿지 않고 좋은 일이 일어날 수도 있고 그것을 추구할 가치도 있지만 좋은 일을 겪기 위해서는 노력과 문제 해결과 계획이 필요하다는 믿음이다.

> "결국에는 성공하리라는 믿음을 잃지 않는 동시에 눈앞에 닥친 현실 속의 가장 냉혹한 사실들을 직시해야 한다."

스톡데일(James B. Stockdale, 1923~2005) 장군은 베트남전쟁이 한창이던 1965년부터 1973년까지 8년 동안 수용소에서 지낸 미 해군 장교이다. 그는 수용소에 갇혀 있었던 8년 동안 모진 고문을 당하면서도 많은 포로들이 고향으로 돌아올 수 있게 만든 전쟁영웅이다. 그에 따르면 수용소에서 살아남았던 사람들은 일반적인 통념과는 달리 낙관주의자들이 아니라 현실주의자들이었다고 한다.

낙관주의자들은 "크리스마스 때까지는 풀려날 거야"라고 말하다가 크리스마스가 지나게 되면 그들은 "부활절까지는 나갈 거야" 하고 말하곤 하였다. 그러나 부활절이 지나가면 다음 추수감사절, 그리도 또 크리스마스를 고대하다가 상심해서 결국 죽고 말았다는 것이다. 반면에 현실주의자들은 크리스마스 때까지는 나가지 못할 것이라고 생각하면서 그에 대비하는 마음가짐을 단단히 함으로써 결국 살아남을 수 있었다고 한다. 그가 "우린 크리스마스 때까지는 나가지 못할 겁니다. 그에 대비하세요"라며 다른 사람들을 독려했던 것도 그 이유였다.

『좋은 기업을 넘어 위대한 기업으로』에서 짐 콜린스(Jim Collins)는 스톡데일(Stockdale) 장군과의 인터뷰를 소개하면서 이를 "스톡데일 패러독스(stockdale paradox)"라고 했다. 스톡데일 패러독스는 "결국에는 성공할 것이라는 믿음을 잃지 않으면서, 동시에 눈앞에 닥친 현실 속의 가장 냉혹한 사실들을 직시하는 것"이 개인이든 기업이든 성공할 수 있는 근본적인 사고방식임을 가르쳐준다. 포로수용소에서 낙관주의자들은 곧 풀려날 것이라는 믿음만을 가지고 눈앞에 닥친 현실 속의 냉혹한 사실들을 직시하지 않음으로써 스스로 절명한 것이었다. 반면에 현실주의자들은 혹시나 하는 기대로 그냥 멍하니 보내지 않고 당장은 아니지만 언젠가는 풀려날 것이라는 믿음 속에 어려운 포로생활을 견뎌나가는 방법들을 고민하고 찾아나갔다. 그들은 포로생활의 외로움을 극복하기 위해, 대화가 단절된 독방생활 속에서 서로를 격려하고 신뢰를 유지하기 위해 의사소통의 방법을 찾아내고 고문에 견디는 방법도 개발했고 체력 단련도 게을리하지 않았다.

개인이나 조직의 현실 속에서도 긍정은 물론 필요하나 지나친 긍정이나 자신감은 오히려 실패를 부른다. 성공하는 리더나 성과 창출자들은 긍정과 부정의 힘 모두를 사용할 줄 안다. 냉혹한 현실을 무시한 무조건적인 낙관론, 낙관주의자들이 빠지는 함정이자 덫에 대한 경고가 곧 스톡데일 패러독스의 의미이다.

합리적인 긍정성은 긍정적인 결과에 대한 소망을 가지고 현실에 있는 냉혹한 사실을 직시하면서 자기통제력을 가지고 문제를 해결해가는 힘이다.

3) 합리적인 긍정성도 키울 수 있는 습관

인간이 태어날 때에는 아무런 습관을 가지지 않은 채 태어난다. 최초의 행동을 어떻게 하느냐에 따라 습관이 형성된다. 최초의 행동을 유인하는 자극이 있었을 것이다. 자극-행동에 대한 반복적인 행동을 조건화라고 한다. 파블로프(Pavlov)가 개에게 종소리만 들리면 침을 흘리게 하는 조건화를 만든 것을 생각해보라.

일단 자극-행동에 대한 패턴이 만들어지고 나면 계속되는 자극은 물리적으로 인간 두뇌의 신경계를 움직인다. 이 과정은 다음 그림과 같다.

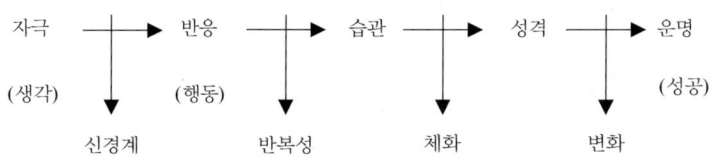

출처: 운명을 바꾸는 작은 습관(p.33)

자극이 신경계를 움직이는 과정

자신도 모르는 사이에 슬쩍 자리 잡아 습관화된 부정 편향성에서 벗어나 합리적인 긍정성의 습관을 키우기 위해서는 의지가 중요하다.

성공하는 리더들의 7가지 습관이라는 프로그램에서는 습관개발의 3요소를 k×s×d=습관으로 제시하였다.

- 인식(knowledge, 무엇을 왜)
- 실천욕구(desire, 원하는 것)
- 기량, 방법(skill, 어떻게)

예) 부족행동 늘리기: 긍정성 늘리기	
인식	• 무엇을: 긍정성 키우기 • 왜: 행복하기 위하여 긍정성이 필수적이기 때문에
실천 욕구	• 원하는 것: 긍정성을 키워 행복하기 위한 힘 기르기 자신이 이 목표에 대하여 얼마나 간절한지 스스로 답해보자. 간절한 만큼만 가능할 테니까.
방법	• 매사에 긍정성을 3개 이상 찾은 후 단점을 찾기 • 감사일기 쓰기

이런 방법을 사용하면 성인이 된 후에 의식적으로 습관을 만들거나 키우는 데 도움이 될 것이다.

4) 긍정과 부정의 균형 있는 눈 키우기

부정적인 생각과 감정에 맞서 자신을 긍정적인 생각으로 일시적으로 무장할 수는 있다. 그러나 이것을 유지하기 위해서는 현실성에 바탕을 둔 긍정과 부정의 균형 있는 눈을 가져야 한다.

영국문학이 배출한 영웅 로빈슨 크루소의 예를 통해 살펴보자.

로빈슨 크루소는 파도에 떠밀려 섬에 절망적으로 내던져져 구출될 희망도 없이 살아야 했을 때 심각한 우울증에 시달린 적이 있었다. 그러나 로빈슨은 "그 어떤 상황도 절망만이 가능할 정도로 그렇게 절망적인 경우는 없다"라고 스스로에게 지속적으로 말하면서 난파한 배에서 얻은 연필로 다음과 같이 자신의 현 상태에 대한 대차대조표를 만들었다.

나쁜 것	좋은 것
나는 언젠가 이곳을 빠져나갈 수 있으리라는 기약도 없이 외로운 섬에 내동댕이쳐졌다.	그러나 나는 아직 살아 있다. 다른 모든 동료처럼 물에 빠져 죽지 않았다.
나는 지독한 불행을 위해 모든 인간 가운데서 선택되었다.	그러나 나는 죽음에서 벗어날 수 있도록 배의 모든 선원 가운데서 선택되었다.
나는 몸을 덮을 만한 옷이 전혀 없다.	그러나 나는 옷이 있어도 거의 입을 수 없을 정도로 더운 곳에 있다.

이렇게 대차대조표를 작성한 다음 그는 다음과 같이 결론짓는다.

"이제부터 나는 내가 처해 있는 이 최악의 상태에서, 그 어떤 다른 삶보다 더 행복할 수 있다."

이러한 생각이 그의 삶을 구원해주었다. 만일 로빈슨이 그가 처한 상황에서 벗어나지 못하고 낙담에 자신을 내맡겨 버렸다면 그는 결국 외로움에 지쳐 비참하게 죽었을 것이다. 또한 잘될 거라는 무조건적인 희망에만 의지했다 하더라도 마찬가지였을 것이다.

창의성을 키우는 구체적인 방법 중 PMI 기법이 있다. 장점(Plus), 단점(Minus), 흥미로운 점(Interesting)으로 나누어 생각하다 보면 다양한 방향으로 사물을 볼 수 있고 유연한 사고를 키울 수 있다는 것이다. 이 방법을 이용하면 합리적인 긍정성을 키우는 데도 도움이 되리라 생각한다.

흥미로운 점에서는 자신이 파악한 장점과 단점을 객관적이거나 주관적으로 생각해볼 수 있다.

K여사는 고1 아들 진석이가 고2 누나를 사귀게 되었다는 말을 들었다. 순간 여러 가지 생각과 감정이 들면서 어떻게 할까 고민하게 되었다. 이때 PMI를 작성해볼 수 있다.

장점(Plus)	단점(Minus)	흥미로운 점(Interesting) -진실일까?-
누나는 공부를 잘하기 때문에 공부하는 방법을 물어볼 수도 있다.	공부에 방해가 될 수 있다.	연애와 공부는 정말 관련이 있는 걸까?
둘 다 열심히 교회에 다닌다.	친구들이나 선생님들로부터 나쁜 시선을 받을 수 있다.	정말 나쁜 시선일까?
이성의 차이점과 인간에 대해 이해할 수 있다.	나쁜 경험이 될 수도 있다.	경험을 통해 무엇을 배우면 좋을까?

K여사는 PMI를 작성한 후 아들에게 장점과 엄마로서 염려되는 부분, 흥미로운 점에서 작성한 질문을 말해주었고 이번 일을 통하여 인간적인 성숙에 도움이 되기를 바란다는 당부의 말도 해주었다.

 행복습관 6. 긍정성과 부정성을 번갈아 보기

4. 과거의 긍정 정서 키우기

　가만히 눈을 감아보자. 떠오르는 장면을 그냥 맞이해보자. 3분간 이 상태를 유지해보자.

　무엇이 떠오르는가? 지나간 과거에 있었던 사건인가? 다가올 미래에 대한 것인가? 어떤 감정이 함께 따라오는가? 많은 경우 과거에 있었던 일에 대한 부정적인 기억이 떠오르기 쉽다. 인간의 뇌구조는 감정을 관장하는 대뇌변연계에 불안, 공포, 두려움, 슬픔을 인식하는 편도체와 기억을 관장하는 해마가 바로 옆에 있다. 해마는 긍정적인 감정보다는 불편하고 부정적인 감정을 더 쉽게 더 오래 더 자주 기억할 수밖에 없다. 부정적인 과거의 사건과 그에 따른 감정이 떠오르는 것은 자연스러운 일이다. 이것은 반복될수록 강화되어 습관화되면 자리를 잡아 안주인처럼 활동을 한다.

　과거에 대한 긍정도 연습하고 반복해야 한다. 감사할 거리를 찾는 것, 도저히 되지 않을 것 같지만 용서하는 것, 자신이 잘해내고 잘 이겨낸 작은 것들을 기억하여 자부심을 느끼는 것들에 대한 연습과 습관화를 의식적으로 해야만 한다. 용서는 이타적인 행동이 아니라 지극히 이기적인 행동임을 명심하라.

　과거에 대한 긍정 정서를 키우기 위한 기초공사는 "과거가 인간의 생각과 감정, 행동, 미래를 결정한다는 신념에서 벗어나는 것"이다. 그다음에 구체적인 방법을 이용하여 과거의 긍정 정서를 키울 수 있다. 과거의 긍정 정서를 키우는 데 성공하기만 하면 그것은 현재나 미래 긍정 정서의 자산이 될 것이다.

- ○ 자신이 이룬 것에 대한 성취감과 자부심 키우기
- ○ 누군가 나에게 베풀어준 것에 대한 감사하기
- ○ 나에게 나쁜 일을 한 누군가를 용서하는 법 익히기

프로이드 학파는 3살 때 경험이 인생 전체에 영향을 미친다고 생각하여 문제가 있을 때마다 과거를 들여다보도록 하였다. 정신분석은 오랫동안 심리학과 정신의학계의 주류를 이루어왔다. 긍정심리학자들의 연구는 이러한 주장과 달리 과거의 상처가 성인이 된 자신에게 큰 영향을 주지 않는다는 것을 발견하였다. 상처 없는 영혼이 어디 있으랴? 상처는 누구나 있다. 상처를 잊고 이겨내는 힘이 중요하다.

1) 자신이 이룬 것에 대한 성취감과 자부심 키우기

♣ 활동해보기

❑ 과거에 자신이 성취한 일 한 가지를 떠올려본다.

□ 파트너에게 자신의 과거 성취 경험을 들려준다.

  - 그때의 상황

  - 그때 어떤 감정이었는지, 그때의 경험을 떠올리는 지금 어떤 감정

  - 그것이 왜, 얼마나 중요한지 생각

  - 성취 경험이 지금 나에게 어떤 영향을 끼치고 있는지

□ 지금 기분이 어떠한가?

유명한 긍정심리학자 바버라 프레드릭슨(Barbara Fredrickson, 1998)은 「긍정 정서의 확장 및 축적 모델」에서 긍정적인 정서가 우리의 인식을 확장시키고 그 결과 얻어진 학습 위에 미래의 정서적, 지적 자원형성을 위한 건설작업을 한다고 가정하였다.

· 1단계   긍정 정서의 경험
· 2단계   일시적인 사고와 행동 목록의 확장
· 3단계   지속적인 개인적 차원의 축적
· 4단계   개인의 변화 및 상향적 발전

긍정 정서를 배양하여 비축해두면 힘들고 비관적인 상황에서 비축해둔 긍정 정서를 활용할 수 있으며, 긍정과 부정 정서는 뿌리가 다르므로 부정 정서가 떠오를 때 긍정 정서를 떠올려 상쇄시킬 수 있다는 것이다. 뿌리는 다르지만 뇌에 동시에 부정과 긍정이 자리할 수는 없다. 누구나 과거를 돌아보면 크고 작은 성취가 매우 많다. 다만 소중한 자산으로 생각하지를 않았다. 과거의

경험은 슬프고, 억울하고, 화나고, 우울하게 떠오르기가 쉽다. 그러나 과거의 성취 경험을 활용하여 현재의 긍정 정서 자산으로 활용할 수 있다. 과거에 자신이 이루었던 크고 작은 성취 경험을 떠올리고 이야기로 나누면서 과거의 긍정 정서를 현재로 끌어올 수 있다. 현재의 긍정 정서 확산은 또 긍정 정서 자산을 확충하여 새로운 긍정 정서를 만들어낼 수 있어 행복의 나비효과 또는 나선형 상승효과로 작용한다.

인간은 부정적 감정에 빠질 때 특정 행동경향성을 유발하며 특정 방식으로 행동하도록 한다. 두려울 때 도망가거나 싸우고, 분노할 때 싸우거나 위축되고, 혐오스러운 냄새가 날 때 회피하면서 먹는 행동을 멈추게 된다. 뇌가 활용할 수 있는 에너지를 이런 형태로 불쾌 정서를 회피하는 행동을 하면서 사용하게 되어 생산적인 사고나 행동을 하지 못하게 한다. 반면, 긍정적 감정은 행동경향성을 갖지 않기 때문에 에너지 소모가 없어 창의성을 발휘하거나 수용력을 확장하는 동시에 생각과 마음의 문을 열 수 있다.

2) 자신에게 허락하는 자유: 용서

용서할 수 없을 때 분노의 감정이 따라온다.

- 상대방에게 피해를 입었다고 생각한다.
- 상대방에게 상처를 받았다고 생각한다.
- 상대방에게 고통을 받았다고 생각한다.
- 상대방에게 배신을 당했다고 생각한다.
- 상대방에게 모욕을 당했다고 생각한다.

이렇듯 상대방에게 자신이 어떻게 할 수 없이 피해, 상처, 고통, 배신, 모욕을 당했다고 생각할 때 분노라는 감정이 생긴다. 분노는 한마디로 지금 '내가 아프다'라는 신호이다.

　대부분 심혈관질환에 잘 걸리는 사람은 큰 소리를 치고 화를 잘 내고 성질이 급하며 내성적이고 차가운 사람이라고 한다. 우리나라 사망률이 높은 암과 뇌질환은 의학으로 그 비율이 낮아지거나 치료할 수 있지만, 심장질환은 줄어들지 않는다.

　과거나 현재 이런 사람이 있는지 떠올려보자.
- 분노 유발자(보기만 해도 화가 나는 사람)
- 스트레스 촉진자, 괜히 미운 사람
- 꼴도 보기 싫은 사람
- 회피하고 싶은 사람
- 피해를 준 사람
- 배신하고 상처 준 사람
- 내 인생을 망친 사람

　이런 사람에 대해 어떤 감정이 생기는가? 함께 무엇인가 해보고 싶은 생각이 드는가? 회피하고 싶은가? 분노는 심혈관질환과 같이 건강의 문제도 유발하지만 사람과의 관계를 손상시킨다. 협업의 동기를 저하시키고 협업 시 소통의 질을 저하시켜 부정 정서를 키우며 팀워크 저하를 가져와 결국 조직 전체의 성과 향상에 악영향을 끼치게 된다.

♣ 파트너와 솔직하게 나누어보기

❑ 용서를 하지 못하는 이유는 무엇일까?

❑ 내가 알고 있거나 경험해 본 아름다운 용서는?

❑ 그래도 용서를 해야만 하는 이유는 무엇일까?

❑ 용서했다는 것은 어떤 상태를 의미하는 것일까?

긍정심리학자인 우문식 박사는 용서하지 못하는 사람을

· 무거운 삶의 무게를 짊어지고 가는 것

· 복수와 증오는 또 다른 고통을 발생

· 증오심은 자신을 괴롭히는 감정

· 이타적인 일이 아닌 자신을 위하는 일, 이자가 늘어나는 것
이라 하였다.

♣ 활동해보기

❑ 누군가 용서할 수 없는 상황을 떠올려본다.

> Worthington의 용서에 이르는 5단계(REACH)에 따라 용서하기를 해보자.
>
> ❑ Recall(기억): 자신이 받은 상처를 돌이켜 생각하는 것, 객관적 자세
>
> ❑ Empathize(감정이입): 나에게 피해를 준 이유가 무엇인지 가해자의 입장을 헤아려보려고 노력하는 것. 상대도 이유가 있었다.
>
> ❑ Altruistic gift(이타적인 선물): 자신이 다른 누군가에게 용서받았던 때를 돌이켜보는 것
>
> ❑ Commitment(용서편지, 용서 계약서): 공개적으로 용서를 행하는 것, 의지적인 결단
>
> ❑ Hold(용서): 나는 용서했다. 용서하는 마음을 굳게 지키는 것, 용서란 원한을 완전히 지워 없애는 게 아니라 기억 끝에 달려 있는 꼬리말을 긍정적으로 바꾸는 것이다.

절대 용서할 수 없어 분노에 사로잡혀 살던 사람이 용서를 결단하고 행동으로 옮긴 후에 '마음이 편안해졌다', '몸이 건강해졌다', '행복한 마음을 더 많이 느끼게 되었다', '짜증과 화가 줄어들었다', '내가 하는 일에 더 집중할 수 있는 힘이 생겼다', '더 넓은 마음으로 사람들을 볼 수 있게 되었다'는 경험을 하게 되었다고 하였다.

3) 긍정 근육 단련: 감사일기

습관화된 부정 편향성을 버리고 긍정성을 키우는 데는 감사일기, 칭찬하기가 최고의 방법이다.

Thank '감사함을 전한다'는 고대 영어 'pancian'에서 시작된 말이

다. pancian의 어원인 'panc'는 '생각하다'라는 뜻을 지닌 'Think'의 어원이 된다. 즉, 감사의 본질은 사려 깊은 마음이다. 사려 깊게 생각해야만 감사할 수 있게 된다는 것이다. 나 아닌 타인의 고마움을 찾기 위해서는 사려 깊게 생각하는 습관이 필요하고 사려 깊게 찾은 고마움을 칭찬으로 돌려주는 연습을 하는 것이다.

긍정 감정은 의식적으로 선택하고 익숙화하는 습관을 들여야 한다. 긍정 근육을 단련하는 좋은 방법이 바로 "감사"이다. 이미 부정 감정 선택이 습관화된 사람에게 감사하기를 해보자라고 하면 "감사할 것이 있어야 감사를 하지요"라고 한다. 그러나 잘 생각해보면, 부정 감정은 자신을 보호하기 위한 뇌의 기제인데 부정 감정을 자주 사용하고 강화한 사람도 지금까지 안전하게 살아왔지 않은가? 끊임없이 부정 감정을 발휘하여 자신의 안전을 지켜오는 데 성공하지 않았는가? 그리고 내가 부정 감정의 파수꾼을 계속 세웠음에도 불구하고 하루에 몇 번이나 공격받고 불안한 상황이 생기던가? 모든 것이 기우이고 단순한 습관에 불과한 것이다.

그러니 감사하도록 하자.

"오늘도 허락된 삶에 감사"

"지금도 볼 수 있는 눈과 들을 수 있는 귀에 감사"

"긍정이건 부정이건 선택할 수 있음에 감사"

"내가 나의 주인임을 감사"

"나의 뇌가 그토록 지키고 싶어 하는 나의 심리적 안전과 신체적 안전에 감사"

뇌에게 조금의 휴식을 주자. 그것이 긍정을 선택하는 습관이다.

긍정을 선택하고 감사를 하다 보면 뇌가 불필요한 긴장에서 해방된다.

성장과정에서 많은 아픔과 고통을 겪었지만 세계적인 인물이 된 오프라 윈프리도 감사일기를 그녀의 성공 비결로 제시하였다. 그녀의 감사는 너무나 평범하다.

오프라 윈프리의 감사일기

1. 오늘도 침대에서 거뜬하게 일어날 수 있어서 감사합니다.
2. 오늘도 맑고 푸른 하늘을 보여주셔서 감사합니다.
3. 맛있는 토스트를 먹을 수 있어서 감사합니다.
4. 얄미운 짓을 한 동료에게 화내지 않을 수 있어서 감사합니다.
5. 좋은 책을 읽을 수 있어서 감사합니다.

그러나 생각해보자. 오프라 윈프리의 감사를 당신은 생각해낼 수 있는지, 아니면 무감각한 상태로 인정하지 않고 살아가고 있는지.

감사일기를 생활화 해 보자. 필자도 온 가족이 감사일기를 써 보았는데 쉽지 않았다. 처음에는 매일 저녁 감사일기를 쓰기 위해 공책을 열었을 때 머리가 멍해지고 이게 무슨 장난인가? 하는 생각도 들었다. 그러나 익숙해지고 나니 세상을 보는 눈이 바뀌어감을 실감하였다. 감사할 거리, 찬양할 거리가 널려 있는 세상이라는 것을.

감사일기				
년	월	일	날씨:	마음의 날씨:

감사할 일	감사의 이유
6월의 푸르른 자연을 주셔서 감사합니다.	푸르른 나무를 보면서 가슴이 뭉클하고 하나님의 사랑이 느껴졌다.

감사 'Thank'의 어원은 생각 'Think'와 같다고 한다. 즉, 사려깊은 생각으로부터 감사가 나온다는 것이니, 감사할 일과 함께 감사의 이유를 적어보자. 훨씬 더 감사의 마음이 깊어지고 자신의 내면과 대화하는 시간이 될 것이다.

읽기자료

긍정 근육 단련

비관주의자는
부정적인 근육을 단련하나,
낙관주의자는 긍정적인 근육을 단련해서 습관으로 만든다.

감사하는 마음가짐이 바로 긍정적인 근육이다.

어떤 근육을 강하게 만들지는
자신의 선택에 달려 있다.

매일매일 감사한 일을 찾아
감사함으로 긍정적인 근육을 단련하면
기쁜 마음으로 삶을 즐기게 되며,
자신이 할 수 있는 일이 있음에
더욱 감사하면서 살아갈 수 있다.

- M. J. 라이언의 <감사> 중에서

 행복습관 7. 자신의 성취에 대해 사려 깊게 생각하고, 매일 감사일기를 쓰기

제6장

지금 여기의 긍정
정서를 만드는 힘

1. 관심 기울이기

- 관심(關心): 어떤 것에 이끌리어 주의를 기울임, 또는 그런 마음이나 주의
- 무관심(無關心): 관심이나 흥미가 없음

3년간의 수행을 마친 승려가 스승의 암자에 도착한다. 문을 열고 안으로 들어서는 그 승려는 깊고 오묘한 부처의 가르침을 모두 깨달았다는 자신감에 차 있다. 스승이 어떤 질문을 하든 문제없다는 듯한 자세다.

"한 가지만 묻겠다"라는 스승의 나직한 말에 승려가 대답한다. "네, 스승님." "꽃이 문간에 세워둔 우산 오른쪽에 있더냐, 왼쪽에 있더냐?" 이 질문에 입도 벙긋 못하고 얼굴만 붉히던 승려가 그대로 물러나 3년간의 수행을 다시 시작한다.

♣ 지금 옆에 있는 사람에게 물어보자. 혹은 자신에게 물어보자.

- 무슨 생각을 하고 하는가?

- 무슨 말을 하고 있는가?

- 무슨 행동을 하고 있는가?

세상의 사물이나 다른 사람을 만났을 때 오감을 통하여 자신의 머릿속에 입력(input)하고 생각으로 판단을 한 후에 그에 대한 반응으로 감정이 생기고 행동으로 이어진다.

오감을 통한 입력은 현재의 상황이며, 받아들인 입력을 조작하

는 단계인 생각부터는 이미 과거 상태가 된다. 눈을 감고 허리를 반듯이 펴고 두 손을 편한 자세로 둔 후 마음을 편안한 상태로 가져보자. 떠오르는 것들을 친절하게 맞이해보자. (2분간)

어떤 경험을 하였는가? 눈을 뜬 상태에서는 뇌의 대부분이 눈으로 들어오는 정보를 처리하는 데 쓰인다. 그렇다면 눈을 감은 상태에서 뇌가 편히 쉴 수 있어야 하는데, 사실은 그렇지가 않다. 귀로 들려오는 소리도 있을 수 있고 손이나 다른 신체를 통해 느껴지는 체감각도 있을 테지만 대부분은 자신이 선택하지도 의도하지도 않은 생각들이 어지럽게 떠오르는 것을 확인할 수 있을 것이다. 눈을 뜬 상태에서도 자신의 눈으로 확인하는 모든 것에 마음을 줄 수는 없다. 또한 귀에 들리는 모든 것, 손이나 몸으로 접촉되는 모든 것에 마음, 즉 관심을 줄 수는 없다. 이것은 인간이 정보의 홍수로부터 자신을 지키고 중요한 것을 받아들여 이성적인 존재로 만드는 데 결정적인 역할을 하도록 한 "선택적 집중"이다. 오늘 아침에 눈을 뜨면서 출근하는 길에 만난 수많은 차, 나무, 하늘, 건물, 지나가는 사람들 중 지금 기억하는 것은 한두 가지 정도일 수도 있고 아무것도 기억나지 않을 수도 있을 것이다. 기억이 나는 것이 있다면 그것은 자신에게 특별한 의미가 있었던 일일 것이다.

인간에게 있어 눈으로 보는 것, 귀로 듣는 것, 혀로 맛을 보는 것, 몸으로 느끼는 것, 생각하는 방식은 세상과 소통하는 방식과 관련이 된다.

♣ 다음 질문에 진지하게 답을 해보자.

· 나의 눈은 보는가? 눈으로 보이는가?

· 나의 귀는 듣는가? 귀로 들리는가?

· 나의 혀는 맛을 느끼는가? 혀로 맛이 느껴지는가?

· 나의 뇌는 생각을 하는가? 뇌로 생각이 되는가?

· 나는 눈으로 무엇을 보는지, 귀로 무엇을 듣는지, 혀로 무엇을 맛보는지, 뇌로 무 슨 생각을 하는지 볼 수 있는가?

이러한 인식이 없다면 인간은 눈뜬장님과 같고 귀열린 귀머거 리와 같이 외부의 강한 자극에 반응하는 수동적인 존재가 될 것 이다. 정보 선택자로서 적극적이고 능동적으로 보고, 듣고, 느끼 고, 맛보고, 생각하는 습관이 현재의 긍정 정서를 올리는 데 도움 이 될 것이다. 현재 눈앞에 펼쳐진 자연풍경이나 앞에 있는 사람 과의 만남은 오감을 통해 인식되고, 이에 대한 긍정적인 반등들 이 곧 현재의 긍정 정서이기 때문이다. 코이케 류노스케 스님의 생각 버리기 연습에서 "생각하지 말고 오감으로 느끼라"는 주장 은 생각 속이 아닌 현재의 긍정성을 누리는 지혜를 담은 것이라 생각된다.

마음챙김 명상가들은 관심 기울이기를 하다 보면 무심함이 우 리 삶에 만연해 있다는 사실을 깨닫기 시작한다고 한다. 관심 기 울이기의 핵심은 지루한 상황을 새롭게 인식하게 하는 관심 전환의 원칙이다. 그리고 관심 기울이기를 통하여 느긋하고 여유 있는 자세를 취하면 현재라는 시간에 훨씬 더 마음을 쏟게 한다고 말한다.

1) 자신의 숨결에 관심 기울이기:
숨 쉬어지는 것이 아닌 숨 쉬는 것

숨 쉬는 자는 누구인가? "내가 숨을 쉰다"라는 것과 내가 항상 "숨이 쉬어진다"는 같은 의미인가?

숨을 쉰다는 것은 생물이 외부에 있는 산소를 흡수하고 이산화탄소를 몸 밖으로 내보내는 것으로 살아 있음에 대한 기본적인 조건이다. 호흡에 관심과 주의를 모으면 지금, 여기(here & now)에 존재하게 된다. 매번 숨을 들이쉬거나 내쉴 때의 느낌에 주의를 집중해보자.

자신의 숨결에 관심 기울이기 (처음에는 3분 동안 하다가 나중에는 5분간)

- 자연스럽게 숨을 쉬면서, 숨이 폐를 채우면서 흐르고 다시 나가는 느낌에 주의를 기울인다.
- 호흡에 대해 집중하는 것을 놓치고 공상, 걱정, 졸음이나 다른 어떤 것에 대해 생각하기 시작할 때를 알아차린다.
- 자신에게 너그럽게 어떠한 해석도 하지 말고 주의를 호흡으로 되돌린다.

---

2) 눈으로 보는 것에 관심 기울이기: 보이는 것이 아닌 보는 것

인간의 뇌는 눈을 뜨고 있는 동안 가장 많은 에너지를 눈으로 본 것을 처리하는 데 소비한다. 정확하게 말하면 '눈으로 보는 것'이 아니라 '눈에 보이는 것'이 될 것이다. 복잡해진 현대 문명

속에서 눈을 뜨고 있으면 너무나 많은 것들이 눈을 통해 입력이 되어 '필요한 볼 것'과 '가치 있는 볼 것'을 '선택'할 수 없게 된다. 이러한 '선택적으로 보는 것'을 하지 못하는 습관이 반복되면 정보의 홍수 속에서 있으면서도 아무것도 볼 수 없게 된다. 눈으로 보는 것에 관심 기울이기 연습의 목적은 '선택적으로 보는 능력'을 키워 현재의 긍정성과 주의집중력을 키우는 데 있다.

눈으로 보는 것에 관심 기울이기 1

- 물건을 손바닥에 올려놓는다.
- 물건을 단지 보기만 한다(1분).
- 물건의 특성을 탐색한다. 모양, 색깔, 질감, 표식 등을 살펴본다(2분).
- 어느 순간 집중하지 못하는 자신을 알아채면, 다시 주의를 그 물건으로 되돌린다.
- 살펴본 물건을 가방이나 책상 서랍 속에 집어넣는다.
- 자신이 살펴본 물건에 대해 글로 생생하게 표현한다.
  - 모양은 어떠한가?
  - 색상은 어떠한가?
  - 감촉은 어떠한가?
  - 다른 특이한 것은 있는가?
- 다시 물건을 꺼내어 자신이 글로 생생하게 표현한 것과 비교해본다.

이 활동은 부모님, 배우자의 얼굴이나 외모를 대상으로 할 수도 있다. 오랫동안 보아온 얼굴에 관심을 기울이고 보는 순간 완전히 다른 모습을 발견하게 될 것이다.

눈으로 보는 것에 관심 기울이기 2

- 건물 밖으로 빠져나간다.
- 눈에 보이는 대로 이름을 붙여준다. "음, 하늘" "나무" "돌" "간판" ……(5분간).
- 돌아와 자신이 본 것을 글이나 말로 표현한다.
- 함께한 옆 사람이 표현한 것과 비교해본다.
  - 같은 시간 같은 공간에 함께 있었던 옆 사람과 자신이 경험한 것을 비교해본다.

---

3) 귀로 듣는 것에 관심 기울이기: 들리는 것이 아닌 듣는 것

인간의 뇌는 눈으로 보는 것을 가장 많이 처리하고 다음으로 귀로 듣는 것이다. 복잡한 도심 속에서 혹은 산속에서 눈을 감고 잠시 모든 신경을 귀에 집중한 후 그간 듣지 못했던 소리를 듣고 깜짝 놀란 경험을 한 적이 있을 것이다. '듣는 귀'가 아닌 '들리는 귀'는 자극적이고 불쾌한 소리에 집중을 하게 되어 부정 정서를 키우는 반면, 선택적으로 '듣는 귀'는 긍정 정서에 도움이 되고 주의집중에도 큰 도움이 된다. 특히 요즈음 학생들은 볼거리와 들을 거리의 홍수 속에서 정작 보고 들어야 하는 것들로부터 외면당하는 현상을 볼 수 있다. 이것은 학습습관에도 결정적 역할을 한다. 상대적으로 자극적이지 않은 선생님의 설명하는 목소리와 교과서의 글씨, 칠판 글씨를 선택할 수 없는 환경에 놓여 있기 때문이다.

귀로 듣는 것에 관심 기울이기

- 눈을 감는다.
- 온 의식을 귀에 집중한다.
- 어떤 소리가 들리면 "소리"라고 이름을 붙여준다.
- 자신이 내는 소리와 다른 대상이 내는 소리를 구분한다.
- 눈을 뜨고 자신이 경험한 것을 옆 사람과 나눈다.

귀로 듣는 것에 관심 기울이기에서 가장 중요하고 기본적인 것은 자신의 목소리를 듣는 것이다. 목소리의 크기, 톤, 속도에 주의를 기울여 듣다 보면 "내 목소리가 크네?" "내 목소리가 필요 이상으로 날카로워졌네?" "말이 빨라지는구나" 하는 알아차림이 생

길 것이다.

　이런 연습을 하다 보면 대인관계에서 의도적이지 않게 상대방을 자극하고 있는 자신의 목소리를 발견하고 스스로 교정할 수 있는 능력이 생길 것이다. 자신을 자극하는 다른 사람의 목소리를 기억했다가 자신의 것과 비교하면 된다.

4) 입으로 맛보는 것에 관심 기울이기: 먹어지는 것이 아닌 먹는 것

　살아가면서 먹는 즐거움이 얼마나 큰지에 대하여 부정하는 사람은 없을 것이다. "나는 식탐이 없어, 그냥 끼니를 때우는 사람이에요"라는 사람은 그만큼 먹는 즐거움과 먹는 과정에서 긍정 정서를 느끼지 못하기 때문에 그렇지 않은 사람보다 덜 행복할 수 있다.

　그리고 먹는 과정에서 입안에서 일어나는 엄청난 일들에 관심을 기울이지 않는 대신 온갖 생각으로 복잡해진 머리는 더욱 우리를 힘들게 한다. 왜 즐거운 식사시간에도 머릿속의 어지러움에 휘둘리는가? 입안의 일들에 집중해보자.

입으로 맛보는 것에 관심 기울이기

- 간식을 집어 든다.
- 간식을 주의 깊게 살펴보고 냄새를 맡아본다.
- 간식을 입에 넣고 씹지는 않는다.
- 입안에 있는 간식과 친해져 본다. 어떤 맛이 나고 어떤 느낌이 드는가?
- 씹고 삼키는 경험에 집중한다.
- 먹고 난 후, 이전의 맛과 다른 맛이 느껴지는지 또는 다른 감각들이 남아 있는지를 살핀다.

---

5) 생각에 관심 기울이기: 생각이 드는 것이 아닌 생각하는 것

갑작스럽게 불쾌한 자극 상황에 노출되었을 때 즉각적인 반응으로 분노나 좌절, 실망에 휩싸이기 쉽다. 이때 자신의 생각에 대해 한 번만 주의를 기울이면 기대했던 것과 실제 현실과의 간격을 알아차림 하면 파괴적인 분노나 좌절, 실망 등의 방해 없이 상황을 그냥 받아들일 수 있게 된다. 생각에 관심을 기울이는 것은 내 앞에 나타난 현상에 반사적으로 반응하지 않고 적절하게 대응하도록 돕는다. 그것은 현재 상황에 대한 이해와 필요에 맞게 감정 패턴과 행동을 조절하게 한다.

생각에 관심 기울이기
- 눈을 감는다. 눈을 감을 수 없을 때에는 눈을 약간 내려 외부의 입력 정보를 최소화한다.
- 자연스럽게 숨을 쉬며 폐를 채우고 위아래로 오르내리는 느낌에 주의를 기울인다.
- 떠오르는 생각에 집중한다.
- 어떤 생각이 떠오르면 '생각'이라고 속으로 되뇌며 생각을 알아차림 한다.
- '생각'과 다음 '생각' 사이에 여백을 알아차림 한다.
- 구체적인 어떤 생각에 빠지지 말고, 그저 일반적으로 '생각'이라고 되뇌며 그것을 지켜본다.
- 정해진 시간이 끝날 때까지 내면에 일어나는 생각을 계속 지켜보며 알아차림 한다.

감정에 관심 기울이기
- 눈을 감는다. 눈을 감을 수 없을 때에는 눈을 약간 내려 외부의 입력 정보를 최소화한다.
- 자연스럽게 숨을 쉬며 폐를 채우고 위아래로 오르내리는 감정에 주의를 기울인다.
- 떠오르는 감정에 집중한다.
- 어떤 감정이 떠오르면 '감정 또는 반응'이라고 속으로 되뇌며 감정을 알아차림 한다.
- '감정'과 다음 '감정' 사이에 여백을 알아차림 한다.
- 구체적인 어떤 감정에 빠지지 말고, 그저 일반적으로 '감정'이라고 되뇌며 그것을 지켜본다.
- 정해진 시간이 끝날 때까지 내면에 일어나는 감정을 계속 지켜보며 알아차림 한다.

6) 자신의 생각을 바라보는 또 다른 자신에 관심 기울이기

인간에게는 생각할 수 있는 능력과 감정을 느끼는 능력도 있지만 자신의 생각과 감정을 바라보고 인식하며 이름을 붙일 수 있는 또 다른 능력이 있다. 분노에 휩싸여 있을 수도 있지만 분노하고 있는 자신의 모습을 바라볼 수도 있고, '저 사람이 나를 무시하고 있다'고 생각할 수도 있지만 '나는 지금 저 사람이 나를 무시한다고 생각하고 있다'고 자신의 생각을 바라볼 수도 있다. 자신의 생각이나 감정에 빠지지 않은 채 바라보고 관심을 기울이는 것만으로도 감정을 조절하거나 균형을 이룰 수 있다.

자신을 바라보는 또 다른 자신에게 관심 기울이기
- 눈을 감는다.
- 뇌 속에 일어나는 것들에 관심을 기울여라. 생각인가? 감정인가? 감각인가? 아무것도 일어나지 않는가? 아니면 조금? 아니면 많은 것이 일어나는가? 고정되어 있는가? 아니면 변화하고 있는가?
- 방금 내면에서 일어난 것을 그림이나 글로 표현해본다.
  - 옆 사람과 경험한 것은 나누어본다.
- 좀 전의 활동 과정에서 자신의 생각, 감정, 감각을 관찰하고 있는 것은 누구인가?
  - 생각, 감정, 감각을 느끼는 것이 나인가?
    그런 것을 관찰하고 있는 또 다른 내가 진짜 나인가?

마음챙김은 '의도적으로 이 순간에 어떤 판단도 하지 않고 주의를 기울이는 것'이다.
- 존 카밧진(Jon Kabat-Zinn)

7) 「행위 양식 Doing」에서 「존재 양식 Being」으로

『마음챙김 교수법으로 행복 가르치기』의 저자 데보라 슈버레인(Deborah Schoeberlein)과 수키 셰트(Suki Sheth)는 행위 양식이 아닌 존재 양식이 될 것을 주장한다. 우리는 인생의 대부분을 행위 속에 빠져 산다. 즉, 우리는 일을 해치우거나 재빠르게 하나의 일에서 다음 일로 옮겨가거나 여러 가지 일을 동시에 해내는 '멀티태스킹'에 몰두하며 산다. 자칫하면 우리는 '존재의 인간(human being)'이 아니라 '행위의 인간(human doing)'이 되어 이 모든 행위를 하는 자가 도대체 누구이며 또 애당초 왜 하는지도 잊어버리기 쉽다. 마음챙김은 주의와 자각(알아차림)을 활용해 행위 양식에서 존재 양식으로 전환하는 것이 가능하다는 사실을 우리에게 상기시켜 준다. 존재 양식으로 옮겨갈 때 우리의 행위는 우리의 존재에서 나와 더욱더 통합되고 효과적일 수 있다.

인간은 한 가지 행위를 하고 다음 행위를 하는 능동적 존재이기도 하지만 행위의 주체자로서 인간을 설명하기에는 너무나 가볍다. 인간은 지금 무슨 생각을 하는지, 무엇을 느끼는지, 몸의 감각은 어떠한지, 즉 현재의 상태가 어떠한지 등으로 그 존재를 설명할 수 있다. 관심 기울이기를 통하여 현재의 긍정 정서를 높일 수 있을 뿐 아니라 존재 양식으로서 '진정한 나'를 만날 수 있을 것이다.

> 말하기 전에 나는 호흡을 하면서 잠시 기다렸고, 그 순간 지나가는 내면의 생각(이런저런 생각으로 심란함)과 감정(불편한), 나의 신체적인 감각(얼굴이 빨개지는) 그리고 학생들의 반응(수업과 나에 대해 관심을 집중하며 즐거워하는)과 행동(나를 응시하며 일부는 웃고 잡담하는)을 알아차림 했다. 학생들은 주의를 집중하는 능력 그리고 그 순간 그들의 몸, 감정, 생각에 무슨 일이 일어나고 있는지에 대해 알아차림 하는 기술을 갖지 못했다.

주의집중과 알아차림은 역동적이다. 이것은 주의집중과 알아차림을 예리하게 할 수 있고 강화할 수 있음을 의미한다.

 행복습관 8. 일상에서 오감을 활짝 열어야 한다.

읽을거리

마음챙김 명상수련을 할 때의 7가지 태도

(1) 판단하려 하지 말라.
   자신이 언제나 체험하는 안팎 경험에 대하여 늘 판단하여 반응하고 있다는 사실을 알아차리고, 이런 판단으로부터 한 발짝 뒤로 물러서는 것을 먼저 배워야 한다.
(2) 인내심을 가져라.
   인내심을 갖는 것은 지혜를 갖추는 일이다. 사물이란 변화되는 데 그 나름의 시간이 필요하다는 사실을 이해하고 인정해야 한다. 나비가 빨리 나오도록 번데기를 깨뜨리려고 하면 어떻게 될까?
(3) 처음 시작할 때의 마음을 간직하라.
   초심자의 열린 마음은 새로운 가능성을 수용할 수 있고 자신의 상투적인 수법에서 벗어날 수 있게 해준다.
(4) 믿음을 가져라.
   자신의 직관이나 판단을 믿다가 때로 실수하는 경우가 있더라도 다른 사람의 지시에 의한 것보다 훨씬 옳고 맞을 수 있다. 자신과 자신이 가진 지혜나 선량함을 믿는 것이 중요하다.
(5) 지나치게 애쓰지 말라.
   궁극적으로 명상이란 '그 어떤 것도 되려고 애쓰지 않는 것'이다. '당신이 당신다워진다'는 그 이상의 목적은 없다.
(6) 수용하라.
   만사를 있는 그대로 본다는 뜻이다. 머리가 아프다면 머리가 아프다는 사실을 받아들인다. 자신의 원칙이나 가치를 포기해야 함을 의미하는 것이 아니라, 단지 사물이 진행되어 나가는 것을 있는 그대로 보는 것을 의미한다.
(7) 내려놓아라.
   주먹을 쥔 채로 야자열매의 구멍 속에 있는 바나나를 잡으려 하다가 목숨이 위급해진 인도 원숭이 이야기와 마찬가지로 인간도 한 번 마음이 무언가에 붙잡히면 빠져나오지 못한다. 부둥켜안으려 하는 것, 거부하려고 하는 것을 알아서 이를 하지 못하도록 의도적으로 노력한다.

2. 현재 하는 일에 몰입하기: 머리(知), 마음(情), 의지(意)의 일치

긍정적 감정의 전형은 행복이다. 우리가 일을 하는 궁극적 목표는 행복을 체험하기 위해서라고 강조한 사상가는 아리스토텔레스 이후로도 많다. 우리가 재산, 건강, 명예를 바라는 것은 그 자체가 좋아서라기보다 이런 것들이 우리를 행복하게 만들어주리라는 기대를 하고 있기 때문이다. 그러나 행복은 우리에게 뭔가를 가져다주기 때문이 아니라 그 자체가 좋은 것이라고 여겨지기에 우리의 추구 대상이 된다. 행복은 어떤 일에 몰입한 상태에서 느끼는 감정이 아니라 몰입 경험 후에 느껴지는 뿌듯함과 성취감을 포함하는 심리 상태이다. 목표를 이루어가는 과정에서 몰입하고 그 성과를 통해 누리는 행복감은 자신을 성장시키고 성숙하게 할 것이다.

1) 몰입은 심리적 反엔트로피 상태

감정은 의식 안의 상태이다. 슬픔, 두려움, 떨림, 지루함 같은 바람직하지 못한 감정은 마음속에 '심리적 엔트로피'를 조성한다. 무질서도(혼란)에 빠지면 우리는 바깥일에 집중을 하지 못한다. 내부의 질서를 다시 세우는 데 온통 신경을 쏟아야 하기 때문이다. 행복, 과단성, 민첩성 같은 바람직한 감정은 '심리적 反엔트로피'의 상태다. 이때 우리는 스스로를 되돌아보거나 추스르는 데 주의를 기울일 필요가 없으므로, 아무 걸림돌 없이 모든 에너지를 우리가 선택한 과제에 온전히 투입한다. 주어진 과제에 관심을 쏟는 것을 지향점 또는 목표를 설정했다고 표현한다. 목표를 얼마나 끈질기고 일관되게 추구하느냐는 동기부여가 얼마나 잘되어 있느냐에 달려 있다. 의도, 목표, 동기부여는 심리적 反엔트로피를 조성한다. 정신력을 한곳에 집중시키고 작업의 우선순위를 조정하면서 의식 안에 질서를 세우는 것이다. 질서가 없으면 정신적 과정은 두서가 없어지고 감정의 질은 급격히 저하된다.

2) 100% 집중한 상태가 몰입

무슨 일을 할 때 감정과 생각과 의지를 100% 집중하여 에너지 손실이 없는 상태를 몰입이라 할 수 있다. 그렇지만 감정, 생각, 의지가 일치할 때의 뿌듯함을 우리는 좀처럼 맛보기 어려우며 이들이 일치하지 않고 의식 안에서 격투를 벌이면 우리는 그것을 속수무책으로 지켜보고 있어야 한다. 사람들은 자기가 하는 일이 자발적일 때 가장 만족스러워하지만 의무감 때문에 하는 일 역시 크게 불만스러워하지는 않는다는 연구결과가 있다. 심리적 엔트로피는 딱히 할 일이 없을 때 가장 높이 나타났다. '이것을 하고 싶다'라고 하는 내적 동기부여든 '이것을 해야 한다'는 외적 동기부여든 목표에 집중할 때 어떠한 목표도 없이 마지못해 일을 하는 상태보다는 삶의 질을 끌어올려 준다는 것이다. 아무리 타고난 재능이 있어도 집중하는 법을 배우지 못하면 성숙한 능력으로 발전하지 못한다. 재능의 개발에는 집중력이 필요하다. 정신력을 모을 수 있어야만 음악적 재능을 가진 아이는 음악가가 될 수 있고 수학적 재능을 가진 아이는 공학자나 물리학자가 될 수 있다. 성인이 되었을 때 전문가로서 당연히 갖추어야 할 실력과 지식을 습득하기 위해서는 많은 노력을 기울여야 한다. 모차르트는 신동이었지만 만약 그의 아버지가 아들이 기저귀를 떼자마자 강제로 음악 연습을 시키지 않았더라면 그의 재능이 꽃을 피웠을지 의심스럽다. 집중력이야말로 모든 사고의 원동력이라 할 수 있다.

당신이 좋아하는 활동을 하고 있다고 상상해보라. 그것은 성가대에서 부르는 합창일 수도 있고, 컴퓨터 프로그램을 짜는 일일 수도 있고, 춤이나 카드놀이, 독서일 수도 있다. 혹은 세상의 많은 사람들처럼 당신도 일을 좋아한다면 까다로운 외과 수술이나 피가 마르는 상담에 몰입하는 순간일 수도 있다. 또는 좋아하는 친구와 이야기를 나누거나 엄마가 아기와 놀 때처럼 사람과 사람이 어울리는 순간에 완전히 빠져드는 경험을 할 수도 있다. 이러한 순간의 공통점은 의식이 경험으로 꽉 차 있다는 것이다. 이때 각각의 경험은 서로 조화를 이룬다. 일상생활에서는 좀처럼 그런 경험을 맛보기가 어렵지만 그 순간에는 느끼는 것, 바라는 것, 생각하는 것이 하나로 어우러진다. 예외적으로 나타나는 이 순간이 '몰입(沒入) 경험'이다. '몰입'은 삶이 고조되는 순간에 물 흐르듯 행동이 자연스럽게 이루어지는 느낌을 표현하는 말이다. 운동선수가 말하는 '물아일체의 상태', 신비주의자가 말하는 '무아경', 화가와 음악가가 말하는 미적 황홀경과 비슷하다. 운동선수, 신비주의자, 예술가는 각각 다른 활동을 하면서 몰입 상태에 도달하지만, 그들이 그 순간의 경험을 묘사하는 방식은 놀라우리만큼 비슷하다.

3) 몰입의 조건

≫ 명확한 목표

현재 하고 있는 일이 불분명하거나 오랜 기간이 소요되는 일이라면 몰입이 잘 이루어지지 않는다. 명확하고 짧은 시간 안에 결과를 만들어낼 수 있는 목표가 앞에 있을 때 몰입이 잘 된다. 체스, 테니스, 포커 같은 게임을 할 때 몰입하기 쉬운 이유는 목표와 규칙이 명확히 설정되어 있어 무엇을 어떻게 해야 하는지 고민하지 않고 참여할 수 있기 때문이다. 게임이 진행되는 동안 선수는 모든 것이 흑백으로 선명하게 표현된 소우주 안에 있다. 종교 의식에 참여하거나 음악을 연주하거나 뜨개질을 하거나 컴퓨터 프로그램을 짜거나 산을 오르거나 수술을 할 때도 명확한 목표가 주어진다. 몰입을 유발하는 활동을 '몰입 활동'이라고 부르기로 하자. 일상생활과는 달리 몰입 활동은 명확하고 모순되지 않은 목표에 초점을 맞출 수 있게 해준다.

≫ 즉각적인 피드백

내가 하는 일을 왜 하는지, 어떠한 결과를 창출할 것인지 분명한 목표가 있다 할지라도 그 일에 대한 즉각적이고 적절한 피드백이 없다면 그 일에 계속해서 몰입하기가 어렵다. 스포츠와 오락게임에 몰입이 잘 되는 것은 재미도 있지만 그때마다 즉각적인 피드백이 있다는 이유 때문이다. 몰입 활동은 하고 있는 일이 얼마나 순조롭게 이루어지는지를 스스로에게 피드백 해준다. 체스를 두면서 말 하나를 움직일 때마다 형세가 유리해졌는지 불리해졌는지를 안다. 등반가는 걸음을 한 보 내디딜 때마다 그만큼 높이 올라섰다는 것을 안다. 성악가는 노래의 한 소절이 끝날 때마다 자기가 부른 노래가 악보와 맞았는지 틀렸는지를 알 수 있다. 뜨개질하는 사람은 한 땀 한 땀이 자기가 의도하는 무늬와 맞아떨어지는지를 곧바로 알 수 있다. 외과의는 칼이 동맥을 잘 피했는지 아니면 갑자기 출혈이 시작되었는지를 한눈에 알 수 있다. 직장이나 집에서나 우리는 단서가 주어지지 않으면 지금 하는 일이 잘 되는지 못 되는지 한참을 모르고 지낼 때가 많지만 몰입 상태에서는 대체로 그것을 알 수 있다.

≫ 과제와 능력 사이의 균형

몰입 상태는 쉽지는 않지만 그렇다고 아주 버겁지도 않은 과제를 극복하는 데 한 사람이 자신의 실력을 온통 쏟아 부을 때 나타나는 현상이다. 어떤 과제가 주어졌을 때 너무 어렵거나 쉬우면 몰입 경험이 잘 일어나지 않는다. 난이도가 높은 과제와 능력이 결합했을 때 최고의 몰입을 경험할 수 있다. 아무리 호기심이 생기는 일이라도 능력이 따라주지 못해 해낼 자신이 없다면 몰입은 커녕 시작도 못 하거나 시작했다가도 금방 포기하게 된다. 사람은 최적의 상태, 즉 자신의 능력보다 약간 높은 과제를 수행할 때 몰입도가 높다는 연구결과가 있다. 행동력과 기회 사이에 조화가 이루어질 때 우리는 바람직한 경험을 하게 된다.

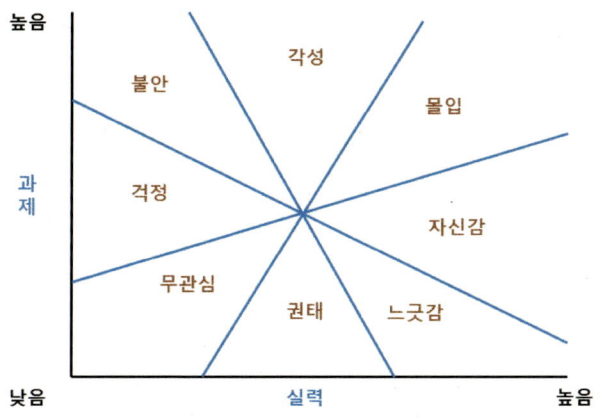

출처: 마시미나와 카롤리(1988), 칙센트미하이(1990)

과제와 실력의 함수관계에 따른 경험의 질

　과제가 너무 버거우면 사람은 불안과 두려움에 젖다가 제풀에 포기하고 만다. 과제와 실력의 수준이 둘 다 낮으면 아무리 경험을 해도 미적지근할 뿐이다. 그러나 힘겨운 과제가 수준 높은 실력과 결합하면 일상생활에서는 맛보기 어려운 심도 있는 참여와 몰입이 이루어진다. 등반가라면 산에 오르기 위해 젖 먹던 힘까지 짜내야 할 때, 성악가라면 높고 낮은 음역대를 자유자재로 넘나들어야 하는 까다로운 노래를 불러야 할 때, 뜨개질하는 사람이라면 자수의 무늬가 이제까지 시도했던 그 어떤 무늬보다 복잡할 때, 외과의라면 순발력 있는 대응을 요구하는 수술이나 새로운 기법을 도입한 수술을 할 때, 바로 그런 경험을 한다. 보통 사람은 하루가 불안과 권태로 가득하지만 몰입 경험은 더 단조로운 일상에서 벗어나는 최적의 경험, 곧 몰입은 두 변수가 모두 높을 때 나타난다. 강렬한 삶을 선사한다.

≫ 집중력

몰입을 경험하기 위해서는 높은 수준의 집중력이 요구된다. 주위가 산만한 사람은 호기심이 분산되어 한 가지 일에 진득하게 몰입하기 어렵다. 집중력을 키우기 위해서는 자신의 대표강점을 일상에서 발휘해 흥미를 유발하고, 분명한 목표와 즉각적인 피드백이 가능한 기회를 자주 포착하는 것이 좋다. 목표가 명확하고 활동 결과가 바로 나타나며 과제와 실력이 균형을 이루는 사람은 정신을 체계적으로 집중할 수 있다. 몰입은 정신력을 모조리 요구하므로 몰입 상태에 빠진 사람은 완전히 몰두한다. 잡념이나 불필요한 감정이 끼어들 여지는 티끌만큼도 없다. 자의식은 사라지지만 자신감은 평소보다 커진다. 시간 감각에도 변화가 온다. 한 시간이 일 분처럼 금방 흘러간다. 자신의 몸과 마음을 여한 없이 쓸 때 사람은 자신이 하고 있는 일 자체에서 가치를 발견한다. 삶은 스스로를 정당화하게 된다. 체력과 정신력이 조화롭게 집중될 때 삶은 마침내 제 스스로 힘을 얻는다.

≫ 현재를 중요시

몰입을 경험하기 위해서는 지금 이 순간 머릿속을 다 비워야 한다. 일상의 고민과 걱정거리에서 벗어나 미래의 불안감도 잊고 오직 지금에만 집중한 상태가 몰입이다. 이것은 평소 생각 습관이 과거나 미래가 아닌 맞닥뜨린 현재에 집중할 수 있을 때 가능하다.

어떤 일을 하는 동안 감정, 생각, 의지를 100% 집중하여 몰입을 경험한 후에 긍정적인 감정과 행복을 얻을 수 있다.

4) 몰입 경험 후에 얻는 것

≫ 자신을 장악할 수 있다는 통제감

'내가 하는 일과 그 결과를 통제할 수 있다'는 느낌을 갖게 된다. 즉, 실제 생활에서 흔히 고민하는 '내가 일을 잘못하면 어떻게 될까?'와 같은 걱정과 우려가 사라지고 집중력이 살아남에 따라 완전한 통제력을 갖고 있는 것처럼 느끼게 된다.

≫ 시간 감각의 변화

몰입 경험의 특징 중 한 가지는 시간에 대한 감각을 인지하지 못하는 것이다. 카이로스 경험을 하는 것이다.

그리스어에 시간과 때를 의미하는 '크로노스(kronos)'와 '카이로스(kairos)'라는 단어가 있다.

크로노스는 수평적인(horizontal) 혹은 직선적인(linear) 시간의 개념이고 물리적인 시간의 개념이다. 크로노스는 해가 뜨고 지고, 지구가 공전과 자전을 하면서 어김없이 반복적으로 흘러가는 시간을 말한다. 벽걸이 시계, 마감시간, 손목시계, 달력, 일정, 계획표로 대변되는 시간으로 궤도를 벗어나지 않는다. 세상의 시간이며 모든 사람에게 공평하게 주어지는 객관적인 시간이다.

카이로스는 적절한 순간 또는 초월적인 순간이라는 의미로 기회의 신으로 묘사되고 있다. 카이로스는 특별한 감정을 느끼는 각자에게 의미 있는 시간을 말한다. 사랑을 할 때, 명상이나 기도를 할 때, 소파에 누워 책을 읽고 공상을 하고 석양의 경치를 감상하거나 열정 가득한 일을 하며 기뻐할 때의 시간으로 카이로스에서 기쁨을 느끼고 아름다움을 보며 삶의 의미를 깨닫는다. 구체적인 사건이 있는 시간, 특별한 의미가 부여된 시간, 쓰임이 있는 시간, 나의 선택에 의해 만들어지는 시간, 내가 주도하여 변화를 낳고 고통이 동반되는 시간, 목표로 하는 것을 얻기 위해 가치를 부여한 시간, 즉 정신의 시간이다.

무슨 일을 하든 그 순간에 가장 소중한 일인 것처럼 몰입하면 카이로스를 누리게 된다. 몰입을 한 후에는 시간개념이 크로노스가 아닌 카이로스로 변하게 된다.

> "앞머리가 무성한 이유는 사람들로 하여금 내가 누구인지 금방 알아차리지 못하게 하고 나를 발견하였을 때에는 쉽게 붙잡을 수 있도록 하기 위함이다. 뒷머리가 대머리인 이유는 내가 지나가면 다시는 나를 붙잡지 못하게 하기 위함이며 발에 날개가 달린 이유는 최대한 빨리 사라지기 위함인 것이다. 나의 이름은 '기회', 즉 카이로스다."
>
> * 카이로스 : 이탈리아의 토리노 박물관에 있는 조각상에 쓰여 있는 문구(앞머리는 무성하나 뒷머리는 대머리고 발에는 날개가 달려 있는 조각상)

≫ 자의식 상실

몰입 상태에 빠지면 현재 하는 일에 푹 빠져서 그 활동을 관찰하거나 평가하는 의식이 존재하지 않는다. 한마디로 무아지경의 상태에 빠지는 것이다. 그래서 몰입하면 좋고 싫은 감정을 느끼기 어렵다. 행복한지도 모른다. 행복을 느끼는지 알려면 내면의 상태에 관심을 기울여야 하는데, 몰입은 완전히 심취해서 내면의 소리는 물론 누가 옆에서 말을 걸어도 모른다. 자의식을 상실해서 그렇다. 대부분 사람들은 몰입 경험을 하는 동안 자의식을 망각하지만 그 이후로는 자부심이 높아진다. 칙센트미하이(Csikszentmihalyi)는 하루 동안 자부심의 변화를 측정할 때 몰입 상태에 근접한 이후에는 개인의 자부심 수준이 상당히 올라간다는 사실을 발견했다.

≫ 행복감

삶을 훌륭하게 가꾸어주는 것은 행복감이 아니라 깊이 빠져드는 몰입이다. 몰입해 있을 때 우리는 행복감을 느끼지 못한다. 행복을 느끼려면 내면의 상태에 관심을 기울여야 하고 그러다 보면 정작 눈앞의 일을 소홀히 다루기 때문이다. 암벽을 타는 산악인이 고난도의 동작을 하면서 짬을 내어 행복감에 젖는다면 추락할지도 모른다. 까다로운 수술을 하는 외과의나 고난도의 작품을 연주하는 음악가는 행복을 느낄 만한 마음의 여유가 없다. 일이 마무리된 다음에야 비로소 지난 일을 돌아볼 만한 여유를 가지면서 자신이 한 체험이 얼마나 값지고 소중했는가를 다시 한번 실감하는 것이다. 달리 표현하자면 되돌아보면서 행복을 느낀다. 몰입하지 않고는 행복을 맛볼 수는 없다.

 행복습관 9. 몰입이 필요한 시간, 몰입 상태에 빠진다.

제7장

행복 목표의 힘

1. 긍정적 미래 상상하기

1) 습관적인 부정적 상상의 실체 파악하기

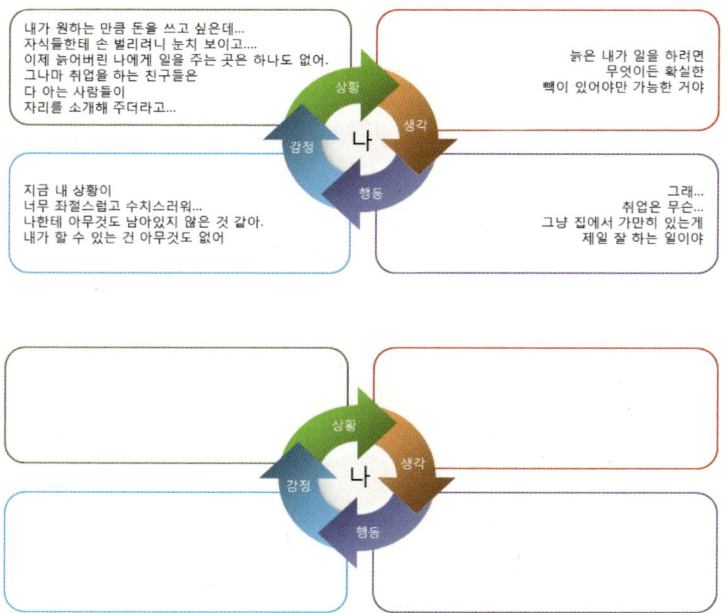

부정적 정서는 잘못된 부정적인 생각의 결과이기 때문에 이를 확인하고 검증하기 위해 비논리성, 비현실성, 비실용성의 3영역에서 스스로 질문을 할 수 있다.

비논리성은 논리에 맞추어 확인하는 것이다.

"그 생각이 맞는다고 어떻게 확신할 수 있는가?"
"그 생각이 맞는다는 증거는 무엇인가?"

비현실성은 미래 현실과 일치 가능성을 확인하는 것이다.
"그게 현실적으로 가능한 일인가?"
"그게 실제로 일어날 확률은 몇 퍼센트나 되는가?"

비실용성은 부정적인 생각이 자신에게 실제로 어떠한 도움이 되는지를 확인하는 것이다.
"그 생각이 나의 문제를 해결하는 데 얼마나 도움이 되는가?"
"그 생각이 내가 원하는 목적을 이루는 데 도움이 되는가?"

미래에 대하여 부정적인 상상이 될 때 세 가지 영역으로 나누어 질문해봄으로써 얼마나 자신이 필요 이상으로 부정적인지 확인할 수 있다. 이러한 연습을 통하여 부정성을 줄이고 긍정성을 키워나갈 수 있다.

2) 긍정의 힘 끌어내기

"생각이 바뀌면 행동이 변한다. 행동이 변하면 인생이 달라진다!"

가까운 미래 혹은 먼 미래에 대하여 긍정적인 상황을 상상하는 것만으로도 긍정적인 생각과 감정에 도움이 되며 자연스럽게 긍정적 행동을 유도할 수 있다.

○ 상황-긍정적 상상하기 단계이다. 여기에서는 자신이 원하는 미래의 모습을 가능한 구체적으로 표현해본다. 글이나 그림을 이용할 수 있다. 처음에는 일부분 자신의 모습을 상상하다가 나중에는 사회적인 나, 가정에서의 나, 개인으로서의 나로 구분하여 확장해볼 수 있다.

○ 생각-긍정적인 상황에 대한 자신의 기대나 성취할 수 있었던 자신의 장점, 칭찬 등을 써본다.

○ 행동-기대하고 있는 긍정적 상황이 이루어졌을 때 어떠한 긍정적 행동을 할 것인지 써본다.

○ 감정-긍정적인 상황이 이루어지고 행동을 하였을 때 어떠한 감정을 느낄 수 있을지 써본다.

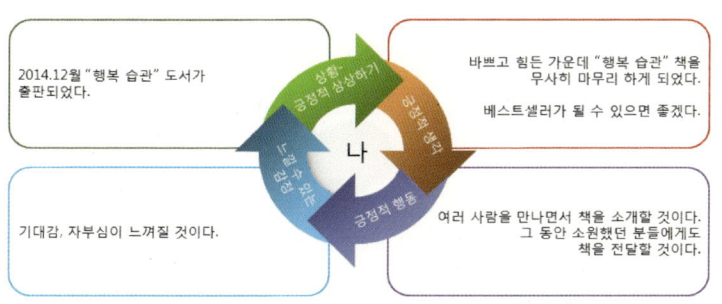

♫ 행복도구 3. 긍정적 미래 상상하기

자신의 긍정적 상황과 그에 따르는 생각-행동-감정을 상상해보자. 반복적으로 미래에 대해 긍정적 상상을 하는 것 자체로도 미래에 대한 긍정 정서와 현재에 대한 긍정 정서가 향상될 수 있다. 그리고 미래를 긍정적으로 상상하는 것이 습관화되도록 하면 좋겠다. 긍정적 상상을 통하여 긍정적 생각과 감정이 유발되면 열정적이고 적극적인 행동은 자신도 모르게 따라와 실행력이 높아질 것이다.

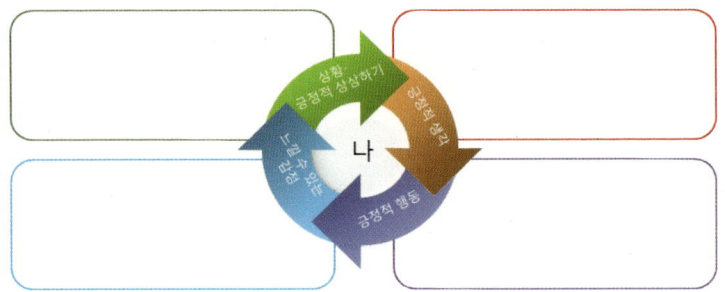

2. 행복 목표의 힘

생각하는 대로 살지 않으면 사는 대로 생각하게 된다.

- 폴 발레리(Paul Valery)

1) 목표는 미래계획기억(prospective memory)

기억이라 하면 흔히 과거에 있었던 사실로 생각하기가 쉽다. 그러나 사실 경험에는 두 가지 종류가 있다. 첫째는, 과거 경험에 대한 사실이며 둘째는, 미래 계획에 대한 기억이다.

예를 들면, 일정 시간에 약을 먹는 일을 기억하고, 친구와의 약속을 지키거나, 가족의 생일이나 기념일을 기억하고 축하카드를 보내는 일 등이 이에 해당한다.

다음 두 가지 경우 어떤 차이가 있을지, 감정과 행동으로 구분하여 생각해보자.

- 멋진 계획이 있는 주말 vs 아무런 계획이 없는 주말
- 장학금을 받아서 해외여행 계획이 있는 학기 vs 아무런 계획이 없는 학기
- 미래에 하고 싶은 것으로 머리가 가득 찬 사람 vs 과거에 있었던 일들로 머리가 가득 찬 사람
- 명확한 목표, 즉 미래 계획 기억이 있으면 저절로 열정적이 된다.

- 명확한 목표가 있으면 스트레스에 대처할 수 있는 힘이 생긴
다. "이 정도쯤이야 뭐" 하고 간단한 장애물로 여기고 넘어갈
수 있다.
- 명확한 목표가 있으면, 부정적 감정이 아니라 자신감과 단호
함이 생긴다. 무기력하거나 재미가 없다면, 이에 대한 만병통
치약은 명확한 목표, 즉 미래계획기억이다.

2) 삶의 균형을 이루어라

세계적인 성공학자 브라이언 트레이시는 성공의 7가지 공통적
인 요소를 주장하였다. 이 중에서 마음의 평화가 가장 중요하다
고 하였다. 행복 목표를 세우기 전에 자신의 행복하고 성공적인
삶의 요소를 평가해보고 왜 그러한 평가를 내렸는지 생각해보자.

○ 7가지 성공의 요소에 점수를 매겨보고 점수에 대한 이유를
생각해보자.

성공의 요소	0 20 40 60 80 100	점수 이유
마음의 평화		
건강과 에너지		
자신을 아는 것		
개인적 성취감		
경제적인 자유		
가치 있는 목표와 이상		
사랑하는 사람과의 관계		

○ 행복하기 위하여 향상해야 할 요소는 무엇일지 생각해보자.

3) Bucket List를 작성하라

버킷 리스트(bucket list)란 죽기 전에 꼭 해보고 싶은 일과 보고 싶은 것들을 적은 목록을 가리킨다. '죽다'라는 뜻으로 쓰이는 속어인 '킥 더 버킷(kick the bucket)'으로부터 만들어진 말이라고 한다. 중세 시대에는 교수형을 집행하거나 자살을 할 때 올가미를 목에 두른 뒤 뒤집어놓은 양동이(bucket)에 올라간 다음 양동이를 걷어 참으로써 목을 맸는데, 이로부터 '킥 더 버킷(kick the bucket)'이라는 말이 유래하였다고 전해진다.

2007년 미국에서 제작된 롭 라이너 감독, 잭 니콜슨·모건 프리먼 주연의 영화 <버킷 리스트>가 상영된 후부터 '버킷 리스트'라는 말이 널리 사용되기 시작했다. 영화는 죽음을 앞에 둔 영화 속 두 주인공이 한 병실을 쓰게 되면서 자신들에게 남은 시간 동안 하고 싶은 일에 대한 리스트를 만들고, 병실을 뛰쳐나가 이를 하나씩 실행하는 이야기를 담고 있다. '우리가 인생에서 가장 많이 후회하는 것은 살면서 한 일들이 아니라, 하지 않은 일들'이라는 영화 속 메시지처럼 버킷 리스트는 후회하지 않는 삶을 살다 가려는 목적으로 작성하는 리스트라 할 수 있다. 아무것도 계획하지 않는 것은 실패를 계획한 것과 같다.

꿈을 가진 사람은 지치지 않는다고 한다. 내가 진짜 하고 싶은 것, 갖고 싶은 것, 원하는 상태를 적어보자.
-
-
-
-

3. 행복 목표를 코칭하라

1) 행복 코칭의 정의와 철학

행복 목표 코칭은 자신이 스스로 정한 목표를 주도적으로 이루어 갈 수 있도록 돕는 대화 프로세스라고 정의할 수 있다. 코치-이는 코칭을 받으면서 긍정적인 미래를 생각할 수 있게 되고 이를 위한 실행계획을 세우고 행동함으로써 스스로 정한 행복에 한 걸음 더 다가갈 수 있게 된다. 행복 목표 코칭의 목적에 부합하는 코칭을 하기 위해서는 바람직한 방향성, 다시 말해 코칭 철학이 중요한데, 행복 목표 코칭의 철학은 다음과 같다.

첫째, 모든 사람은 행복을 추구하며 무한한 가능성을 가진 존재이다. 둘째, 모든 사람은 자신의 삶에 대한 답을 스스로 알고 있다. 셋째, 코칭의 효과성을 극대화하기 위해서는 파트너의 지원이 필요하다. 이러한 코칭 철학은 코칭 프로세스가 진행되는 동안 코치와 코치-이의 태도를 결정하며, 코칭의 성과를 극대화시켜 준다.

2) 행복 코칭의 대화 프로세스

행복 목표 코칭의 대화 프로세스는 코칭 분위기 조성-행복 목표 확인-목표의 목적 확인-현재 상태 확인-대안 탐색-실행계획-자기성찰의 단계로 구성되어 있다. 코칭 프로세스대로 전체 단계를 따르는 것이 바람직하지만 대화 상황에서 필요한 단계만 따르는 것도 가능하다.

목표의 진정한 의미는 실행을 촉진하는 것에 있다고 할 수 있다. 행복 코칭에서는 자신이 정한 목표를 가지고 그 목표가 자신에게 어떠한 의미나 가치가 있는지를 확인하고 목표를 이루어가는 과정에서 가능한 방법과 실행의지를 확인하는 것이 핵심이다. 이러한 과정을 거치고 난 후 이전보다 더 명확해지거나 더 열정이 생기거나 실행의지가 강해지면 제대로 된 목표를 세웠다고 할 수 있겠다. 그러나 이 단계를 따른 후에도 마음속에서 긍정적이고 열정적인 변화가 전혀 없다면 자신이 진정으로 원하는 것이 아닌 형식적인 목표를 세웠거나 프로세스를 잘못 따른 것이라 할 수 있다. 그러나 이러한 절차를 스스로 반복적으로 하다 보면 자신이 진짜 무엇을 원하는지 어떻게 해야 하는지 확인할 수 있을 것이다.

❶ 코칭 분위기 조성

매끄럽고 원만한 코칭 대화 프로세스를 진행하기 위해서는 본 세션에 앞서 충분히 코칭 분위기를 조성할 필요가 있다. 특히 행복 목표 코칭은 코치-이의 내면에 있는 이야기가 진솔하고 깊이 있게 다루어져야 하는 만큼, 더욱 코칭 분위기 조성에 신경을 써야 한다. 코칭 분위기 조성을 위해서는 가장 먼저 코치와 코치-이 간의 신뢰관계 형성이 중요하다. 코치는 코치-이에게 이번 코칭에 대한 이해를 돕기 위해 상호 소개, 코칭의 개념과 목적, 비밀 유지, 상호 지켜야 할 점 등에 대해 언급할 필요가 있다. 다음으로는 코치-이의 생각을 워밍업 하는 질문을 하여, 자연스럽게 코칭 대화가 이어질 수 있도록 한다.

· 오늘 기분이 어떠셨나요?
· 무엇을 생각하면 기분이 좋아지시나요?
· 요즘 삶을 통해 새롭게 배우는 교훈은 무엇인가요?
· 어렸을 때 꿈은 무엇이었나요?
· 삶에서 가장 큰 자부심을 느꼈을 때는 언제인가요?
· 가장 행복했던 때를 떠올려본다면요?
· 오늘 코칭을 마친 후에 어떻게 되고 싶으세요?

---

❷ 행복 목표 확인

일반적인 코칭은 특정한 목적을 달성하는 대화 프로세스이기 때문에 목적과 관련된 주제를 정하는 것이 매우 중요하다. 자칫 잘못하면 주제와 관련 없는 엉뚱한 방향으로 대화가 진행되기가 쉽다. 코칭 현장에서는 주제를 명확히 하는 포커싱(Focusing)이 전체 코칭의 30% 정도에 해당할 만큼 중요하다. 행복 목표 코칭을 위해서는 위에서 작성한 Bucket List 중 한 가지를 활용할 수 있다.

예) "행복 감정 코칭 책을 1년 이내에 완성한다."
· 당신의 Bucket List에는 어떤 것이 있나요?
· 지금보다 더 만족된 삶을 살기 위해 필요한 것은 무엇인가요?
· 삶에서 꼭 이루고 싶은 것은 무엇인가요?
· 행복해지기 위하여 어떤 것이 필요하다고 생각하세요?
· 어떻게 되면 원하는 목표가 이루어졌다고 말할 수 있나요?
· 이루어진 목표의 이미지는 어떤가요?(무엇이 보이는가, 어떤

소리가 들리는가, 어떤 느낌이 드는가 등)

코치는 수단인 목표와 최종 목적을 구분할 수 있어야 한다. 예를 들어 어느 대학에 진학하고 싶다는 것은 수단이며 그 대학을 졸업한 후 약을 발명하여 아픈 사람을 돕고 싶다는 것이 최종 목적인 것이다. 수단이 되는 목표를 정하는 것은 매우 쉽지만 최종 목적을 찾을 때 가슴 뛰는 일이 되며 열정이 생기고 저절로 행동이 따라오게 된다.

❸ 현재 상태

이루어내고 싶은 목적과 현재의 상황을 확인하여 그 차이(Gap)를 확인하는 것도 매우 중요하다. 특히 코치-이가 자기를 객관적으로 바라봄으로써 복잡다단한 감정과 문제를 분리시키고 새로운 관점으로 문제를 바라보도록 돕는 것이 효과적이다.

다음 질문을 이용하여 현재 상태 파악에 활용할 수 있다.

- 지금은 어떤 상황인가요?
- 이 상황을 어떻게 느끼시나요?
- 이 상황을 바라볼 때 어떤 감정이 드나요?
- 지금까지 고민해본 결과는 무엇인가요?
- 그러한 상황이 발생하는 원인이 무엇이라고 생각하세요?
- 이 상황을 바라보는 당신 자신에 대해서는 어떻게 느껴지시나요?
- 그러한 상황에서 어떠한 행동들을 선택해오셨나요?
- 이 상황을 해결하는 데 자신의 어떤 강점이 필요할까요?
- 그 목표는 당신 스스로 이룰 수 있는 것인가요?

❹ 최종 목적

목표를 통하여 얻고자 하는 최종 목적으로 가치, 의미, 욕구를 포함한다. 최종 목적을 확인하지 못한 목표는 행동을 지속적이고 열정적으로 유발하지 못한다.

> - 그 목표가 당신에게 중요한 이유는 무엇인가요?
> - 정말로 이루고 싶은 것은 무엇인가요?
> - 그것을 이루면 당신의 삶이 어떻게 달라지나요?
> - 그것을 이루면 무엇을 새롭게 얻을 수 있을까요?
> - 그 목표가 이루어졌을 때 어떤 또 다른 목표를 이룰 수 있을까요?
> - 그것을 통하여 궁극적으로 이루고 싶은 것은 무엇인가요?
> - 그 목표가 이루어졌을 때 어떤 느낌이 드실 것 같으세요?
> - 궁극적 목표가 이루어졌을 때 당신 자신에 대해 뭐라고 말할 수 있을까요?

욕구, 의미, 가치 탐색을 위한 질문 프로세스

> 이루고 싶은 목표를 적는다.
> - 그 목표가 당신에게 중요한 이유는 무엇인가요?
> - 그 목표의 의미는 무엇인가요?
> - 그 목표를 이룬다는 것은 어떤 가치가 있나요?
> - 그 목표를 이루고 싶은 당신의 욕구는 무엇인가요?
> - 그것을 이루면 당신의 삶이 어떻게 달라질까요?
> - 그 목표가 이루어졌을 때 어떤 또 다른 목표를 이룰 수 있을까요?
> - 그것을 통하여 궁극적으로 이루고 싶은 것은 무엇인가요?
> - 그것을 통해 또 다른 무엇을 이룰 수 있나요?
> - 그것을 이루면 당신의 삶이 어떻게 달라질까요?
> - (   )년 후 당신 자신에 대해 뭐라고 말할 수 있을 것 같으세요?
> - 처음에 적은 목표에 대한 느낌은 어떤가요?

❺ 대안 탐색

가능한 대안과 다른 전략 혹은 행동 파악하는 단계이다. 코치-이가 대안을 도출할 때 높은 에너지 수준이 유지되도록 코치가 적극적으로 관심을 표현하고 지지해 주는 것이 중요하다. 왜냐하면 대안을 탐색하는 과정에서 코치-이는 여러 현실적인 장애물을 뛰어넘는 파워풀한 생각을 할 수 있어야 하기 때문이다.

> - 그것을 위해 당신이 (충분히)할 수 있는 것은 무엇인가요?
> - 좀 더 기대 수준을 높인다면 무엇을 해보시겠어요?
> - 이제까지 시도해본 것은 무엇이고, 과거에 효과가 있었던 것은 무엇인가요?

- 예전과는 달리 해보신다면요? 또 다른 것은요?
- 이번 이슈를 실행하기 위해 사용할 수 있는 당신의 강점은 무엇인가요?
- 당신이 존경하는 사람은 이것을 어떻게 할까요?
- 지금까지 시도해보지 않은 전혀 새로운 방법이 있다면 무엇인가요?
- 어떤 대안이 가장 효과가 있다고 생각하시나요?
- 지금 당장 실행해보고 싶은 것은 무엇인가요?
- 어떠한 대안을 볼 때 열정을 느끼시나요?
- 장기적 안목을 갖는다면 무엇이 필요한가요?

❻ 실행 계획

언제, 누구에 의해, 무엇이 행해지는가, 그것을 하겠다는 실행 의지 확인하는 단계이다. 실행계획은 실행에 대한 점검을 용이하게 하고 실행 율을 높이기 위해 코치-이와 코치가 함께 기록하여 각자 1부씩 보관하는 것이 좋다.

- 그 대안을 실행하기 위해 구체적으로 무엇을 해보시겠어요?
- 언제부터 혹은 언제까지 실행하시겠어요?
- 그것이 계획대로 실행되고 있다는 것을 제가 코치로서 어떻게 알 수 있을까요?
- 누구의 도움이 필요한가요?
- 더 필요한 정보, 지원요소는 무엇인가요?
- 장애가 되는 요소는 무엇인가요?
- 어떻게 극복해보시겠어요?

❼ 자기성찰

코칭 과정을 통해 어떠한 일들이 있었는지 스스로 정리하는 단계이다. 학습자가 정리하거나 실행할 수 있는 만큼만 학습이 된 것이듯이 학습자가 정리할 수 있는 만큼만 실행이 가능한 것이다.

- 코칭을 통해 무엇을 하기로 하였는지 요약 정리해주시겠어요?
- 코칭을 통해 새롭게 얻게 된 것이나 느낀 점은 무엇인가요?
- 코칭이 끝난 후 자신의 모습에 대해서 어떤 느낌이 드시나요?
- 자신에게 하고 싶은 말은 무엇인가요?(나는 할 수 있다. 나는 탁월하다 등)

 행복습관 10. 균형 있는 Bucket List를 만들고 스스로 행복 코칭한다.

제8장

강점 집중의 힘

1. 외눈의 선택, 강점? 약점?

네 마음이 네 약점이 아니라 네 강점 속에 살게 하라.
- 밥 컨클린

약점으로는 그 어떤 성과도 낳을 수 없다. 성과를 낳는 것은 강점이다.
- 피터 드러커

모든 뇌는 독특하다.

갖고 있는 강점을 충분히 활용하는 가운데 몰입하여 성취하고 행복할 수 있다.

재능을 바탕으로 자신에게 맞는 생각과 행동 방식,

인관관계 방식을 찾아내면 모두 행복할 수 있다.

누구나 몇 개쯤 강점과 약점을 가지고 있다. 그리고 이러한 특징을 이용하여 성취를 이루며 살고 있다. 매일 펼쳐지는 일상에서 자신감을 가지고 강점을 사용할 수도 있고 두려움이나 불안한 마음에 약점을 사용할 수도 있다. 어느 경우에 더 효과적인 성취를 이룰 것이며, 성취감과 자존감에 유익할까?

당신이 돛단배라고 상상해보자. 불행히도 돛단배에 구멍이 났다. 그 구멍을 당신의 약점이라고 하자. 상식이 있는 사람이라면 그 약점, 즉 구멍을 무시하지 않을 것이다. 그랬다가는 가라앉을 테니까. 당신은 구멍에 반드시 주의해야 한다. 사실 그 행동이 결정적이다. 현실에서는 구멍(약점)에 주의하지 않을 경우, 우리 자신이 뒤집히거나 가라앉을 수 있다. 따라서 구멍을 막으려고 애써야 한다. 그리고 구멍을 막은 후, 당신은 한 가지 중요한 사실을 깨닫는다. 구멍을 완벽하게 막아도 당신은 어디로도 가지 못한다! 돛단배를 앞으로 밀어내는 것은 바로 돛(당신의 강점)이다. 전진하려면 돛을 높이 올려야 한다. 당신은 성과를 내야 하기 때문이다. (『행복 4.0』, 우문식, p.199)

1) 신의 공평한 선물 약점과 강점, 나의 선택은?

"자신의 강점은 무엇인가?"라는 질문에 망설임 없이 답하는 사람이 얼마나 될까? 반면, "자신의 약점은 무엇인가?"라는 질문에는 강점을 물을 때보다 많은 사람들이 더 쉽게 말할 수 있다. 또 자녀가 시험결과를 받아오는 날 어떤 과목을 먼저 보는가? 점수에 대한 표현은 어떻게 하는가?

"수학 3개 틀렸어요." "완전 망쳤어요, 과학이 56점밖에 안 돼요." 친구나 동료들이 모여서 자녀교육에 대한 이야기를 할 때 자녀의 약점과 강점 중 어떤 점에 초점을 맞추어 대화하는기? 세상에서 가장 사랑하는 가족들과 대화할 때 잘못된 점을 지적하고 행동 수정을 요구하는 경우가 많은가? 잘하고 있는 점, 감사한 점을 인정하는 경우가 많은가? 신문이나 뉴스를 볼 때 문제점을 먼저 꼬집는가? 아니면 긍정적인 점을 먼저 인정하는가? 자기계발을 한다고 할 때 단점을 보완하는 방식으로 하는가? 강점을 더 계발하는 방식으로 하는가?

≫ 다음 질문에 답해보자.
Q 1. 자신의 약점은 무엇인가?

Q 2. 자신의 강점은 무엇인가?

목록을 적어보라. 어떤 목록을 만들기 더 쉬우며 어떤 목록이 더 많은가? 우리는 대개 약점과 결함에 집중한다. 마틴 셀리그만

(Martin E. P. Seligman)은 이것을 부정 편향성 때문이라 하였다. 인간의 부정 편향성은 원시시대부터 전해져 온 수많은 위험에 대비하여 생존하고 자녀를 지켜내기 위하여 기분이 좋거나 긍정적인 것보다는 불길한 상대를 감지하는 것이 유리한 유전인자도 한몫했을 것이다. 그러나 불안하고 위험한 대상에 모든 감각기관을 집중하고 있을 때 긍정적이거나 기분 좋은 경험을 방해받게 되는 감정적 위축이 반복되다가 습관화될 수 있다.

지금 난생 처음으로 비행기에 앉아 있다고 상상해보라. 시동이 걸리고 투박하게 달려가는 비행기 안에서 혹시 사고가 발생하지 않을까 하는 불안감과 온 가족이 함께 타고 있기 때문에 더 불안감이 가중되다가 이륙하는 순간에는 귀가 먹먹해져 눈을 감지도 뜨지도 못한다. 비행기가 제대로 이륙하여 구름 위를 날아가는 순간에도 생길 수 있는 불안감에 휩싸여 있다면 여행의 기쁨과 자유로움을 느낄 만한 마음의 틈은 없을 것이다.

심리학에서도 약점이나 문제점에 집중하여 이것을 바로잡는 데 몰두해왔다. 심리학자나 정신분석학자들은 누구든지 만나면 문제점을 지적하려 하고 과거의 상처를 드러내려 한다. 그러나 우리 몸에도 바이러스가 있고 이겨낼 만한 면역력이 건강을 지탱하듯이, 성장과정에서 상처야 누구에게나 있겠지만 그것을 이겨낼 만한 정신적인 면역력이 정신건강에서도 관건이다.

자신의 분야에서 탁월하게 성공한 모든 사람도 자신만의 약점과 강점을 가지고 있다. 자신의 강점을 계발하고 약점을 보완한 사람과 약점을 계발하기 위해 노력해온 사람들 중 전자가 더 성취도도 높고 만족스러운 삶과 자아실현의 삶을 살 수 있지 않을까?

2) 몰입과 행복을 키우려면 강점에 집중하라

직장인의 행복에 관한 연구(삼성경제연구소, 2013)에서는 약점 개선에 에너지를 쓰기보다 강점에 집중하면 몰입과 행복이 증가한다고 주장하였다.

첫째, 개인이 가진 고유의 강점을 개발하고 업무에 활용할 때 더 많은 것을 성취할 수 있다. 전 세계인을 대상으로 강점 목록을 개발하고 측정한 갤럽의 연구결과에 따르면 강점 기반의 접근 방식을 사용하는 경영자들은 일반 경영자에 비해 성공 확률이 1.9배나 높았고 일에서 강점을 발휘할 수 있는 사람은 그렇지 않은 사람에 비해 업무에 몰입할 확률이 6배나 높게 나타났다. 이러한 결과에 따라 강점 컨설턴트인 버킹엄은 강점을 발굴하고 그 강점을 늘 들여다보며 일상생활 속에서 실행하는 것이 진정한 행복에 이르는 가장 빠른 길이며 강점 발견 훈련은 다른 종류의 긍정 감성 유발 훈련과 비교했을 때 지속성이 훨씬 더 높다고 주장하였다. 강점 개발은 부족한 것을 채우려는 결핍 동기(deficiency motive)보다 더 나은 자신의 모습을 위해 노력하는 성장 동기(growth motive)에 집중하는 것을 의미한다.

> 타이거 우즈의 강점 집중
> 골프 천재 타이거 우즈가 자신의 골프실력을 높이기 위해서 사용하는 전략은 '잘하는 것은 더욱 잘하게, 못하는 것은 평균 수준이 되도록 노력'하는 것이었다.
> 우즈의 강점은 스윙과 롱 드라이브이며 약점은 샌드 세이브 기술이었다. 샌드 세이브 기술은 세계 83위에 불과하지만 타이거 우즈는 스윙과 롱드라이브 연습에 대부분의 시간을 사용했다. 스윙과 롱드라이브가 좋으면 공이 모래에 빠질 확률이

줄어들므로 자신의 약점인 샌드 세이브 기술을 사용해야 할
상황 자체가 덜 발생하기 때문이었다. (이승윤, 『에너자이저』,
청림출판, 2013)

가장 잘할 수 있는 일에 더 많은 시간을 할애하면 걱정이나 스
트레스, 분노, 슬픔, 신체적 통증을 덜 느끼게 되며, 강점 발휘에
시간을 사용할 때 에너지를 느끼고, 새로운 것을 배우는 데 흥미
를 갖게 되며 존중받는다는 느낌도 커져 수행과정에서 몰입과 행
복해지는 데 도움이 될 것이다. 둘째, 강점에 집중했을 때 초월적
인 행동이 발생할 가능성이 증가한다. 초월적 행동은 자신에게
요구되는 것 이상으로 성취를 이루어내고 제약을 제거하거나 극
복하며, 기회를 만들고 포착함으로써 보통 이상의 변화를 만들어
내는 것이다. 보유하지 않은 특질보다는 개선할 수 있는 요소에
집중하여 강점 개발에 시간을 투자하고 생활화할 때 가능한 것이
다. 기업도 약점을 개선하기 위한 투자보다는 강점을 더 강화하
는 투자가 더 효과적이라는 연구들도 있다. 강점을 연습할 때는
학습 속도가 매우 빠르기 때문에 생산성도 향상된다는 것인데,
그 예로 도요타 북아메리카 부품센터는 강점 기반 교육 프로그램
을 통해 짧은 기간에 생산성을 대폭 향상했다. (갤럽 연구, 2002).

3) 강점 개발의 시작, 성장형 마음가짐

역량을 키우는 것의 기본 전제는 자신의 노력에 따라 성취할
수 있다는 '성장형 마음가짐'을 갖는 것이다. 자기이론(self-theory)
에 따르면 사람이 '무엇을 믿는가'에 따라 '무엇을 성취하는지'가

좌우된다. 이것은 자기 자신과 자신의 능력에 대한 믿음이 자신의 경험을 해석하는 방법과 성취의 한계를 결정짓는다는 것을 의미한다. 예를 들어 지능에 대한 관점에 따라 개인의 노력 정도가 달라진다. 노력에 따라 지능이 높아진다고 생각하면 노력을 기울일 수 있을 것이다.

스탠포드 대의 캐롤 드웩(Carol Dweck) 교수는 동기와 성취 연구를 통해 지능에 대한 두 가지 관점이 있음을 주장하였다. 실체이론(entity theory) 관점은 지능은 타고난 것이어서 변화할 수 없다고 믿는 것이며, 증가이론(incremental theory) 관점은 지식과 기능의 학습을 통해 지능을 향상시킬 수 있다고 믿는 것이다. 실체이론 관점을 가진 사람은 지능은 더 이상 향상시킬 수 없으며 숙련이 불가능하다는 '고정형 마음가짐'을 가지고 있고 증가이론 관점을 가진 사람은 지능을 향상시킬 수 있으며, 따라서 숙련이 가능하다는 '성장형 마음가짐'을 가진 것이라는 것이다. 평상시에는 별 차이가 없지만 삶의 과정에서 역경을 겪을 때 고정형 마음가짐을 가진 사람은 무기력해지며 성장형 마음가짐을 가진 사람은 숙련을 위해 노력하는 경향이 있다는 것이다.

요즈음 뇌에 대한 많은 연구들이 진행되면서 뇌는 스스로를 변화시키는 능력인 가소성을 보유하고 있다는 것이 증명되었다. 예를 들어 시각을 사용하지 못하는 맹인의 시각피질은 그 기능이 변화하여 청각신호를 처리하도록 재조직된다는 사실을 발견하였다. 늙어 죽을 때까지 우리의 뇌는 계속 변화하며 뇌의 세포는 80세가 넘어서도 계속 생성된다(노먼 도이지). 이러한 이유로 고정형 마음가짐이 아닌 성장형 마음가짐을 가지고 강점을 꾸준히 개발해나가는 것이 중요하다.

4) 타고난 재능에 집중하여 강점을 다듬으면 성장과 성취의 디딤돌이 된다

타고난 재능이 있다 하더라도 숙련의 단계에 이르고 강점화하기 위하여 학습목표에 집중하고 꾸준히 연습하는 것이 필수이다. 목표에는 수행목표와 학습목표가 있으며 둘 다 성취의 원동력이 될 수 있으나 둘 중 숙련에 이르게 하는 것은 학습목표이다. 예를 들어 프랑스어에서 A학점을 받겠다는 목표는 수행목표이며, 프랑스어를 잘하겠다는 것은 학습목표이다. 플로리다 주립대의 에릭슨(Ericson) 교수는 타고난 재능이라고 믿었던 많은 특징이 성과를 높이기 위해 평생 노력한 결과, 즉 '신중한 연습'의 산물임을 확인하였다. 아이큐보다 노력이 학점을 좌우한다는 것이다. 전미국의 농구선수로서 닥터 J라는 닉네임을 가지고 있으며, NBA에서 통산 30,026 득점, 가로채기 2,272개를 기록한 줄리어스 어빙(Julius Erving)은 "프로가 된다는 것은 자신이 사랑하는 일을 하고 싶은 기분이 들지 않는 날에도 열심히 한다는 것을 뜻한다"라고 하였다.

재능을 강점으로 만드는 것은 지속적인 노력의 결과이며, 노력을 지속하기 위해서는 자기통제(self-control) 역량을 개발할 필요가 있다. 칙센트미하이(Csikszentmihalyi)에 의하면 자기통제는 의도적 노력을 유발하는 성격으로, IQ보다 학문적 성공을 두 배 더 잘 예측한다. 그는 또한 자기통제로 습관을 형성하기 위해서는 활성화

에너지(activation energy) 관리가 중요하다고 주장하였다. 활성화 에너지는 물리학 용어로 반응이 시작되는 데 필요한 최소한 에너지이다. 예를 들어, TV 시청을 줄이고자 한다면 TV 리모컨 배터리를 빼서 서랍 깊숙이 넣어두어 TV를 시청하기 위해 필요한 활성화 에너지를 높이는 방법이다.

5) 재능(=강점 지능) 분야와 성공 분야

EBS 방송 프로그램 중 다중지능과 성공에 대해 다룬 프로그램이 있었다. 누구나 부러워할 만한 직업이지만 불만족이 높은 집단(A)과 자신의 분야에서 성공했다고 판단되는 집단(B) 모두 자신의 강점과 약점을 가지고 있었다. A집단은 자신의 강점과 상관없는 직업을 가졌고 강점과 관련 있는 직업을 희망하고 있었다. B집단은 약점을 가지고 있었으나 강점을 활용하는 분야에서 일을 하고 있었다. 강점과 약점이 있다는 것은 두 집단 모두 동일한 조건이었다. 하지만 강점 지능을 활용하는 분야에서 활동하는 사람들은 높은 성취를 이루었고 강점 지능과 관련 없는 분야의 직업을 가진 집단은 열정을 유지하지 못하고 성취도 이루어내지 못하였다.

A집단과 B집단의 실험 결과

A집단			B집단		
현재 직업	희망 직업	강점 지능	현재 직업	강점 지능	약점
영어 교사	수의사	자연친화지능	패션디자이너	공간지능	산수
도정책연구사	쇼호스트	공간지능	가수	음악지능	약도 보기
의대생	방송작가	자기이해지능	발레리나	신체운동지능	순서 암기
인터넷쇼핑몰 운영	성우	언어지능	외과의사	논리수학지능	이름 암기

워런 버핏을 특별하게 만든 재능

세계적인 투자의 귀재인 워런 버핏의 강점은 성공한 투자가들이 가진 것들이 아니었다. 오늘날의 세계 시장은 빠르게 변화하고 있으며, 상상할 수 없을 정도로 복잡하고 비도덕적인 면이 많다고 할 수 있다. 따라서 투자 세계에 뛰어나게 잘 적응하려면 급변하는 상황에 신속하게 대처하는 능력과 복잡한 시장 흐름을 예리하게 읽어내는 개념적 사고 능력, 그리고 다른 사람을 꿰뚫어보는 천부적인 재능이 필요하지만 버핏은 이 가운데 아무것도 가지지 않았다. 그는 느긋한 성격의 소유자인데다 개념적 사고보다는 실제적 사고에 익숙한 사람이다. 또한 다른 사람을 의심하기보다는 무조건 믿는 쪽이다. 그런 그가 어떻게 투자가로서 성공을 거둘 수 있었을까?

매우 성공적인 삶을 살아가는 다른 많은 사람들과 마찬가지로 워런 버핏도 자신이 가진 강점을 더욱 강화하는 방법을 찾아 실천하는 데 성공하였다. 예를 들어, 타고난 느긋한 성품을 그 유명한 '20년 전망(twenty-year perspective)'에 적용해 20년 동안 어느 정도 확신을 가지고 미래를 예측할 수 있는 회사에만 투자를 했다. 실제적 사고방식을 가진 버핏은 이론이나 광범위한 시장 경향에 근거한 투자기법을 그다지 신뢰하지 않았다. 자신의 투자회사인 버크셔 헤더웨이의 연례 보고서에서 그는 "주가 예측 전문가들이 하는 일이란 점쟁이에게 호감을 갖게 만드는 것뿐이다"라고 말하였다. 따라서 그는 데어리퀸, 코카콜라, 워싱턴포스트와 같이 상품과 서비스를 직관적으로 이해할 수 있는 회사에만 투자를 했다. 마지막으로 그는 사람을 잘 믿는 성격 때문에 자신이 투자하고자 하는 회사의 최고 경영진을 매우 조심스럽게 관찰하고, 일단 믿을 만하다는 판단이 서면 뒤로 물러나 그들의 경영 방식에 거의 간섭을 하지 않았다. 워런 버핏은 1956년 100달러를 가지고 투자회사를 설립한 이래로 지금까지 이런 끈기와 실제적 사고, 그리고 사람에 대한 신뢰를 필요로 하는 접근 방식을 고수하고 있다. 전략을 바꿔야 한다고 강력하게 주장하는 사람들도 있었지만 그는 투자에 대한 자신의 신념을 굽히지 않았다. 예로 그는 마이크로소프트나 닷컴기업에는 투자하지 않았다. 하이테크 산업이 향후 20년 동안 어떤 식으로 펼쳐질지 정확한 그림을 그릴 수 없다고 판단했기 때문이었다. 바로 이러한 독자적인 투자법 때문에 워런 버핏은 투자가로서의 성공과 인생의 행복 모두를 얻을 수 있었다. 그는 자신의 강점이 무엇인지 정확하게 알았고, 그것을 적극적으로 활용했기 때문에 언제나 즐겁게 일에 몰두할 수 있었고, 그 결과 세계 일류의 투자가가 되었다. 버핏은 자신만의 독특한 행동 방식을 가지고 있다. 위험에 대응하는 방식, 다른 사람과 관계를 맺는 방식, 결정을 내리는 방식, 만족을 이끌어내는 방식 등에 있어서 그 어느 것도 임의적으로 선택된 것은 없다. 그 각각의 방식들은 모두 너무도 오랫동안 지속적으로 유지되어 온 것들이다. 버핏을 독특하게 만드는 것은 바로 이런 독특한 행동 방식이다. 먼저 그는 자신에게 맞는 방식이 무엇인지 정확하게 찾아냈다. 아주 많은 사람들이 그것을 찾아낼 생각조차 못 하고 있는데 말이다. 그다음에 그는 자신의 약점을 보완하는 데에 모든 노력을 집중하지 않았다. 오히려 정반대로 했다. 그는 자신의 타고난 재능을 알아내고 학습과 경험을 통해 더욱 단련시킴으로써 지금의 탁월한 강점들로 형상화했다.

6) 강점을 기반으로 한 성공적인 삶의 행동 원칙

강점을 한 가지 일에서 계속해서 완벽하게 행동하는 것이라고 정의 내릴 때 성공적인 삶을 위한 중요한 원칙이 있다. 첫째, 강점이 되는 행동은 계속해서 그런 행동을 할 수 있는 것이어야 한다. 그래야만 성과를 예상할 수 있다. 누구나 때때로 타이거 우즈만큼 뛰어난 샷을 칠 수 있다. 하지만 매번 그런 샷을 칠 수 없다면, 이 행동을 강점이라고 할 수는 없다. 또한 그 행동에 스스로 만족감을 느낄 수 있어야 한다. 성공적인 피부과 의사인 A씨는 학업성적만 놓고 본다면 피부과뿐 아니라 다른 어떤 분야에도 진출할 수 있었다. 하지만 A씨의 강점이 발휘될 수 있는 분야는 피부과이며, 피부과야말로 그녀가 활기차게 일할 수 있는 분야이다. 이와 대조적으로, 빌 게이츠(Bill Gates)는 마이크로소프트의 사업 전략을 세우는 데 매우 유능하지만 스스로가 인정한 것처럼 전략

수립에 너무 많은 에너지를 소비하고 싶어 하지 않으므로 이런 능력은 강점이라고 할 수 없다. 어떤 능력을 강점이라고 할 수 있으려면 반복하고, 만족해하며, 성공적으로 수행할 수 있어야 한다. 둘째, 남보다 뛰어나기 위해서 자신이 맡은 모든 역할에서 강점을 지닐 필요는 없다. 자신의 직업에서 탁월한 성공을 한 어떤 사람도 주어진 업무를 추진하는 데 완벽한 적임자는 아니었다. 즉, 어떤 사람도 자신이 맡은 역할에 완벽하게 어울리는 사람은 없다. 그들 중 어느 누구도 '완벽한 재능'을 부여받지는 못했다. 그들은 단순히 자신의 능력을 최대한 활용했을 뿐이다. 뛰어난 사람은 팔방미인이어야 한다는 일반적인 믿음을 버려야 한다. 우리는 그간의 연구를 통해 뛰어난 사람들이라고 해서 팔방미인은 아니란 사실을 알게 되었다. 그들 누구나 약점을 가지고 있었다. 셋째, 약점을 고치는 것이 아닌 강점을 극대화하는 것만으로도 뛰어난 사람이 될 수 있다. 이 말은 약점을 무시하라는 뜻은 아니다. 앞서 예를 든 사람들은 약점을 고치려는 것보다 약점을 관리하는 편이 더욱 효과적이라는 사실을 알게 된 것뿐이다. 그들은 약점을 알기 때문에 강점을 더욱 날카롭게 다듬을 수 있는 여유를 갖게 되었다. 빌 게이츠는 스티브 발머를 경영 파트너로 선택함으로써, 소프트웨어 개발 분야로 돌아가 자신의 강점을 발휘할 수 있게 되었다. 타이거 우즈도 다소 힘든 상황에 있었다. 벙커에서의 칩샷 기술을 향상시켜야만 했기 때문이다. 그래서 타이거 우즈는 대비책을 마련했다. 강점이 발휘되는 것에 장애가 되지 않을 정도로만 약점을 보완하려고 노력했던 것이다. 하지만 일단 벙커 플레이가 일정한 수준에 이르자 우즈와 부치 하몬(Butch

Harmon) 코치는 가장 중요하고 창조적인 부분으로 관심을 돌렸다. 즉, 우즈의 가장 뛰어난 강점인 스윙을 다듬고 완벽하게 만드는 것으로 말이다.

이들은 각각 의도적으로 강점을 부각시켰기 때문에 자신의 분야에서 성공과 성취를 이룰 수 있었다.

7) 강점 공식, 타고난 재능에 시간 투자한 결과

대표강점을 찾아내어 활용하는 것은 자아실현에 중요하다. 어떤 일에서 탁월한 결과와 성취를 이루게 하는 역량이며 의욕과 활기를 느끼게 해주어 스스로 동기부여 되기 때문이다. 또한 자신의 대표 강점을 파악하여, 그 중 한두 개를 일주일 동안 일상생활 속에서 활용할 수 있게 주간 계획을 세워 실천하면 더 행복해지고 몰입에 빠지며 조직성과를 높인다. 강점 연구의 최고 학자 중 한 명인 클리프톤(Clifton)의 외손자인 톰 래스(Tom Rath)에 따르면, 강점은 어떤 활동을 일관되게 그리고 거의 완벽에 가깝게 수행하는 것이다. 이 정의는 ① 재능 혹은 자연스럽게 되풀이되는 생각과 감정 및 행동 양식, ② 사실과 학습된 교훈으로 이루어진 지식, ③ 기술 혹은 활동의 단계의 세 가지의 요인으로 구성된다. 이 세 요소가 결합하여 강점이 만들어진다. Strengths Finder 2.0에서 래스는 강점의 방정식을 만들었다.

재능×투자=강점
재능: 생각하고 느끼고 행동하는 자연스러운 방식

투자: 기술을 개발하는 데 들인 시간

　아무리 좋은 재능을 타고났다 할지라도 그 재능이 강점화될 때까지 시간과 노력을 투자해야 된다는 것이다. 벤저민 프랭클린(Benjamin Franklin)은 활용되지 않고 낭비된 재능을 그늘에 놓인 해시계에 비유하였다. 인생의 비극은 우리가 천재적인 재능을 타고나지 못한 데 있는 것이 아니라 가지고 있는 강점을 충분히 활용하지 못한 데서 오는 것이라는 말은 옳다. 강점 혁명의 저자 버킹엄은 강점이 활용되는 과정에서 ① 지속적인 사회적 지지, ② 성공 경험, ③ 개인적 강점 강화의 세 가지 매우 중요한 구성개념이 필요하다고 하였다. 활용과정이 나타나기 위해서는 지속적으로 지지를 받는다고 느껴야 하고, 성공 경험을 해야 하며, 강점이 그들에게 도움이 되는 것으로 느낄 수 있어야 한다. 이 세 가지 구성 개념은 서로 관련성을 지니며 중첩된다. 이들은 하나 뒤에 다른 것이 나타나는 선형적인 방식으로 나타나지 않는다는 것이다.

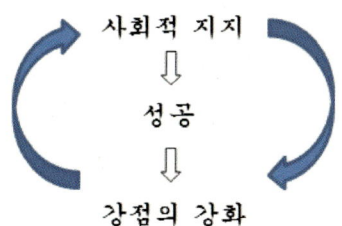

사회적 지지
⇩
성공
⇩
강점의 강화

강점을 강화시키는 방법

자신이 어떤 재능을 갖고 있는지는 스트렝스 파인더를 통해 확인할 수 있다.

성취	활동성	적응력	분석	조정
신념	명령	의사소통	경쟁	연결성
일관성	맥락	신중성	개발	질서
공감	초점	미래지향성	조화	착상
포괄성	개인화	사고	탐구심	학습
극대화	긍정성	관계	책임감	복구
자기확신	중요성	전략	매력	

8) 성격강점의 개발 과정

행복이 삶의 목표라면, 덕성은 행복의 바탕이다.
- 토마스 제퍼슨(Thomas Jefferson)

긍정심리학의 대표 학자인 마틴 셀리그만은 진정한 행복 (authentic happiness)이란 사람마다 자신의 긍정적 성품을 발견하여 일, 사랑, 놀이, 자녀양육과 같은 중요한 삶의 영역에 활용함으로써 만족감과 행복감을 경험하는 것이라 하였다. 긍정적 성품을 꾸준히 계발하여 활용하게 되면, 시간이 흐름에 따라 더욱 발전하여 개인의 대표적인 강점과 탁월한 재능이 될 수 있다. 그는 또한 진정한 행복이란 성격강점을 일상에서 발휘하면서 즐거운 삶, 의미 있는 삶, 충실한 삶이 어우러지는 것이라 하였다. 즐거운 삶 (pleasant life)은 삶의 각 영역에서 재미있고 긍정적 정서를 느끼는 삶이다. 의미 있는 삶(meaning life)은 자신보다 더 크고 중요한 어떤 것을 위해서 특징적 강점을 사용하여 기여하는 삶이다. 충실한 삶(engaged life)은 과거, 현재, 미래에 대해서 긍정적인 정서를 느끼고 최대한의 만족감을 누리는 삶이다. 충실한 삶은 자신의 긍정적 성품을 계발하고 그러한 성품을 활용함으로써 성취할 수 있다는 것이다.

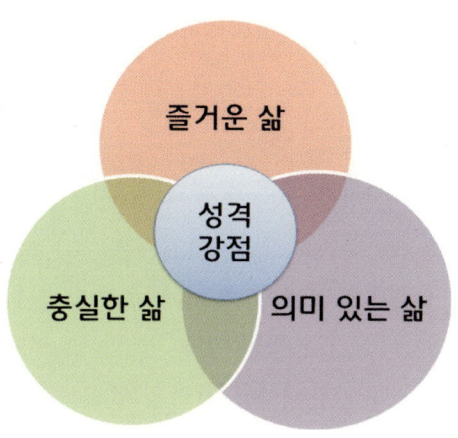

진정한 행복을 이루는 것

긍정심리학과 더불어 인간의 강점을 밝히고 계발하고자 하는 연구가 전 세계적으로 진행되고 있다. 성격강점은 세계에 두루 퍼져 있는 6가지 미덕과 그 아래 24가지 실천도구를 말한다. '6가지 미덕'이란 시대와 문화를 막론하고 끊임없이 나타나며 도덕철학가들과 종교 사상가들이 그 가치를 인정한 중요한 핵심 성품들인 지혜와 지식, 용기, 사랑과 인간애, 정의감, 절제력, 영성과 초월성을 말한다. 6가지 미덕은 저마다 미덕을 함양하는 방법들이 있다. 미덕을 함양하기 위한 실천방법으로 만들어진 것이 24가지 강점이다. 예를 들어 절제력이라는 미덕은 자기통제력, 신중함, 겸손이라는 강점을 발휘해서 얻을 수 있다. 자기통제력이 뛰어난 사람은 어떤 유혹이라도 참아내고 자신을 절제할 수 있다. 추상적인 미덕과는 달리 강점은 과학적으로 측정하고 평가할 수 있고, 미덕은 3000년 동안 세계 도처에 퍼져 있는 아리스토텔레스, 플라톤, 아퀴나스, 아우구스티누스 등 철학자들의 저술과『구약성경』,『탈무드』,『불경』,『코란』과 같은 경전은 물론 공자, 노자, 벤저민 프랭클린의 저술, 일본의 사무라이 무사도 정신, 고대 인도의 철학 경전인『우파니샤드』등 총 200가지의 목록을 바탕으로 최종적으로 6개의 목록으로 정리되었다. 강점은 1만 8,000개 목록 가운데 24개를 선정한 것이다. 강점을 선정할 때 다음과 같은 기준에 따라 이루어졌다. 먼저, 강점은 시간과 환경에 상관없이 계속 나타나는 '심리적 특성'이다. 딱 한 번 어디에선가 친절을 베풀었다고 해서 인간애라는 강점을 발휘하는 게 아니다. 그리고 강점은 '그 자체로서 가치'가 있다. 강점은 대개 좋은 결과를 낳는다. 예를 들어, 조직에서 리더십을 발휘하면 신망을 얻고 승진하게 된다. 그러나 강점은 바람직한 결과를 낳지 않더라도 그 자체로 소중하다. 또한 강점은 우리가 '갖추고 싶은 정신 상태'이다. 한 사람이 강점을 발휘한다고 해서 주위 사람들이 자기 강점을 드러낼 기회가 줄어드는 것도 아니다. 도리어 강점을 발휘하는 것을 보면 감동하고 용기를 얻는다. 지켜보는 사람들의 마음에 질투가 아닌 부러움이 가득 차오른다. 즉, 강점을 발휘하는 사람은 참된 긍정 정서를 느끼고, 이를 지켜보는 사람들도 자신의 강점을 발휘하고픈 욕구를 불러일으키므로 모두가 발전하고 성공하는 승자가 될 수 있다. 6가지 미덕과 24가지 성격강점과 관련하여 종교나 사상가들이 인간이 가져야 한다고 주장한 덕목들을 동양 문화, 서양 문화, 20세기 이후 심리학자들의 과학적 탐구로 구분하여 살펴보면 다음과 같다.

≫ 동양철학

공자	맹자	주자	노자	불교	힌두교
인(仁), 의(義), 예(禮), 지(智), 신(信)	측은지심, 수오지심, 사양지심, 시비지심, 인의예지	거경, 궁리	무위자연, 절제, 도, 덕	지혜, 자비	초월, 영성

≫ 서양철학

소크라테스	플라톤	아리스토텔레스	쾌락 주의자	이성에 의한 감정조절 철학자	헤브라이즘 관점	헬레니즘+헤브 라이즘 융합
자기성찰, 지혜	이성, 직관, 지혜, 용기, 절제, 정의	감각, 이성, 용기, 관용, 자존, 친밀, 재치, 정의, 절제, 희망, 온유, 정직, 양심, 고결	안락, 평안	절제, 지혜	자기중심성, 부적절한 욕망, 비합리적 분노 금지, 사랑, 연민, 정직, 의로움, 사랑, 배려, 근면, 겸손, 절제, 희망, 지혜	7대 죄악 금지 (<u>분노, 질투,</u> <u>나태, 교만,</u> <u>성욕, 방종,</u> <u>물욕</u>) 신중, 용기, 절제, 정의, 믿음, 사랑, 소망

≫ 20세기 심리학자들의 과학적 탐구

마리에 야호다 (Marie Jahoda)	매슬로우 (Maslow)	에릭슨 (Erickson)	캐롤 리프 (Carol Ryff)
자기수용, 성장과 발달, 성격 통합, 자율성, 정확한 현실지각, 환경적 통제	정확한 현실지각, 자기수용, 자발성, 문제 중심적 태도, 사생활의 욕구, 자율성, 심미안, 절정 경험, 인간애 및 타인존중, 동료의식, 깊이 있는 대인관계, 윤리의식, 수단보다 목적에 초점을 두는 성향, 공격적이지 않은 유머감각, 창의성, 개방적 태도	신뢰, 자율성, 주도성, 유능성, 자기정체성, 친밀감, 다산성/공헌성, 자기통합	자기수용, 타인과의 긍정적 관계, 자율성, 환경적 통제, 인생의 목적의식, 개인적 성장

이러한 연구결과를 바탕으로 최근, 긍정적인 것으로 여겨지는 성격특질에 대한 연구가 이루어지고 있다. 콜리(Cawley), 마틴(Martin)과 존슨(Johnson)은 어휘사전을 통해 덕목을 나타내는 140개 용어를 선별하여 덕목 척도(virtue scale)를 개발하였다. 이 측정된 덕목들을 요인분석한 결과, 공감(empathy: 관심, 동정, 친절), 질서(order: 절체, 신중, 조심), 행동력(resourcefulness: 목적의식, 끈기, 집요성), 편안(serenity: 온화함, 용서, 참을성)으로 나타났다.

긍정적 특질의 분류체계를 구성하기 위하여 피터슨(Peterson)과 셀리그만(Seligman)을 비롯한 VIA(성격강점) 연구진들은 다양한 시대와 문화에서 소중하게 여겨졌던 수십 개의 성격적 강점을 추출하고 이러한 강점들을 다음과 같은 10가지 기준에 따라 세밀하게 검토하였다.

① 보편성: 대다수 문화에서 긍정적 덕목으로 여겨지고 있는가?
② 행복 공헌도: 다양한 긍정적 행동과 성취를 촉진함으로써 그 소유자와 다른 사람의 행복에 기여하는가?

③ 도덕성: 그 자체로 도덕적 가치를 지니는가?

④ 타인에의 영향: 한 사람에 의해서 표현될 경우, 다른 사람에게 부정적인 영향을 미치지는 않는가?

⑤ 반대말의 부정성: 반대말이 확실히 부정적인 것으로 간주되는가?

⑥ 측정 가능성: 측정될 수 있도록 개인의 행동(생각, 감정, 행위)으로 표출되는 것인가? 또한 상황과 시간의 변화에도 안정성을 나타내는가?

⑦ 특수성: 다른 강점들과 잘 구별되는가? 다른 강점들로 분해될 수 있는 것은 아닌가?

⑧ 모범의 존재: 모범적 인물에 의해서 구체화될 수 있는가?

⑨ 결핍자의 존재: 현저하게 부족한 사람들이 존재하는가?

⑩ 풍습과 제도: 사회는 이러한 강점을 육성하기 위한 풍습이나 제도를 지니고 있는가?

VIA 분류체계(Values-in-Action Classification of Character Strengths and Virtues)는 6개의 핵심 덕목인 지혜(wisdom), 인애(humanity), 용기(courage), 절제(temperance), 정의(justice), 초월(transcendence)이다.

○ 지혜와 지식(호기심, 학구열, 판단력, 창의성, 사회성, 예견력)
○ 사랑과 인간애(친절, 사랑, 용서)
○ 용기(용감성, 끈기, 정직, 열정)
○ 절제력(자기통제력, 신중함, 겸손)
○ 정의감(팀워크-시민정신, 공정성, 리더십)

ㅇ 영성과 초월성(감상력, 감사, 희망, 영성, 유머)

　자신의 성격강점은 www.viame.org에서 무료로 확인할 수 있다. 이 책의 필자는 창의성(creativity), 호기심(curiosity), 학구열(love of learning)이 상위 3개 강점이었다. 다음으로 판단력(judgement), 통찰(perspective), 열정(zest)의 성격강점이었다. 친절(kindness), 사랑(love), 유머(humor)는 하위 3개의 성격강점이었다.

　필자는 24쪽으로 제시된 보고서를 읽으면서 "아! 이게 정말 나로구나" 하는 반가운 마음이 들었다. 필자는 직장에서 샘플을 보고 기획을 하는 것을 무척 싫어하고, 반복적인 일을 할 때 영혼이 빠져나가는 듯할 만큼 고통스럽다는 우스갯소리를 한다. 컴퓨터 공학 학사를 하고 교육학 석사, 박사를 한 이후 리더십, 자기조절학습, 심리, 뇌과학 분야에 두루 깊이 있는 학습을 하고 프로그램 개발 및 강의를 해오고 있다.

2. 내 안의 보물, 성격강점 발견

1) 인류의 지혜, 성격강점

전 세계적으로 강점을 목록화하고 측정하기 위한 노력은 갤럽에서 개발한 Strengths Finder의 목록과 VIA 목록 두 가지가 대표적이다. 이들은 개발되는 과정에서 차이가 있으며 결과도 다르다. 위에서 제시한 재능과 여기에서 제시하는 강점이 일치하지는 않는다. 갤럽의 목록은 업무 현장에서 VIA는 일상생활에서의 성격적 강점으로 해석하면 무리가 없을 것이다.

자신의 긍정적 성품강점 목록은 http://www.viacharacter.org에서 확인해볼 수 있다. 6가지 미덕과 24가지 성격강점, 즉 긍정적 성품이 있으며 성격강점을 도구로 개발하면 미덕을 키워나갈 수 있다.

성격강점

미덕	지혜와 지식	용기	사랑과 인간애	정의감	절제력	영성과 초월성
성격강점	1. 호기심 2. 학구열 3. 판단력 4. 창의성 5. 예견력	6. 용감성 7. 인내 8. 정직 9. 열정	10. 친절 11. 사랑 12. 사회성	13. 공정성 14. 팀워크 15. 리더십	16. 용서 17. 신중함 18. 겸손 19. 자기통제력	20. 감상력 21. 감사 22. 희망 23. 유머 24. 영성

≫ 미덕 1: 지혜와 지식

○ 더 나은 삶을 위해서 지식을 습득하고 활용하는 것과 관련된 인지적 강점들 ○ 철학자들은 지혜와 이성을 다른 덕목을 구현하는 최상의 덕목으로 간주 ○ 이러한 강점들은 삶에서의 지혜로운 판단과 대인관계, 지적인 성취를 돕는 강점들	
호기심(curiosity)	현재의 모든 경험과 현상에 대해서 흥미를 느끼는 능력 다양한 주제와 화제에 매혹되어 조사하고 발견
창의성(creativity)	어떤 일을 하면서 새롭고 생산적인 방식으로 생각하는 능력 참신한 사고와 생산적인 행동방식
판단력/개방성 (judgment open-mindedness)	사물이나 현상을 다양한 측면에서 철저하게 생각하고 검토 하는 능력 모든 증거를 동등하게 취급하고 새로운 증거에 따라 신념을 수정하는 태도
학구열(love of learning)	새로운 기술, 주제, 지식을 배우고 숙달하려는 동기와 능력
예견력/지혜 (wisdom) (perspective)	사물이나 현상을 전체적인 관점에서 생각하고 다른 사람에 게 현명한 조언을 해주는 능력

≫ 미덕 2: 용기

○ 내적, 외적 난관에 직면하더라도 추구하는 목표를 성취하고자 하는 의지를 실천하는 강 점들	
용감성(bravery)	위협, 도전, 난관, 고통으로부터 위축되지 않고 이를 극복하려 는 능력. 저항이 있더라도 무엇이 옳은지 이야기하고 인기가 없 을지라도 신념에 따라 행동하는 것
끈기(persistence)	시작한 일을 마무리하여 완성하는 능력. 일련의 계획된 행동을 지속하거나 과업을 성취하는 과정에서 기쁨을 느끼는 것
정직(honesty)	진실을 말하고자 자신을 진실한 방식으로 제시하는 능력 자신을 거짓 없이 드러내고 행동이나 감정을 수용하고 책임지 는 것
열정(zest), 용기	활기와 에너지를 가지고 열정적으로 삶과 일에 임하는 태도 생기와 생동감을 느끼고, 삶을 도전적으로 사는 것

≫ 미덕 3: 사랑과 인간애

∘ 다른 사람을 보살피고 친밀해지는 것과 관련된 대인 관계적 강점들	
친절(kindness) 이타성(altruism)	다른 사람을 위해 호의를 보이고 선한 행동을 하려는 동기와 실천력 다른 사람을 돕고 보살피는 행동
사랑(love)	다른 사람과의 친밀한 관계를 소중하게 여기고 실천하는 능력 다른 사람을 사랑할 수 있고 사랑을 받아들일 수 있는 능력
사회성(social intelligence) 정서지능(emotional intelligence)	자신과 다른 사람의 동기와 감정을 잘 파악할 뿐만 아니라 다양한 사회적 상황에서 어떻게 행동하는 것이 적절한지를 잘 아는 능력

≫ 미덕 4: 정의

∘ 개인과 집단 간의 건강한 상호작용으로 건강한 공동체 생활과 관련된 사회적 강점 ∘ 사랑과 인간애 관련된 강점은 일대일 관계에서 나타나는 개인적인 사회적 강점인 반면, 정의와 관련된 강점들은 다수의 타인들을 대상으로 하는 광범위한 사회적 강점	
시민정신(citizenship)	자신이 속한 집단의 이익을 추구하고자 하는 책임의식 사회나 조직 속에서 자신에게 주어진 임무와 역할을 인식하고 부응하려는 태도
공정성(fairness)	편향된 개인적 감정의 개입 없이 모든 사람을 동등하게 대하고 모두에게 공평한 기회를 주는 태도
리더십(leadership)	집단 활동을 조직화하고 그런 활동이 진행되는 것을 파악하여 관리하는 능력 구성원을 고무시켜 좋은 관계를 창출해내고 사기를 진작시켜 각자의 일을 해내도록 지휘하는 것

≫ 미덕 5: 절제

∘ 지나침으로부터 보호해주고 독단에 빠지지 않는 중용적 감정들 ∘ 겸손은 교만으로부터, 자기통제력은 극단적인 감정적 동요로부터, 신중성은 단기적 쾌락으로부터 보호	
겸손(modesty)	자신이 이루어낸 성취에 대해서 과장된 허세를 부리지 않는 태도 자신의 성취나 업적을 떠벌리지 않고, 세인의 주목을 구하지 않으며, 스스로를 특권적인 존재로 생각하지 않는 것
자기통제력 (self-regulation)	자신의 다양한 감정, 욕구, 행동을 적절하게 잘 조절하는 능력
신중성(prudence)	선택을 조심스럽게 함으로써 불필요한 위험을 초래하지 않으며 나중에 후회할 만한 일을 말하거나 행하지 않는 능력
용서(forgiveness)	나쁜 일을 한 사람들을 용서하는 능력 잘못을 행한 자를 용서하고, 다시 기회를 주며, 앙심을 품지 않는 것

≫ 미덕 6: 영성과 초월성

현상과 행위에 대해 의미를 부여하고 커다란 세계인 우주와의 연결성을 추구하는 초월적 또는 영성 강점	
감상력/심미안 (appreciation of beauty and excellence)	다양한 삶의 영역에서 나타나는 아름다움, 수월성, 뛰어난 수행을 인식하고 평가하는 능력
감사(gratitude)	좋은 일을 잘 알아차리고 그에 대해 감사하는 태도
희망(hope) 낙관성(optimism)	최선을 예상하고 그것을 성취하기 위해 노력하는 태도
유머(humor)	웃고 장난치는 것을 좋아하며 다른 사람에게 웃음을 선사하는 능력
영성(spirituality)	인생의 궁극적 목적과 의미에 대한 일관성 있는 신념을 가지고 살아가는 태도

2) 나의 성격강점은?

≫ 나의 강점 찾기(1)

▶ 과거에 한 행동이나 활동 중에서 내가 가장 자랑스럽게 여기는 것은 무엇인가?

▶ 현재 나를 신 나게 하는 것은 무엇인가?

▶ 가까운 미래에 일어날 일 중에서 가장 기대하고 있는 것은 무엇인가?

≫ 나의 강점 찾기(2)

▶ 다음 긍정적 성품 중 자신의 수준을 상, 중, 하로 선택해보자. 이때 삶속에서 각 긍정적 성품을 어디에 활용하였는지를 생각하면서 선택한다. 그다음 오른쪽 열에 있는 최상위 5개를

선택해보자.

미덕	긍정적 성품	상	중	하	최상위 5개
지혜와 지식	1. 호기심				
	2. 학구열				
	3. 판단력				
	4. 창의성				
	5. 예견력				
용기	6. 용감성				
	7. 인내				
	8. 정직				
	9. 열정				
사랑과 인간애	10. 친절				
	11. 사랑				
	12. 사회성				
정의감	13. 공정성				
	14. 팀워크				
	15. 리더십				
절제력	16. 용서				
	17. 신중함				
	18. 겸손				
	19. 자기통제력				
영성과 초월성	20. 감상력				
	21. 감사				
	22. 희망				
	23. 유머				
	24. 영성				

▶ 최상위 긍정성품 5개를 삶에서 어떻게 활용하여 어떠한 결과
로 나타났는지 생각해보자.

▶ 최상위 긍정성품을 어떻게 키울 수 있을지 생각해보자.

► 자신의 하위 긍정성품 5개를 삶에서 어떻게 활용하여 어떠한 결과로 나타났는지 생각해보자.

► 하위 긍정성품을 어떻게 키울 수 있을지 생각해보자.

≫ 나의 삶 속에서 성격강점 찾기

성격강점은 항상 내면에 자리 잡고 있어 잘 인식하지 못할 수 있다. 그러나 조금만 생각해보면 인생에서 성취를 이룬 어느 순간에도 어려움을 견디고 이겨내는 과정에서도 자신의 성격강점을 발휘하였다는 것을 알 수 있을 것이다.

► 자신의 삶을 돌아보고 원하는 것을 성취하고 좋았던 때와 어렵고 힘들었던 최저점이었던 때를 생각해보고 다음 그래프에 표시해보자.

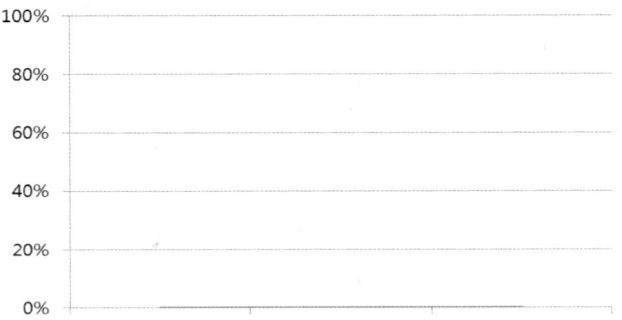

► 인생의 최고점이었을 때와 최저점이었을 때의 상황, 그때 자신이 한 일, 고마운 사람을 생각해보고 그 순간에도 자신이 발휘한 강점은 무엇이었을지 생각해보자.

최고점	최저점
상황: 내가 한 일: 고마운 사람: 발휘한 강점:	상황: 내가 한 일: 고마운 사람: 발휘한 강점:

미덕(virtues)은 철학자나 종교 사상가들이 가치가 있다고 생각하는 특징이다. 대표강점(signature strength)은 성격강점 중에서 개인의 특성을 가장 잘 반영하며 주로 사용되는 강점이다. 성격강점(character strength)은 미덕을 정의해주는 심리적 구성요소들이며, 미덕을 보여주는 뚜렷한 경로이며 미덕을 함양시켜 주는 도구이다.

 행복습관 11. 자신의 강점 목록 3가지를 확인하고 매일 3회씩 음미한다.

제9장

내 삶의 주인으로
살아가는 힘

1. 주인이 된다는 것

이 세상에서 세상의 뜻에 따라 사는 것은 쉬운 일이다.
혼자의 세계에서 자신의 생각에 따라 사는 것은 쉬운 일이다.
그러나 진정 위대한 사람은 군중 속에서 독립된 개체로
즐겁게 살아가는 사람이다.
- 랠프 월도 에머슨(Ralph Waldo Emerson)

1) 욕구를 채우기 위해 스스로 선택하는 존재, 선택이론

1960년대 미국 정신과 의사 윌리엄 글래서(William Glasser)는 전통적인 정신분석적 상담 기법의 효과에 대해 회의를 가지게 되었다. 개인의 과거 인생사가 현재에 결정적 영향을 미치는 것이 아니라는 것이다. 그는 인간이 행동을 선택하는 것뿐 아니라 생각하는 것과 느끼는 것에서도 자신에게 책임이 있다는 기본개념을 중심으로 선택이론을 주장하고 현실요법이라는 새로운 상담기법을 제시하였다. 인간은 누구나 자신의 삶의 주인이 될 수 있으며, 자신의 삶을 통제할 수 있을 때 행복감을 느끼며, 모든 행동은 상황이나 자극과 같은 외부작용이 아니라 생각, 감정과 같은 내부작용에 의해서 행해지고 있다. 따라서 자신이 어떻게 느끼고 생각하고 행동하는가 하는 것은 타인이나 외부상황에 의해서 좌우되는 것이 아니라 우리 스스로가 선택한다. 또한 우리가 행동하고 생각하는 모든 것, 좋은 것과 나쁜 것, 효율적인 것과 비효율적인 것, 즐거운 것과 고통스러운 것, 정상적인 것과 비정상적인 것들 모두가 자신 내면의 강한 욕구를 충족시키기 위한 선택이기 때문에, 적절한 선택을 통하여 자신을 통제하는 방법을 배우게 되면 문제를 비난하는 대신에 문제를 해결하기 위해서 긍정적으로 에너지를 사용하게 될 것이라는 것이 기본적인 주장이다. 글래서는 이러한 선택이론에 바탕을 두어 현실요법의 기본명제 "모든 행동은 우리 내부에서 생성되며 사람들은 자신의 행동을 선택한다"라는 것을 주장하였다. 또 인간이 내적 과정에 따라 선택하는 모든 생각과 감정이나 행동은 자신의 기본적 욕구를 충족시키기 위한 것이라고 하였다. 신뇌(new brain)에 위치한 소속, 힘, 자유, 즐거움의 심리적 욕구와 구뇌(old brain)에 위치한 생존이라는 생리적 욕구를 기본적 욕구라고 했다. 즉, 선택이론에 따르면 개인의 모든 행동은 생존, 사랑, 성취, 자유, 즐거움의 기본적 욕구를 충족시키기 위해서 자신이 선택한다.

2) 인간은 언제나 자신의 주인

글래서의 주장에 따르면 인간은 언제나 자신의 주인이다. 약하고 버려진 듯 비참한 상황에서 헤매고 있다면 집안을 잘못 다스리는 어리석은 주인이다. 지혜로운 주인은 주위 상황에 따라 잠시 흔들리거나 방황할 수도 있지만 곧 자신의 에너지를 지혜롭게 관리하고 자신의 생각을 보람 있는 목적으로 가꾼다. 지혜로운 주인은 '의식 있는' 주인이며, 자기 내면에 있는 생각의 법칙을 발견하고 적절한 적용과 자기성찰, 수많은 내적 경험이 있어야 가능하다. 어리석은 주인도 자신의 처지를 되짚어보고, 자기존재를 확고히 세울 수 있는 토대를 부지런히 찾기 시작할 때 비로소 지혜로운 주인이 될 수 있다. 사람은 스스로 자신의 성격을 만들고 삶의 틀을 짜고 운명을 개척하는 존재이다. 이는 자신의 생각을 관찰하고 조절하고 변화시키면서 그 생각이 자신과 타인 그리고 자신의 삶과 환경에 미치는 영향을 꼼꼼히 살펴보면 틀림없이 확인할 수 있을 것이다. 또한 원인과 결과를 고리지어 연결해봐도 알 수 있을 것이며, 끈질긴 연습과 함께 자신이 체험한 모든 것, 심지어 매일 일어나는 사소한 일까지도 연구하고 이용함으로써 증명할 수 있다. 이 모든 것은 바로 자신의 깨달음과 지혜와 능력의 존재라는 지식을 얻는 수단이기도 한다.

3) 습관의 주인, 생각-감정-행동 습관

반복적인 습관이 성격이다. 노래방에 가면 매번 부르는 '18번 노래'가 있는 것처럼, 누구나 습관적으로 떠올리는 몇 가지 생각과 감정이 있다. 특정한 생각들을 자신만의 레퍼토리처럼 머릿속에서 돌리고, 그 생각들 때문에 매번 같은 감정을 느낀다. 그리고 그 감정에 대해 매번 똑같은 방식으로 반응하고 행동한다. 특정한 생각을 자꾸 하다 보면, 다르게 생각할 수 있는 선택사항이 보이지 않아 어떤 상황에서도 그 생각만 하게 된다. 인간에게서 가장 많은 에너지를 앗아가고 파괴하는 분노라는 감정도 반복적으로 사용하다 보니 습관화된 것이기 때문에, 극복하고 싶다면 자신의 분노를 구체적으로 알아야 한다. 분노는 감정이고, 모든 감정 뒤에는 생각들이 자리 잡고 있다. 어떤 생각을 했기 때문에 분노라는 감정이 만들어졌고, 그것이 말과 행동으로 표현된 것이다. 그렇다면 분노를 참거나 덮어놓고 자제하려고 할 것이 아니라, 분노를 만든 모든 생각과 분노 때문에 겉으로 나타난 감정반응과 신체반응에 관심을 기울이고 관찰해야 한다. 그러면 이것이 스스로에게 얼마나 큰 해를 끼치는지 진정으로 알게 된다.

2,500년 전에 부처는 이렇게 말했다고 한다.

"분노를 내려놓지 않고 붙잡고 있는 것은, 누군가에게 던지려고 뜨거운 숯을 손에 쥐고 있는 것과 같다. 결국 그것에 데는 사람은 바로 자신이다." 분노를 세심하게 관찰만 한다면 그 감정이 스스로를 얼마나 아프게 만들고 있는지 알게 된다. 진지하게 관찰하면 더 이상 자신의 손을 데이게 하고 싶지 않은 마음이 강렬하게 올라온다. 더 이상 스스로에게 그런 상처를 주고 싶지 않다는 생각이 들면, 분노 대신 다른 선택을 하고 싶어진다.

진정한 자기 인생의 주인이 된다는 것은 온전히 자신의 것을 선택할 수 있어야 한다. 맞닥뜨린 상황에 대해 생각, 감정, 자신이 선택한 행동을 반복하고 습관을 만들어 성격과 운명을 주관할 수 있는 것이다.

'사람은 자신이 생각하는 그대로이다.' 사람은 문자 그대로 '자신의 생각 그 자체'이며 자신의 생각들을 모두 모아놓은 것이 곧 성격이다. 생각이 없었다면 밖으로 드러나는 행동도 없었을 것이며, 의도적인 행동뿐 아니라 '무의식적'이고 '우발적인' 행동도 알고 보면 생각에서 비롯된 것이다. 행동은 생각이 꽃피운 것이며, 기쁨과 고통은 생각의 열매이다. 그러므로 달콤한 과일을 열리게

하느냐 쓰디쓴 과일을 열리게 하느냐는 그 사람의 생각에 달려
있다.

> 마음속의 생각이 그대를 만든다
>
> 지금 그대의 모습은 생각이 빚어놓은 것
> 그대 마음에 사악한 생각만 가득하다면
> 소가 달구지를 끌듯이
> 고통만이 그대에게 달려오리라
> 마음에 맑고 순수한 생각이 담겨 있다면
> 항상 그대를 떠나지 않는 그림자처럼
> 기쁨만이 그대를 따르리. 틀림없이.

마음 밭에 뿌려진 생각의 씨앗들은 그곳에 뿌리를 내리고, 머
지않아 행동이라는 꽃을 피우고, 마침내 생각대로 무엇이든 할
수 있는 기회와 환경이라는 열매를 맺는다. 좋은 생각은 좋은 열
매를 맺을 것이며, 나쁜 생각은 당연히 나쁜 열매를 맺는다.

4) 알고-관찰하고-자각하라(Know-Look-Aware)

뇌파 기술이 발달하여 막연하게 추측하고 상상하던 뇌 속에서
일어나는 활동들을 구체적인 전기 신호로 측정할 수 있게 되었
다. 덕분에 뇌파를 이용한 게임이나 집중력을 키우는 두뇌훈련
프로그램이 인기를 얻고 있다. 이 프로그램에서는 두뇌의 집중
정도를 나타내는 뇌파를 이용하여 자동차 운전을 하거나 활쏘기
를 하는데, 집중을 하면 자동차 속도가 올라가거나 활이 멀리 날
아가면서도 목표를 명중한다. 아이들은 자신이 집중하고 있다고
생각하고 있지만 점수가 낮게 나오는 경우가 많은데 이것은 집중
하고 있다고 생각하지만 사실 집중한 상태가 어떤 것인지 알지

못하기 때문이다. 수업시간에 멍한 상태로 있는 많은 아이들에게 도 적용되는 말일 것이다. 다양한 방식으로 집중 연습을 하다가 점수가 높게 올라가는 그 순간 비로소 '이것이 집중한 상태로구 나' 하고 자신이 집중하고 있는 상태를 알게 된다. 그때부터 진짜 집중할 수 있게 된다. 이것은 많은 경우에 해당된다.

모든 변화는 제대로 아는 것으로부터 시작한다. 알고 있어야 관찰할 수 있고 변화를 결단할 수 있다. 현대인은 하루에 10시간 이상 책상 앞에 앉아서 보내는 경우가 많다. 그런데 그렇게 오래 같은 자세로 앉아 있다 보면 나도 모르게 등이 점점 구부정해진 다. 의식하지 않고 구부정한 등으로 하루, 1달, 1년…… 계속 그렇 게 앉아 있기를 반복하면, 그것이 습관이 된다. 그러다 보면 점점 자세가 나빠지고 몸이 틀어져 나중에는 통증까지 온다. 하지만 앉아 있으면서 자세를 의식할 때가 있다. 의식하는 순간에는 내 자세에 주의를 기울이게 된다. 그리고 그때 내가 구부정하게 앉 아 있었다는 것을 알아차리게 된다. 이때 나에게는 선택의 여지 가 생긴다. 습관적으로 계속 구부정하게 앉아 있을 것인지, 아니 면 나의 몸을 위해 허리를 펴고 바른 자세로 고쳐 앉을 것인지. 이때 바른 자세로 고쳐 앉기로 선택했다면 어떤 것이 바른 자세 인지 알고 있어야 한다. 알고 있어야 볼 수 있다. 그 다음은 제대 로 관찰하기이다.

마음도 마찬가지다. 하루에도 수만 가지 생각을 한다. 쉴 새 없 이 생각을 하지만, 내가 하는 생각에 주의를 기울이지는 않는다. 이것은 마치 책상 앞에 지속적으로 앉아 있지만, 구부러진 등을 의식하지 않는 것처럼 자신의 습관적인 생각들을 알아차리지 못하고 계속 키워나가는 것과 같다. 불편한 마음으로부터 벗어나고 싶고 부정적인 마음에서 자유로워지고 싶다면, 자신의 마음과 생각을 관찰해야 한다.

　마음속에서 어떤 생각들이 일어나면 그 생각을 그대로 관찰한다. 그 생각들이 어떤 감정을 불러일으키는지 따라오는 감정들도 관찰한다. 이어서 또 다른 생각들이 떠오르고 또 다른 감정이 떠오른다. 어떤 생각들에 의해 어떤 감정이 떠오르고 또 다른 생각들에 의해 다른 감정이 떠오르고 또 그 생각들과 감정에 우리는 반응하고 행동한다. 이 모든 과정에 주의를 기울이고 바라보는 것을 자각이라 한다. 그 생각이 옳은지 그른지 판단하지 말고, 그 감정이 좋은지 나쁜지 평가하지도 않는다. 나쁘다고 판단하면 그것을 밀어내려고 하거나, 아니면 억눌러 참고 싶어질 것이다. 그러지 말고 영화를 보듯 그저 바라본다. 자각은 나의 생각에 대해서 사랑스러운 눈길로 섬세하게 관찰하는 것이다. 하나의 생각이 또 다음 생각으로 이어지고, 또 그다음 생각으로……. 그러면 그러한 생각들이 어떤 감정을 만들고, 또 그 감정에 잠시 머물러 있다가 또 다른 생각이 떠오르고, 또 그다음 생각으로……. 그러면 또 다른 감정이 만들어지고…….

　마음을 관찰하는 '자각하기'를 연습할 때는 의자 또는 바닥에 앉아 척추를 곧게 펴고 눈을 감은 상태에서 하는 것이 좋다. 처음에는 호흡에 주의를 기울이면서 마음이 집중할 수 있도록 한다. 깊게 또 천천히 코로 숨을 마시고 입으로 내쉬기를 7차례 정도 반복한다. 집중력을 향상시키는 데 좋은 호흡법이다. 그리고 편안하게 코로 숨을 마시고 내쉬기를 반복하며 자신에게 불편함을 주었던 사건을 떠올려본다. 그리고 거기에 따라오는 생각들과 감정에 모든 관심을 기울이며 관찰한다. 만약 눈을 감고 가만히 앉아 있는 것이 힘들면, 천천히 걸으며 산책하면서 해도 좋다. 다만 주의가 흐트러지지 않도록 조용한 곳이 좋다. 마음 세상은 바깥세상에서 살아왔던 방식과 정반대의 방법을 적용해야만 성공한다. 외부의 자극이 있을 때 처음으로 어떠한 반응을 하면 뇌 속에 기억하고 있다가 이후에 유사한 자극이 왔을 때 기억 속에 있는 대로 반응을 하게 된다. 이러한 자극과 반응이 반복되어 자동화되면 습관이 된다. 습관화되고 나면 더 이상 생각이 필요 없어지고 이것이 원래 자신의 모습이라고 생각하게 된다. 성장과정에서 부모님의 모습을 보면서 '나는 절대로 저렇게 하지 않을 테야'라고 하면서도 커서 그대로 하게 되는 것도 습관화 과정과 비슷하다. 이러한 습관화에서 벗어나는 방법도 어느 순간 자신의 모습에 대한 자각을 하는 것이다. '어, 내가 지금 내가 그토록 싫어하던 아빠처럼 행동을 하네'라고 관찰하고 자각하기만 한다면 변화할 수 있다. 좋지 못한 습관들이 대물림되는 것은 '저렇게는 하지 말아야지' 하는 아는 단계, '내가 이렇게 행동하네?'라는 관찰과 자각 단계가 없어서이다. 진정한 주인이 되기를 원한다면 자신의 생각과 감정과 습관을 관찰하고 자각하라. 그 이전에 생각과 감정, 습관의 원리에 대한 지식이 있을 때 선택할 수 있는 힘이 있다.

5) 선택하고 책임지는 습관

문제는 원인이 아니라 반응이다. 우리는 이렇게 굳게 믿고 있다. '저 사람 때문에 내가 힘들고, 저 상황 때문에 내가 괴롭고, 저 사람이 저러지만 않으면 내가 편할 것이고, 저 상황이 저러지만 않으면 내가 행복할 텐데.' 초등학교 시절의 어느 날 철수는 수업 시간에 집중하지 않고 짝꿍과 계속 장난을 치다가 선생님께 지적을 받고 교실에서 쫓겨났다. 철수는 교실 밖으로 나가 창문 앞에서 팔을 들고 서서 엉엉 울었다. 스스로가 너무 창피하고, 짝꿍이 원망스럽고, 선생님이 미워서 눈물이 났다. 며칠 뒤에 같은 반의 한 친구가 자신과 비슷하게 장난을 치다가 똑같이 교실에서 쫓겨났다. 그런데 그 친구는 철수처럼 서럽게 울기는커녕 교실 밖에서 엉덩이를 씰룩거리며 춤을 추고, 창문에 얼굴을 뭉개며 온갖 표정을 만들면서 혼자 재미있게 노는 게 아닌가? 철수는 궁금했다. 수업이 끝나고 나서 철수는 그 친구에서 "무엇이 그렇게 좋아서 밖에서 그랬니?" 하고 물었다. 그러자 그 아이는 "공부 안 해도 되니까 얼마나 신 나?"라고 말했다.

상황이 불행의 원인이라면, 선생님에게 혼나고 교실에서 쫓겨난 모든 아이가 똑같이 슬퍼해야 하는데, 누구는 울고 누구는 웃는다. 철수는 똑같은 상황에서도 사람마다 이렇게 다르게 반응할 수 있다는 것을 처음 알게 되었다고 한다. 상황이 불행의 원인이라면, 가난한 사람, 못생긴 사람, 명문대에 못 들어간 사람은 모두 다 불행해야 하고 또 반대로 돈이 많은 사람, 얼굴이 예쁜 사람, 명문대에 들어간 사람은 모두 다 행복해야 한다. 즉, 특정한 상황이 나에게 행복이나 불행을 준다면, 같은 상황이 주어졌을 때 모든 사람이 똑같이 생각하고 똑같이 반응해야 하는데, 그렇지 않다. 가난한 사람 중에 행복한 사람도 있고 불행한 사람도 있다.

돈이 많은 사람 중에 행복한 사람도 있고 불행한 사람도 있다. 즉, 외부 조건이나 상황이 우리의 행·불행을 좌우하지 않는다. 행복은 외부 상황과 무관한 내적 경험이다. 마음에서 경험되는 것이고 우리 모두 똑같이 선택할 수 있다.

성공하는 사람들의 7가지 습관이라는 리더십 프로그램의 첫째 습관은 "자신의 삶을 주도하라"이다. 영어로는 프로액티브(proactive)이다. 리액티브(reactive)의 상대어로서 자신이 능동적으로 선택한 결정을 의미한다. 즉, 대개 환경의 변화에 대응하여 계획을 진행해가는 반응 의존적, 즉 수동성이 아닌 스스로 만든 장기계획을 따르는 자발적인 결정을 말한다.

자신의 생각과 감정, 행동을 외부 상황 때문에, 상대방의 잘못 때문으로 돌리고 책임을 회피하는 사람을 반사적인 행동자라고 하고, 자신의 가치를 기준으로 반응을 선택하고 그 결과에 책임지는 사람을 주도적인 행동자라 하였다. 또 반사적인 행동자에 비해 주도적인 행동자는 자극과 반응 사이에 선택을 할 수 있는 공간을 가지고 있다. 인간 생각의 속도는 빛의 속도보다 빠르다고 한다. 어떠한 자극에 대해서도 일단 멈추고 내면의 가치에 따라 반응을 선택할 수 있다. S(top)-T(hink)-C(hoose) 일단 멈추고 3초만 생각한 다음 선택하라.

중3 진석이와 중1 유빈이는 사춘기를 지나가고 있는 시기이다. 속된 표현으로 눈만 마주쳐도 싸우려고 한다. 식탁에 온 가족이 식사를 하다가도 서로 마주 보면서 시비를 건다. 오빠는 "왜 나를 무시해?"라고 하고 동생은 "니가 뭔데?"라며 대들기가 일쑤이다. 엄마 아빠가 중재를 하거나 야단을 치면 왜 자신의 편은 들어주지 않느냐고 서러워하거나 억울해한다.

이러던 중 엄마가 직장에서 「성공하는 사람들의 7가지 습관」이라는 워크숍에 다녀왔다. 거기에서 배운 S-T-C를 아이들에게 적용해보기로 했다. 분위기가 나름 괜찮은 어느 날 S-T-C에 대해 쉽게 설명을 해주었다. 그리고 아이들이 감정이 확 올라오는 순간을 포착하여 "아들아, Stop 버튼을 눌러, 1초만 Think해." "이제 Choose." 이런 일을 몇 번 반복했는데, 놀랍게도 아이들이 싸우는 횟수가 대폭 줄어들었다. 아이들에게 물어보았더니 "1초만 생각해도 갑자기 웃긴 생각이 들었어요." "동생하고 말다툼하는 것이 시시해졌어요"라고 하였다.

분명히 우리에게는 자극에 대해 반응을 선택할 수 있는 힘이 있다. 문제는 스스로 선택하겠다는 의지이다. 영어로 'Responsibility'는 'Response'와 'Ability'로 구성되어 있다. 즉, 책임은 반응을 선택할 수 있는 능력이다.

사실과 반응

인간에게 일어나는 사건은 단 10%만이 사실이고
나머지 90%는 사건에 대한 반응이다.
모든 일에 긍정적으로 반응하면
긍정적인 사람이 되고,
부정적으로 반응하면
부정적인 사람이 된다.
내게 길일(吉日)을 기다리라고 요구하지 마라.
길일은 바로 지금, 오늘이다.
중요한 것은 '사실'이 아니라 '어떻게 반응하느냐'이다.
반응하는 대로 결과가 나온다.
인생의 승패는 반응의 대처가 열쇠!

2. 주인으로 사는 법 1-
잠재능력을 일깨우는 의식의 통합

1) 잠재능력을 발휘하기

스스로 만든 한계, "나는 원래 이래"를 벗어 버려라.

지금은 주변에서 찾아보기 어렵지만 40년 전만 해도 벼룩이 많았다. 아이들의 손톱으로 눌러 죽일 수 있을 정도로 크기는 작은데, 자기 몸의 몇십 배인 60cm 이상을 뛸 수 있다. 이 벼룩을 30cm 높이의 유리컵 안에 가두면 벼룩은 유리컵의 이쪽저쪽에 머리를 부딪치게 된다. 처음 얼마간은 계속 뛰어보겠지만 머지않아 환경의 한계를 인정하고 28cm만 뛰게 된다고 한다. 그러고는 유리컵을 치워도 계속해서 그 정도만 뛰게 된다.

이것은 살아 있는 모든 생명체에 동일하게 적용되는 원리인 것 같다. 신은 인간을 두려움이 없고 외부의 자극에 대해 즉각적으로 반응하는 존재로 창조하였다. 어린 아이를 생각해보라. 거칠 것 없이 자유롭게 도전하고 어떤 것에도 두려움을 모르는 용감한 인간이 아닌가. 그러나 살아가면서 아픔과 심리적인 고통을 경험하면서 두려움을 학습하게 된다. 두려움을 학습하게 되면 새로운 도전에 대한 용기가 줄어들면서 '나는 원래 이래'라는 한계를 스스로 만든다.

그리고 어느새 크고 작은 두려움이 습관화되어 버린다. 습관은 생각을 지배하고 감정을 지배하며 행동을 지배한다. 이러한 두려움은 새로운 자극에 대하여 즉각적인 반응이 아니라 수동적이고 둔감한 반응자로 만들어 버린다.

잠재능력을 발휘하지 못하게 하고 좀먹는 두려움은 인간의 변질된 모습이다. 이것은 거절에 대한 두려움, 실패에 대한 두려움, 부정적 습관의 형태로 나타나는데 결정적인 원인은 부모와 같은 힘 있고 의미 있는 타자로부터 지속적이고 반복적으로 받아온 파괴적인 비판이다.

"이 쓸모없는 녀석."

"커서 뭐가 될래?"

"너는 그래서 안 돼." 등 존재를 결정짓는 부정적인 말들이 바로 파괴적인 비판이다.

인간은 누구나 특별한 잠재능력을 가지고 태어난다. 스티브 코비 박사는 『성공하는 사람들의 8번째 습관』에서 "인간은 누구나 태어날 때 신으로부터 받은 선물상자를 가지고 태어나지만 대부분의 사람들은 그 상자를 열어보지도 못한 채 죽는다"라고 하였다. 신으로부터 받았지만 열어보지도 못한 채 죽어가는 선물상자가 바로 잠재능력이 아니겠는가?

자신에 대한 신념인 자아상은 자신에게 일어나는 모든 것을 결정하는 마음속에 자리한 믿음의 꾸러미이다. 자아개념은 자신이 스스로 되고자 원하는 이상적인 모습과 자신이 생각하는 현재 자신의 모습인 자아상과 자신을 얼마나 좋아하는지, 자신을 어떻게 느끼는지를 나타내는 자존감, 자신이 무언가를 해낼 수 있는지에 대한 자기효능감으로 나누어 생각할 수 있다.

자신에 대한 신념=자아상, 자아존중감, 자기효능감

≫ 자아상(self-image)

> 이미지 (표준국어대사전)
> 1. <문학> [같은 말] 심상(心象) (1. 감각에 의하여 획득한 현상이 마음속에서 재생된 것)
> 2. 어떤 사람이나 사물로부터 받는 느낌. '심상', '영상', '인상'

자신이 좋아하는 한 사람을 떠올려보라. 어떤 이미지로 떠오르는가? 그 사람의 표정, 눈, 코, 입모양, 피부색, 머리모양은 어떻게 떠오르는가? 어떤 옷을 입고 있는가? 그 사람은 어떤 성격인가? 유연하고 부드러운 성격인가, 아니면 단호하고 고집스러운가? 게으르고 무능한가, 아니면 부지런하고 유능한가? 어떤 활동을 하고 있는 모습이 떠오르는가? 그 사람은 자기 자신을 얼마나 좋아하고 존중하는가? 자신의 능력을 믿고 기꺼이 새롭고 스릴 있는 도전을 하는가? 아니면 그 반대인가?

이러한 것들이 모두 합쳐져 그 사람의 이미지가 형성되듯이 자신에 대해서도 마찬가지이다. 자신의 외모, 성격, 자신에 대한 감정과 능력에 대한 확신 같은 것들이 모여 자신에 대한 이미지가 된다. 즉, 사람에 대한 이미지는 표정, 키, 몸매, 손가락 등의 보이는 것과 목소리, 말투, 웃음소리 등의 들리는 것을 포함한다. 또 무엇을 하고 있는지, 무엇을 좋아하는지 등의 행동양식도 포함할 수 있겠다.

자신에 대한 복합적인 이미지인 자아상은 자신을 어떤 사람이라고 스스로 평가하는 것을 포함한다. 성공자인가? 실패자인가? 유능한가? 무능한가? 현명한가? 어리석은가? 사랑스러운 존재인가? 미움을 받는 존재인가? 등 자신을 긍정적 존재로 판단하는가, 혹은 부정적 존재로 판단하는가 하는 개념이다. 이러한 자아상은 어떤 대상에 대한 기대라는 형태로 잠재된 의식으로 작용하게 된다. 바이러스를 잠재적으로 가지고 있는 사람이 환경과 조건만 맞으면 언제든 바이러스가 병으로 드러날 수 있듯이, 잠재된 의식은 상황과 조건이 맞기만 하면 의식의 수면 위로 떠올라 생각을 만들고 감정과 행동으로 연결될 수 있는 것이다. 즉, 잠재된 의식은 보이지 않고 숨겨져 있지만 사실은 한 인간의 말과 감정, 생각, 행동, 자아상을 일치시키도록 한다. 이때 관찰 가능한 것은 감정과 행동뿐이다.

Q. 눈을 감고 자신의 외모를 떠올려보라. 어떤 모습으로 떠오르는지 가능한 자세하게 글이나 그림으로 표현해보자. 키나 몸매, 머리모양, 표정, 눈매, 코, 광대뼈, 눈동자, 얼굴 색깔 등

Q. 이번에는 눈을 감고 자신의 목소리와 말투를 떠올려보자. 행복할 때, 화가 날 때, 누군가에게 지적할 때, 발표할 때, 일상적인 대화를 할 때 등 가능한 자세한 상황으로 구분하여 생각해보라.

≫ 자존감(자아존중감 self-esteem)

자존감의 크기만큼 자신을 귀하게 대한다. 자아존중감은 미국
의 의사이면서 철학자인 윌리엄 제임스(William James)가 1890년대
에 처음 사용한 용어로 자신의 가치에 대한 자기평가이다. 자존
감은 자신이 사랑받을 만한 가치가 있는 소중한 존재이고 어떤
성과를 이루어낼 만한 유능한 사람이라고 믿는 마음이다. 이것은
객관적이고 중립적인 기준이 아닌 주관적인 판단이며 삶의 순간
마다 이루어지는 내적·외적 경험을 통해 형성되어 무의식화되
면 다음 순간에 영향을 미친다. 자존감이 높은 사람은 있는 그대
로의 자신을 존중하지만 낮은 사람은 자신도 모르는 사이 다른
대상과 자신을 비교하게 된다. 상대가 자신보다 낫다고 생각되면
열등감을, 자신이 낫다고 생각되면 우월감을 갖게 된다. 늘 누군
가와 비교하는 사람들의 공통된 특징은 이분법적으로 생각을 하
게 되고 자신이나 상대에 대해 판단을 하게 되며 감투에 연연하
고 비판적인 태도를 갖는다. 자존감은 학업 성적, 리더십, 위기극
복능력, 대인관계 등 삶의 많은 영역에 영향을 미친다는 연구들
도 있다. 특히 대인관계는 자존감과 관계가 높다. 대한민국의 서
울과 경기도권에 거주하는 고등학교 1학년생을 대상으로 조사한

결과, 자존감이 가장 높은 그룹은 89.3%가 대인관계 최고 수준의 그룹에 속했다. 반면, 자존감이 낮은 그룹은 78.0%가 대인관계 수준 역시 낮게 나타났다. 마찬가지로 중간 그룹은 69.7%가 중간 정도의 대인관계 수준을 보였다. 자존감이 높은 사람은 자신에 대한 신뢰와 창조적인 사고를 하며 진취적이고 자신의 삶에 대한 주도권을 즐기는 반면, 자존감이 낮은 사람은 자기 자신을 쓸모없고, 무가치하며 부적응적인 삶을 영위하고 스스로를 인정하는 삶을 누릴 수 없게 된다. 이러한 이유에서 자존감은 인간의 행동특성에 중요한 영향을 끼치며 인간관계는 물론 학교 및 사회적응과도 관계가 깊다.

☺ 나는 나를 어떤 사람으로 바라보는가?

괜찮은 사람인가? 아니면 별 볼 일 없는 사람인가? 이 질문에 대한 자신의 답은 진실인가? 그 답은 과연 진실인지 거짓인지 어떻게 확인할 수 있을까? 자신에 대한 기본적인 평가적 태도나 가치판단인 자존감은 자신이 얼마나 능력 있고, 의미 있고, 성공적이고, 가치 있냐를 믿는 정도를 포함한다. 자존감이 높은 사람은 자신이 근본적으로 괜찮은 존재라는 확신에서 오는 평온함과 안정감을 가지는 반면, 자존감이 낮은 사람은 자기불안, 자기경멸, 우울감에 쉽게 빠질 수 있다. 이러한 자존감은 인간의 사고과정, 감정 욕구, 가치 그리고 목표에 엄청난 영향을 끼치며 인간의 행동을 결정하는 중요한 요소 중 하나이다.

이러한 자존감은 자신도 모르는 사이 아주 어릴 때부터 형성된 뿌리 깊은 감정이다. 인간은 태어날 때 어떠한 생각이나, 감정의 종류를 가지고 태어나지는 않는다. 감정이 발생하는 뇌의 회로가 있고, 변연계의 감정회로에서 다양한 감정이 발생하고 전두엽에서 판단을 하는 수많은 자동화된 습관이 누적되어 인간의 행동모델이 형성된다. 이러한 까닭에 모든 인간의 생각과 감정은 유일한 존재이다. 그리고 이러한 형성과정에 가장 중요하고 결정적 역할은 부모의 반응이나 언어이다. 부모의 반복적인 반응과 말은 아이의 자존감과 자아개념을 형성하고 이것은 외부 사건을 대할 때 불쑥 올라와 자신을 조정하게 된다.

예를 들어, A유형의 부모와 B유형의 부모가 있다고 하자. A유형의 부모는 아이가 울 때 "좀 울어도 돼. 즉각적 반응은 아이를 변덕스럽게 해"라고 생각한다. 이것의 반복적 결과, 아이는 세상을 대하는 불신감이 형성된다. "세상은 믿을 만한 곳이 못 돼" 그리고 이것은 "나는 별 볼 일 없는 사람인가 봐"라는 자기개념이 형성된다. 이것은 자신의 잠재의식 속에 깊이 내재되어 있다가 새로운 일에 도전을 못 하게 하고 용기가 없는 사람이 되게 한다. 설령 새로운 일에 도전을 했다 하더라도 성공확률이 낮게 된다. 더욱 중요한 것은 원인을 어떻게, 누구에게로 돌리는지에 대한 귀인성향이다. 만약 본인이 성공하였을 땐 "이번엔 운이 좋았어. 다음에는 운이 좋지는 않을 거야"라고 외부요인으로 귀인을 한다. 반대로 본인이 실패하였을 땐 "역시 나는 안 돼!"라고 내부요인으로 귀인을 한다. 반대로 B유형의 부모는 아이가 울 때 "우리 아기가 왜 울까. 뭐가 필요하지?" 하고 즉각적이고 따뜻하게 보살핀다. 이때 아이는 세상에 대한 신뢰감이 형성된다. "세상은 믿을 만한 곳이야!" 그리고 이것은 "내가 꽤 괜찮은 사람인 모양이네!"

라는 자기개념과 자신감이 형성된다. 이것은 자신의 잠재의식 속에 깊이 내재되어 새로운 일에 쉽게 도전할 수 있는 용기 있는 사람이 되도록 한다. 성공했을 경우, "역시 나는 장해!"라고 내부귀인을 하게 된다. 실패했다 하더라도 "나는 운이 나빴어"라고 외부귀인을 하기 때문에 더 높은 자신감을 가지게 한다.

요약하면 부모의 초기반응에 따라 내면이 형성되고, 이것은 세상과 아이의 관계를 결정짓게 되는 것이다.

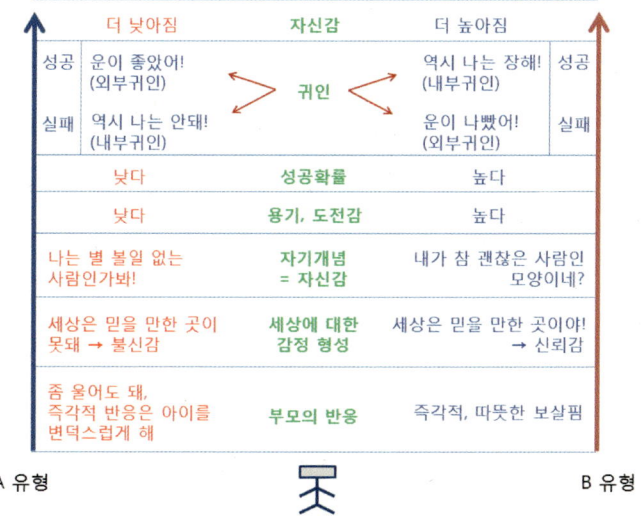

더 낮아짐	자신감	더 높아짐
성공 운이 좋았어! (외부귀인) 실패 역시 나는 안돼! (내부귀인)	귀인	역시 나는 장해! 성공 (내부귀인) 운이 나빴어! 실패 (외부귀인)
낮다	성공확률	높다
낮다	용기, 도전감	높다
나는 별 볼일 없는 사람인가봐!	자기개념 = 자신감	내가 참 괜찮은 사람인 모양이네?
세상은 믿을 만한 곳이 못돼 → 불신감	세상에 대한 감정 형성	세상은 믿을 만한 곳이야! → 신뢰감
좀 울어도 돼, 즉각적 반응은 아이를 변덕스럽게 해	부모의 반응	즉각적, 따뜻한 보살핌

A 유형   B 유형

A유형과 B유형의 부모에 따른 아이의 성격

자존감에 영향을 크게 미치는 것은 위에서 보았듯이 부모님과의 관계와 경험이다. 부모님과의 관계와 같은 가족과의 상호작용은 자존감 형성에 영향을 준다. 어린 시절 부모와의 관계는 어린 아이의 자존감 형성에 큰 영향을 준다. 부모의 가치관이나 관계

속에서의 배움을 통해 이루어진다. 이로 인해 부모는 자신의 자존감을 그대로 자식에게 대물림하게 되며, 어린 시절 형성된 자존감은 성인이 되어서도 영향을 미친다. 더 중요한 것은 삶에서의 경험은 자존감에 큰 영향을 준다는 것이다. 삶에서 어떠한 긍정적 경험과 부정적 경험을 하였느냐에 따라 자존감은 변한다. 단순한 부정적 경험이나 트라우마가 자존감에 상처를 입히며 외상 후 스트레스 장애로 이어지는 이유는 이러한 경험에 따른 유동성 때문이다.

교육·심리학자인 로젠버그(Rosenberg)의 주장에 따르면 자존감은 다음의 4가지 원리에 따라 형성된다.

- 반영된 평가: 타인이 자신에게 보이는 태도에 영향을 받으며 시간이 경과함에 따라 타인이 보는 대로 자신을 보게 된다.
- 사회적 비교: 다른 집단이나 사회범주에 속해 있는 사람들과 자신을 비교하면서 자신을 평가하고 판단한다.
- 자아귀인: 인간이 자기의 태도, 감정, 심리적 상태를 알 수 있게 되는 것은 자신의 행위나 또는 그 행위가 일어나고 있는 환경을 관찰함으로써 가능하다. 자아귀인이란 자신의 행위나 행위로 인하여 생긴 결과를 관찰하고서 이 현상의 원인을 자신에게서 찾고 결국 자신의 성향에 관해 결론을 내리는 것을 의미한다.
- 사회적 비교(social comparison): 자신의 능력에 대한 평가는 자존감을 형성하는 요인이다. 아동들은 능력뿐 아니라 옷차림, 소유물, 가정배경, 동료로부터의 수용도 등 여러 측면에서 타인과 자신을 끊임없이 비교하게 된다. 이러한 사회적 비교가 긍정적일 때 바람직한 자존감이 형성되지만 지적 능력이 낮거나 사회성이 부족하면 낮은 자존감을 형성해가기 시작한다.

그렇다면 현재의 자존감을 키우는 방법은 어떤 것이 있을까? 심리학자 쿠퍼스미스(Coopersmith)는 1981년에 자존감의 발달에 기여하는 중요한 4가지 요인을 설명하였다.

- 의미 있는 타인이다. 한 개인의 삶 속에서 의미 있는 타인으

로부터 받는 존중, 수용 그리고 관심은 큰 영향을 미친다.

· 사회적 성공은 자존감의 기초를 형성한다. 성공의 지표는 모든 사람에게 똑같은 것은 아니며 한 개인이 자신의 높은 자존감을 획득하는 데 있어 개인적으로 의미 있는 것으로 간주하는 영역 내에서의 열망과 달성에 한한다.

· 한 개인이 자신에게 의미 있는 영역에 대한 성공 경험은 개인의 목표와 가치가 그 가치 영역 내의 열망을 통해 여과되어 재구성되고 해석된다.

· 자존감의 손상에 심리적인 통제와 방어를 사용하여 대처한다. 자존감 손상이나 가치 저하에 반응하는 통제와 방어를 사용하는 능력은 무력감, 불안 등의 경험을 줄이고 개인적인 평정을 유지하는 데 도움이 된다.

≫ 자기효능감(self-efficacy)

자기효능감(self-efficacy)의 크기만큼 도전한다. 심리학에서 자기효능감은 어떤 상황에서 적절한 행동을 할 수 있다는 기대와 신념으로, 캐나다의 심리학자 앨버트 밴듀라(Albert Bandura)가 제시한 개념으로 자신의 능력과 효율성에 대한 자신감이다. 자기효능감은 어떤 목표를 달성하는 데 있어 "나는 할 수 있어"라는 능력에 대한 자신의 믿음으로, 특정 목표를 수행하는 객관적인 능력이기보다는 주관적이고 인지적인 평가에 대한 개념이며 사람들의 생활 속에서 개인들의 능력이 결정되기 때문에 자존감과 상호 관련성이 있다. 사람의 생각이나 지식이 행동으로 표출되기 위해서는 동기가 유발되어야 하는데, 동기적 요인으로서 자기효능감은 인간 행동에 많은 영향력을 발휘하고 있다. 사람들은 보다 더 바람직한 미래를 실현하고 바람직하지 않은 미래를 회피하는 방향으로 행동한다. 만일 자신의 행동에 의해서 바람직한 결과를 산출할 수 있다는 믿음이 없다면 행동하지 않을 것이다. 따라서 자기효능감에 대한 신념은 행동의 주된 근원이며, 개인의 삶은 이러한 효능감에 대한 신념에 매우 의존하고 있다. 자기효능감도 자존감과 마찬가지로 어린 시절부터 삶의 경험을 통해 형성되는데, 작은 성공경험을 통해 자부심과 자존감이 올라가면, 다음에 만나는 도전에 대해서도 "해낼 수 있다"는 자신의 능력에 대한 믿음이 생기게 된다. 반대로 부모로부터 부정적인 피드백에 자주 노출되거나 반복적으로 실패를 하다 보면, 어느새 '학습된 무기력'에 빠지게 된다. 자기효능감은 작은 목표라도 세우고 성공하는 경험을 반복적으로 하다 보면, 더 큰 목표에 도전하고 싶은 마음과 자신감이 생기면서 높아질 수 있다. 한 인간은 태어나서 다양한 경험과 경험에 대한 자신의 해석을 통하여 자기효능감이 형성되는데 주된 요인은 성취경험, 대리적 경험, 언어적 설득, 정서적 각성이라 하였다.

2) 인간의식의 통합

위에서 설명한 잠재능력 발휘를 가로막는 자아상, 자아존중감, 자기효능감으로 구성된 자신에 대한 신념에 대해 접근해보자. 인간의 의식 세계에 대하여 NLP(Neuro Language Programming) 전문가들은 신경논리적 수준으로 제시하고 변화 실천 전략을 제시하였다.

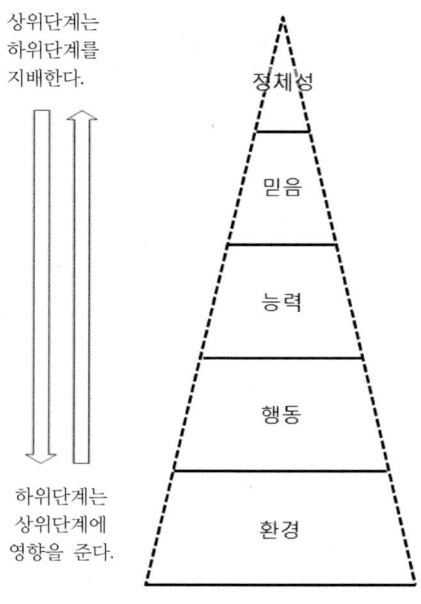

상위단계는
하위단계를
지배한다.

정체성

자기 자신에 대한 인식, 자기 자신의 역할과 사명과 관련된다.
나는 누구인가?

믿음

신념과 가치로 우리의 행위를 이끈다. 내면의 우선순위와 관련되며, 신념의 정도에 따라 자신의 행동 반응을 통제할 수 있다.
나는 무엇을 믿는가?
나에게 중요한 것은 무엇인가?

능력

기능의 차원으로 습관화되고 무의식적인 사고전략이다.
나는 어떤 것을 할 수 있는가?

행동

우리가 무엇을 하는가와 관련된 의식적 행위, 의식적 사고, 다른 차원들과 밀접하게 관련된다.
나는 어떤 행동을 하는가?

환경

우리를 둘러싼 물리적 영역, 사회적 환경, 인간관계, 시간적 제약, 환경적 영향력을 의미한다.
나의 외부 여건은 어떠한가?

하위단계는
상위단계에
영향을 준다.

신경논리적 단계

인간은 누구나 자신이 태어난 주변 환경으로부터 영향을 받는다. 언제, 어디서, 누구와 함께하였는가에 따라 상당 부분의 자아상이 결정된다. 그러나 이것은 대단히 주관적이다. 오바마도 흑인들과 함께 성장하였으나 그는 '가난하고 불쌍한 사람에게 도움을 줄 수 있는 사람이 되고픈' 마음을 품고 대통령이 되었다. 어떤 환경에 처해 있는가에 따라 구체적 행동을 한다. 다니고 있는 학교의 분위기나 학생들의 태도에 따라 같은 수업시간이라도 집중하는 아이가 있고, 아무런 의식 없이 자는 아이도 있다. 주위의 아이들이 욕하거나 싸움을 일삼는 행동을 하는 환경에서 자라면 그러한 아이가 될 확률이 높다. 이러한 행동을 반복하게 하다 보면 그에 따른 능력이 결정된다. 인내하고 공부하는 능력, 옆 친구의 시험지를 슬쩍 훔쳐보는 능력 등 그러한 능력이 유지되고 발휘하다 보면 어떤 믿음 체계가 형성되고 이것은 자신의 정체성이 된다. 이것이 상향식 신경논리적 단계 형성이다.

이와 반대로 하향식 신경논리적 단계 형성도 있다. 예를 들어 애니메이션 영화 <쿵푸 팬더>에서 팬더 포는 쿵푸를 배우고 좋아하지만 자신을 먹을 것만 밝히는 뚱보 팬더라는 자기 정체성을 가지고 있었다. 자연스럽게 맛있는 음식을 먹는 일에 관심이 있는 평범한 포였다. 그러나 마을의 현인 우그웨이 대사부가 어느 날 '용문서의 전수자'로 포를 점지하였지만 막상 자신은 그 사실을 받아들이지 못하였다. 시푸 스승의 지혜로운 가르침으로 자신이 '용의 전사'이며 '용문서의 전수자'라는 것을 깨달은 바로 그 순간 그동안 자신의 두뇌에 쌓여 있는 자아상을 버리고 진정한 용의 전사가 되어 엄청난 잠재력을 발휘하여 적을 물리치게 된다. 이처럼 정체성이 변화하면 믿음, 능력, 행동, 환경을 변화할 수 있는 것이 하향식 신경논리적 변화이다. 또한 상향, 하향식은 상호 이동하면서 변경 가능하다. 모든 인간의 뇌가 고유하듯이 인간 뇌의 변화 과정 또한 고유한 방식으로 작동한다.

예를 들어 '지금보다 더 건강해지고 싶다'는 변화를 희망한다면 다음과 같이 단계별 내면세계를 써볼 수 있다. 어디에서 시작하건 상관없다. 위로 아래로 모두 변화가 가능하기 때문이다.

♬ 행복도구 4. 신경논리적 단계에 따른 자아상 변화

신경논리적 단계에 따른 변화 모델

단계	신경논리적 수준
정체성	건강한 사람이 된다는 것은 행복의 요건을 갖춘 것이다. 나의 사명 달성에 건강은 제1의 요소이다.
믿음, 신념, 가치관	건강은 매우 중요하다. 나는 매우 건강한 사람이다. 이후로도 건강할 것이다.
능력	등산을 잘 한다. 조깅을 잘 한다. 식사와 영양에 대한 풍부한 지식이 있다.
행동	일찍 자고 일찍 일어나기 규칙적 운동하기 균형 잡힌 식사하기
환경	청결하고 위생적인 환경을 조성 및 유지

 행복습관 12. 행복도구4를 이용하여 자신의 내면습관을 변화한다.

3. 주인으로 사는 법 2-회복탄력성 키우기

1) 회복탄력성 개념을 발견하다

하와이 군도 중에서 북서쪽 끝에 둘레가 50km쯤 되고 인구는 3만 명에 불과한 카우아이 섬이 있다. 섬 전체가 울창한 열대 정원 같다고 해서 정원의 섬(Garden Island)이라는 별칭으로 불릴 정도다. <남태평양>, <블루하와이>, <쥬라기 공원>, <트로픽 썬더> 등 여러 영화의 촬영지이기도 한 카우아이 섬은 환상적인 대자연의 신비를 경험할 수 있는 천국 같은 섬이지만 1950년대만 해도 이 섬에 살고 있는 사람들에게는 벗어나고 싶은 지옥과도 같은 곳이었다. 하와이 군도가 미국의 50번째 주로 편입된 것은 1959년이다. 그 이전의 카우아이 섬은 관광지로 개발되지도 않았으며 그야말로 오지였다. 섬 주민들은 대대로 지독한 가난과 질병에 시달렸고 주민 대다수가 범죄자나 알코올 중독자 혹은 정신질환자였다. 학교 교육조차 제대로 이루어지지 않아 청소년의 비행도 심각한 수준이었다. 이 섬에서 태어난다는 것은 마치 불행한 삶을 예약하는 것과 다름없었다.

1954년 미국 본토로부터 소아과 의사, 정신과 의사, 사회복지사, 심리학자에 이르기까지 다양한 학문적 관심을 가진 학자들이 절망과 좌절로 가득 찬 이 섬에 도착했다. 훗날 사회과학의 역사상

가장 야심 찬 연구 중 하나로 기록될 카우아이 섬 종단연구가 시작된 것이다. 1955년에 카우아이 섬에서 태어나는 모든 신생아 833명을 대상으로 해서 이들이 어른이 될 때까지 추적 조사하는 대규모 프로젝트에 착수하였다.

카우아이 섬이 연구 대상으로 선정된 것은 무엇보다도 열악한 사회경제적 환경 때문이었다. 한 인간이 태어나서 겪을 수 있는 불운이 모두 모여 있는 곳이 카우아이 섬이었다. 그리고 그 섬에서 태어난 사람들 대부분은 성인이 되어서도 계속 그 섬에 산다. 인구유동이 적은 이 섬은 그 자체로서 하나의 닫힌 세상이었다. 이 연구는 한 인간이 어머니의 배 속에서부터 겪는 여러 가지 건강상의 문제나 사건·사고 그리고 가정환경이나 사회경제적 환경이 그 아이가 어른이 되기까지 어떠한 영향을 얼마만큼이나 미치는가를 체계적이고 전체적으로 바라보기 위한 야심 찬 시도였다. 오랜 기간 동안 많은 시간과 돈을 투자하여 얻은 연구 결과는 상식에서 크게 벗어나지 않은 것이었다. 결손가정의 아이들일수록 학교나 사회에 적응하기 힘들었으며, 부모의 성격이나 정신건강에 결함이 있을 때 아이들에게 나쁜 영향을 끼치는 것으로 나타났다.

그런데 심리학자인 에미 워너(Emmy Werner)가 부모가 알코올 중독자이면 자녀 역시 알코올 중독에 걸릴 가능성이 높은가? 10대 미혼모에게서 태어난 아이는 범죄의 길로 빠질 가능성이 더 높은가? 엄마와 아빠가 이혼한 아이는 좀 더 공격적인 성향을 보이는가? 등을 알기 위해 전체 연구 대상 중에서 가장 열악한 환경에서 자란 201명을 추려냈다. 그러나 이 아이들이 보이는 문제 행동들과 아이들이 겪었던 시련 사이에는 구체적인 대응관계가 존재하지 않는 것처럼 보였다. 게다가 그런 문제를 일으킨 것은 3분의 2뿐이었다. 물론 높은 비율이었지만 이 말은 나머지 3분의 1은 별 문제를 일으키지 않았다는 얘기가 된다.

마이클은 그 섬의 어느 누구보다도 열악한 환경에서 태어나고 자랐다. 마이클이 태어날 당시 그의 어머니는 16세의 앳된 일본계 소녀였고 아버지는 19세의 필리핀 소년이었다. 10대 소년 소녀였던 마이클의 부모는 마이클이 태어나기 3개월 전에야 겨우 결혼하게 된다. 물론 양쪽 집안에서 심한 반대가 있었으나 우여곡절 끝에 결혼하여 마이클을 낳게 된다. 마이클은 태어날 당시 2kg밖에 안 되는 미숙아였고 태어나자마자 3주 동안 시설도 열악한 군대 병원의 인큐베이터에서 보내야만 했다. 마이클이 엄마와 함께 집으로 돌아왔을 때 그의 아버지는 집에 없었다. 한국전쟁 말기에 징집되었던 마이클의 아버지는 2년이나 더 복무한 후에 집으로 돌아왔다.

마이클이 10살이 되었을 때 그에게는 동생이 셋이나 생겼다. 하지만 그 무렵 그의 부모는 결국 이혼하게 된다. 20대 중반이 된 그의 엄마가 마이클과 동생들을 모두 버리고 섬을 떠나 버린 것이다. 마이클의 엄마는 그 후 다시는 섬으로 돌아오지 않았다. 마이클의 아빠는 아이 넷을 데리고 할아버지 집에 얹혀살았다. 마이클의 아빠는 할아버지와 사사건건 갈등을 빚었다. 그러나 마이클은 에미 워너의 상식을 완전히 무너뜨렸다.

이제 막 18세를 넘긴 마이클은 놀라울 정도로 밝고 명랑한 매력적인 청년으로 자라 있었다. 성적은 초등학교 이래 늘 상위권이었고 독서력도 늘 자기 학년의 수준을 넘었다. SAT(미국의 대학 입학 자격시험) 점수는 전 미국 상위 10% 안에 들었으며 학교 성적은 대부분 A였고 전교 석차 역시 10위 안에 들었다. 성격도 긍정적이며 자율적이고 도덕적이었다. 마이클은 세상의 모든 부모와 학교 교육이 만들어내길 원하는 이상적 청년이었다. 에미 워너는 마이클의 자료를 다시 점검해보았으나 자료 조사는 철저했다.

에미 워너는 마이클 외에도 201명 중에서 무려 72명이 별다른 문제를 보이지 않았다고 한다. 이들 중 무려 72명이 마치 유복한 가정에서 태어나기라도 한 것처럼 훌륭한 청년으로 성장한 것이다. 가족이나 친구들과도 아무 문제없이 잘 지내고 있었으며 긍정적이었고 장래가 촉망되는 그야말로 정상적인 젊은이들이었다. 에미 워너는 이 72명이 역경을 이겨낼 수 있는 어떤 공통된 속성을 지니고 있음을 깨달았다. 삶의 어떠한 역경에도 굴하지 않는 강인한 힘의 원동력이 되는 이 속성을 에미 워너는 회복탄력성이라 불렀다.

워너 교수가 40년에 걸친 연구를 정리하면서 발견한 회복탄력성의 핵심적인 요인은 결국 인간관계였다. 어려운 환경 속에서도 꿋꿋이 제대로 성장해나가는 힘을 발휘한 아이들이 예외 없이 지니고 있던 공통점이 하나 발견되었다. 그것은 그 아이의 입장을 무조건적으로 이해해주고 받아주는 어른이 적어도 그 아이의 인생 중에 한 명은 있었다는 것이다. 사랑 없이 아이는 강한 인간이 되지 못한다. 이러한 사랑을 바탕으로 아이는 자기 자신에 대한 사랑과 자아존중심을 길러가며 나아가 타인을 배려하고 사랑하고 제대로 된 인간관계를 맺는 능력을 키우게 된다. 그리고 이것이 바로 회복탄력성의 근본임을 카우아이 섬 연구는 알려준 것이다.

40년에 걸쳐 카우아이 섬 연구를 한마디로 요약하면 사람마다 역경을 극복하는 능력이 있는데, 그 능력이 바로 회복탄력성이다. 어린 시절 부모나 가족들로부터 헌신적인 사랑과 신뢰를 받고 자란 사람의 회복탄력성은 어린 시절의 경험에 의해서만 결정되는가? 만약 그렇다면 회복탄력성이 낮은 사람은 평생 부모와 가정환경 탓만 하며 살아야 한다. 그러나 다행히도 그렇지 않다. 이후 이루어진 많은 연구를 통해 어른이 된 후에도 스스로의 노력과 훈련에 의해서 회복탄력성이 얼마든지 높아질 수 있다고 밝혀졌다.

회복탄력성이란 위기나 역경을 극복하고 행복이나 긍정적인 상태로 돌아가는 인지 능력, 즉 역경을 이겨내는 긍정적인 힘을 의미하며, 또한 인생의 바닥에서 바닥을 치고 올라올 수 있는 힘, 밑바닥까지 떨어져도 꿋꿋하게 되튀어 오르는 능력을 의미한다.

2) 실수를 대하는 긍정적인 태도를 가진 사람의 뇌

실수를 대하는 사람들의 뇌파를 측정하는 실험 연구가 있다. 20대 젊은층 46명 중 회복탄력성을 측정하여 가장 높은 사람 2명과 낮은 2명을 대상으로 선정하였다. 뇌파측정 방법 중 사건유발전위(event related potential) 분석을 하였는데 이것은 사건 뇌파 실험에서 특정한 자극이 주어졌을 때 뇌가 어떻게 반응하는가를 분석하는 방법이다.

이 실험에서 자신의 실수라는 작은 역경에 대해 피험자의 뇌가 어떻게 반응하는지 연구하였는데, 스스로의 실수를 '사건 자극'으로 삼아 자신이 실수했다고 느꼈을 때, 뇌가 무의식중에 어떠한 반응을 보이는가를 측정하였다. 이것은 인지심리학의 연구 결과, 한 개인이 목표 달성을 위해 노력하는 데 있어서 고려해야 할 중요한 능력은 바로 스스로의 수행에 대해 평가하고 정확하게 답할 수 있는 능력이며 "내가 지금 잘하고 있는가?"라는 질문에 제대로 답할 수 있는 능력과도 관련이 있다. 이것은 스스로의 행동을 살펴보는 자기 모니터링 능력이며, 이와 관련해서 특히 중요한 것이 실수를 했을 때 이를 탐지하는 기능이다. 또 인지과학은 자신의 실수를 모니터링 하는 것을 돕는 특별한 뇌기제가 존재함을 밝혀내었다. 이것은 실수관련부적전위로 알려진 뇌파 신호로 실수를 자신이 인지한 후 0.04~0.1초 사이에 관찰된다. 실수관련부적전위가 강할수록 자신의 실수를 잘 탐지하고, 스스로 수행을 정확히 평가하고, 목표달성을 위해 더 노력할 수 있는 사람으로 밝혀졌다. 이러한 연구들로 높은 회복탄력성을 가진 사람은 자신의 실수를 금방 알아차리고 이를 수정하려는 '열린 자세'를 지닌 뇌를 소유한 사람이며 자신의 실수에 보다 민감하게 반응하며 이것은 무의식적인 상태에서 이루어진다.

스스로의 실수를 보다 잘 '모니터링'하는 습관 형성이 중요하다. 위의 실험결과로부터 회복탄력성이 높은 사람은 실수를 두려워하지 않으면서도 자신의 실수에 대해서는 스스로 민감하게 알아차리는 뇌를 지닌 사람이며, 실수를 범한다 해도 실수로부터의 피드백을 적극적으로 받아들이는 습관을 가졌다는 것을 밝혀내었다.

반면, 회복탄력성이 낮은 사람은 실수를 지나치게 두려워하며 실수는 덜 하지만 정작 실수를 했을 경우, 뇌가 민감하게 반응하지 않으며, 실수를 적극적으로 모니터링하고 받아들이려 하기보다는 억누르고 무시하려는 무의식이 작동한다고 해석하였다. 이러한 결과는 회복탄력성이 높은 사람은 스스로의 실수에 대해 보다 긍정적인 태도를 지닌 사람들이며 습관적으로 보다 더 과감하고 도전적이어서 늘 새로움을 추구한다고 결론지었다.

요약하면, 회복탄력성은 역경을 이겨내는 힘이며 단련된 내면 심리 근육이다. 역경을 겪은 후에도 꿋꿋하게 살아가게 해주는 요인이며 회복력을 높이는 것은 긍정이 아니라 정확한 사고이다. 회복력은 선천적으로 타고나는 능력이라고 하기보다 훈련하여 높일 수 있는데 역경에 대해 생각하는 방법을 바꾸면 된다. 자신의 실수에 대해 예민하게 반응하되, 실수를 두려워하지 않는 것이 회복탄력성이 높은 긍정적인 뇌의 특징이라 할 수 있다.

3) 높은 회복탄력성으로 역경을 이겨낸 사람들의 사례

≫ 뇌성마비를 극복한 조지메이슨대 정유선 교수

"기적은 매 순간 도전하는 자에게만 오는 선물"

10살짜리 초등학생 소녀는 가을 운동회 달리기 시합에서 죽을 힘을 다해 달렸다. 결승점에 다다른 아이들은 속력을 늦췄고 시합에서 뒤처진 아이들은 걸어 들어오고 있었지만 소녀는 결승점을 향해 앞만 보고 내달렸다. 전력을 다해 뛴 덕분에 이날 경주에서 소녀는 뒤에서 3등을 했다.

평범한 이 이야기의 주인공은 정유선 조지메이슨대 교수(44)다. 대부분은 초등학교 운동회 풍경이 먼 과거의 일이라 기억조차 가물가물하겠지만 그녀는 아직도 그때의 기억이 생생하다. 뇌성마비를 앓고 있는 그녀는 다리가 불편하다. 언어장애도 있어 긴장하면 더 말문이 막힌다. 그 상황을 두고 "다른 친구들 하는 것은 뭐든 잘하고 싶었다"라고 말하는 그녀는 뇌성마비 장애를 가진 한국인으로는 처음으로 미국에서 박사학위를 받았다.

2004년 조지메이슨대 교수가 된 후 2012년엔 이 학교에서 최고 교수상도 받았다. 그녀는 이를 '작은 기적'이라고 표현했다. 그녀를 인터뷰하기 위해 만난 기자는 인터뷰를 진행하면서 느낀 건 그녀는 상당히 긍정적이고 적극적이었고 얼굴엔 웃음과 활력이 넘쳤다고 한다.

그녀의 삶을 관통하는 키워드는 '도전', '기적은 기적처럼 오지 않는다'이다. 사실 달리기 시합도 누군가에겐 평범한 일상처럼 느껴지겠지만 그녀에겐 하나의 도전이었다. 특히 장애인과 비장애인 간 구분이 여전한 우리 사회에서 장애를 바라보는 불편한 시선들을 깨고 꿈을 쫓기란 쉽지 않다. 취약계층으로 분류되는 여성 장애인이라면 걸림돌이 적지 않았을 것이다.

그녀의 아버지는 어린 정유선에게 공부를 곧잘 하기 때문에 교수가 되라고 자주 말씀하셨지만 정작 자신은 아버지가 헛된 꿈을 꾸고 있다고 생각했었다고 한다. 비결을 묻는 질문에 대하여 그녀는 자신의 '기적은 기적처럼 오지 않는다'란 책 제목처럼 꿈을 향해 정직하게 한 발짝씩 나아갔을 뿐이며 '하늘은 스스로 돕는 자를 돕는다'란 말을 믿으며 도전했다고 한다. 또한 자신을 귀하게 여기면 남들도 나 자신을 귀하게 여긴다고 믿고 있다.

"기적은 기적처럼 오지 않고 간절히 원하는 사람에게만 오는 선물이라고 생각해요. 제가 생각하는 장애란 스스로 심리적 한계를 긋고 자신과의 싸움을 쉽게 포기해 버리는 행위 그 자체라고 봐요." 그녀는 한국에서 초·중·고등학교를 마친 뒤 1989년 미국 유학길에 올랐지만 미국 생활이 쉽지만은 않았고 '노력하면 다 된다'고 믿던 그녀도 영어 때문에 번번이 좌절했다는 것이다. 영어를 읽고 쓰는 건 크게 어렵지 않았지만 한국말을 하는 것도 어려운 그녀에게 영어 발음은 넘을 수 없는 산처럼 느껴졌다.

미국에서 생활하는 그녀는 지금도 대화의 3분의 1 정도는 서로 필담으로 의사소통을 한다. "살면서 처음으로 포기하고 싶었을 때가 영어를 배울 때였어요. 의지만으로 극복할 수 있는 게 아니어서 더 힘들었습니다. 긴장돼서 말을 못 한 적도 많았어요. 울기도 많이 울었죠. 그때마다 흔들리는 절 잡아준 건 부모님이었어요. 한국에 계신 부모님의 은혜에 보답한다는 생각으로 하루하루 버텼습니다."

부모님에 대해 정 교수는 "부모님께 반항은 생각도 못 해요." "내가 뇌성마비 진단을 받은 뒤부터 부모님은 세상에서 가장 강한 존재가 되셨다"라고 말했다. 정 교수의 어머니 김희선 씨는 '울렁울렁 울렁대는 가슴 안고……'로 시작되는 '울릉도 트위스트'의 가수 '이시스터즈'의 멤버다. 딸이 뇌성마비 판정을 받은 뒤 자신의 꿈을 포기하고 딸을 위해 한평생 희생했다. 오늘날 정 교수가 있기까지 부모님의 온전한 사랑이 없었다면 불가능했을지 모른다. 그녀는 철이 일찍 들었다. 사춘기 시절엔 부모님께 반항 한번 하지 않았다. "전 정말 행운아예요. 부모님께 무한 사랑을 받으며 자랐으니까요. 제가 밝게 자랄 수 있었던 것도 부모님 영향이 큽니다. 부모님은 어렸을 때부터 저한테 '뭐든지 할 수 있다'며 칭찬을 많이 해주셨거든요. 그런 큰 사랑을 받았는데 반항은 감히 생각조차 못 했죠." 그녀는 스스로 인복이 많은 편이라고 했다.

사람과 관계를 맺을 때도 먼저 다가가는 편이다. 정 교수는 "'웃는 얼굴에 침 못 뱉는다'는 한국 속담처럼 저도 웃는 얼굴로 먼저 다가간다"며 "사실 이건 장애를 가진 내가 이 사회에서 살아가기 위한 방법이기도 하다"라고 말했다. 이어 "박사학위를 한 뒤 강의를 제안한 것도 지도 교수님이었다"며 "이렇듯 주변 사람의 도움이 아니었다면 미국에서 여성 장애인으로서 소수자 중의 소수자인 내가 교수를 하기 어려웠을 것"이라고 강조했다.

정 교수는 보조공학(assist technology)을 선택하게 된 것도 운명 같다고 했다. 보조공학은 장애를 가진 분들이나 나이가 많으신 분들이 겪는 불편함을 개선하는 기기나 서비스를 총칭하는 말이다. 손이 불편한 사람들에겐 휘어진 숟가락도 훌륭한 보조기기가 될 수 있다.

정 교수는 원래 컴퓨터공학으로 학·석사 학위를 땄지만 아이를 낳고 7개월 뒤 보조공학으로 전공을 바꿨다. "석사 마치고 컴퓨터를 다루는 직장을 구할까 했지만 첫아이를 가지면서 진로에 대해 다시 생각했어요. 컴퓨터 회사에 다니는 것도 좋지만 제가 다른 엄마와 다르기 때문에 장애와 관련된 보조공학을 공부하는 게 낫다고 생각했습니다. 저는 보조공학 교육 쪽을 전공했는데 계속 이과였다가 박사 공부할 때 문과로 넘어왔죠. 지금 생각하면 보조공학을 만난 것도 운명 같습니다." 그녀는 우리 사회에서도 장애를 바라보는 사람들의 인식이 바뀌어야 한다고 강조했다. "한국사회에서 장애인을 바라보는 시선이 많이 개선됐다고는 하지만 여전히 미국에는 미치지 못합니다. 장애인을 바라보는 시선은 미국이 훨씬 더 자유로워요. 제가 길을 걸어가면 한국에선 10명 중 7명이 뒤돌아보겠지만 미국은 1명만 그럴 겁니다. 장애인이 제 목소리를 내려면 사회적 인프라가 뒷받침돼야 합니다. "'하면 된다'라는 의지만으로 모든 걸 할 순 없습니다." 결국 뇌성마비 장애인의 한계를 딛고 조지메이슨대 교수로 성공할 수 있었던 것은 자신에 대한 강한 믿음과 될 때까지 한 도전이었다.

≫ 레나 마리아

"가끔 나는 내가 장애인인 것을 감사한다. 나는 대부분 다 해
 낼 수 있다."

스웨덴 수영 국가대표, 세계 장애인 선수권대회에서 4개의 금메달 획득, 스톡홀름 음악대학 현대음악과 졸업, 구족화가 협회 작가, 성가대 지휘자, 가스펠 싱어, 도쿄 필하모닉 오케스트라 협연, 전 세계인 언론으로부터 '천상의 목소리' 격찬, 가수 겸 작곡가로 15년간 9장의 앨범 출시, 스웨덴 국영방송 다큐멘터리 '목표를 향해' 주인공, 프랑스, 독일, 네덜란드, 일본 등 10개국 언어로 출판된 베스트셀러 저자 등이 레나 마리아의 수식어이다.

1968년 스웨덴 중남부에서 두 팔이 없고 한쪽 다리가 짧은 중

중 장애인으로 태어난 레나 마리아는 3살 때부터 수영을 시작하여 세계 장애아 수영선수권 대회에서 4개의 금메달을 땄다. 오른팔 하나로 수영, 십자수, 요리, 피아노, 운전, 성가대 지휘까지 모두 훌륭히 해내며 스톡홀름 음악대학 현대음악과를 졸업하고 전 세계를 다니며 축복의 노래로 사랑과 은혜를 전달한다. 그녀는 장애인을 위한 열린음악회에 참여하기 위해 2013년 한국에 왔다. 무대 위에서 노래를 부르기 전에 그녀가 한 고백이었다. "저는 제 삶이 주는 모든 것에 감사하는 마음으로 노래를 부릅니다. 세상의 모든 사람은 고귀합니다. 하나님께서는 개개인의 우리들을 특별한 목적과 남다른 이유에 따라 창조하셨습니다. 우리들 모두는 서로 다릅니다. 우리는 인생에 있어서 부족한 것이 있으며 때로는 아무것도 없이 지내기도 합니다. 저는 두 팔이 없습니다. 그러나 노래를 잘하는 목소리를 지녔습니다. 당신이 돈이 없다는 것, 배운 게 없다는 것 또한 온전한 신체를 지니지 않았다는 것은 중요하지 않습니다.

당신은 주변 사람들에게 중요한 무엇인가를 가졌습니다. 우리 모두는 동등한 가치, 의미를 가지고 있으며 소중한 존재인 것입니다. 저는 즐거움과 삶에 대한 힘, 그리고 절대자에 대한 사랑을 노래할 수 있다는 것이 매우 소중합니다. 이제 하나님의 은총과 그분의 우리들에 대한 사랑을 노래하고 싶습니다. 아마도 세계에서 가장 유명한 노래일 것입니다. 'Amazing Grace.'

≫ 서울대 이상묵 교수
서울대 지구환경과학부 이상묵 교수는 국비 장학생으로 MIT에

서 박사학위를 받은 전도유망한 해양지질 학자였다. 첨단 해양탐
사선 온누리호의 수석과학자로서 전 세계 바다 곳곳을 누비며 세
계적인 학자들과 여러 공동 연구를 진행하기도 했다. 그는 과학
자이면서 동시에 탐험가였다.

한창 일할 나이인 45세 되던 2006년 여름, 이상묵 교수는 캘리
포니아 공과대학과 공동으로 야외지질조사 프로젝트를 수행하게
된다. 그런데 그는 머나먼 미국 땅에서 차량이 전복되는 사고를
당하고 만다. 뜨거운 사막 한가운데를 달리던 차는 뒤집어졌고
그는 정신을 잃었다. 어느 누구도 예측할 수 없었던 불행이 어느
날 갑자기 이상묵 교수에게 다가왔다. 사고 후 3일이 지나서야 그
는 의식을 회복했지만 눈만 깜빡일 수 있을 뿐 손끝 하나 움직일
수 없었다. 전신마비였다.

눈을 한 번 깜빡이면 긍정, 두 번 깜빡이면 부정의 뜻을 나타내
는 것으로 겨우 의사표현을 했고 3주가 지나서야 가까스로 입을
떼서 말을 할 수 있었다. 결국 그는 목 아랫부분을 전혀 움직일
수 없는 전신마비 장애인이 되고 말았다. 세계가 좁다며 5대양 6
대주를 탐험하며 연구하던 그에게 치명적인 역경이었다. 하지만
이상묵 교수는 현실을 냉정하고 정확하게 파악했다. 처지를 비관
해 우울해하거나 현실을 부정하지도 않았고 그대로 받아들였다.
보통 전신마비 환자들은 자신에게 일어난 불행을 부정하며 사실
을 받아들이려 하지 않는다. 평균 3년 이상이 지나야 자신에게 닥
친 상황을 비로소 현실로 받아들이게 된다.

담당 의사에 따르면 이상묵 교수는 처음부터 자신에게 닥친 불
행한 현실을 있는 그대로 받아들였으며 6개월 만에 일상생활에

복귀하는 놀라운 회복탄력성을 보였다. 그는 전동 휠체어에 몸을 실은 채 학교로 복귀하여 강의와 연구에 몰두하고 있다. 오직 입만 움직일 수 있을 뿐인 그는 노트북과 연결된 마우스로 프로젝터 스크린을 작동하여 강의하는데, 마우스를 빨면 왼쪽 클릭, 불면 오른쪽 클릭이 되는 식이다. 이러한 역경 속에서도 이 교수는 재활 경험과 긍정적 인생관을 담아 책을 출간하기도 했다.

<뉴욕 타임스> 등 세계 언론이 그를 주목했으며, 스티븐 호킹 등을 대중적으로 유명하게 만든 노바 채널에서 그의 일대기를 다룬 다큐멘터리를 제작하기도 했다. 그는 이제 한국의 스티븐 호킹에 비유되고 있다. "이 정도만 다쳐서 다행"이라고 말하는 그는 보조재활공학센터를 만들어 장애인을 위한 기술개발을 시작했고, 장애인에 대한 편견을 없애는 데 앞장서고 있다. 그는 스스로를 '행운아'라고 진심으로 생각하고 있으며 다시 교단에 설 수 있어 행복하다고 말한다. 그는 이렇게 말한다. "일밖에 모르던 내가 사고 후에 오히려 희망이 무엇인지 알게 되었습니다." "나는 큰 행운아입니다."

"나에게 닥친 사고를 불운의 시작이라고 보지 않고, 몰랐던 다른 세계를 볼 수 있는 새로운 인생 방향의 전환"이라고 역설하며 장애인 학생들에게 희망을 불어넣어 주는 희망메이커의 역할을 담당하는 한편 장애인을 위한 따뜻한 융합 기술의 개발에 열정을 쏟고 있다.

"역경도 극복할 수만 있다면 좋은 것이다."

자신의 역경을 극복하고 이겨낸 사람들의 공통점은 무엇일까? 정유선 교수는 기적은 도전하는 자에게 오는 선물이라고 한다. 레나 마리아는 우리 모두 고귀한 존재이며 자신의 목적에 맞게 사는 것이 중요하다고 하였다. 서울대 이상묵 교수는 자신은 하나를 잃고 열 개를 얻었다. 스스로를 행운아라고 하였다. 『해리 포터』의 저자 조앤 롤링은 실패가 현실화되었을 때 자유로울 수 있었다고 했다. 이들은 자신의 역경을 긍정적으로 해석할 수 있었기 때문에 극복할 수 있었던 것이다. 역경을 긍정적으로 받아들여 그것을 도약의 기회로 삼는 것, 그것이 회복탄력성의 핵심이다. 세상에는 수많은 장애인도 있고, 좋지 않은 환경에 놓여 있는 사람들이 있다. 그리고 소수의 성공하여 자신의 성공담을 행복하게 전파하는 몇 명의 성공자들이 있다. 대다수 사람들은 그들의 성공담을 보면서 "저 사람은 특별한 사람이잖아." "나는 아니야"라고 스스로 규정을 한다.

　　스스로 나는 특별한 사람이 아니야라는 자신에 대한 믿음은 탁월함에 대한 도전을 하지 못하게 하고 무기력하게 빠져 있는 자신을 보면서 "그렇지, 역시 나는 특별하지 않아"라고 증명하게 된다.

　　이 모든 것의 출발점에 "나는 ○○○○ 사람이야"라는 신념이 있었다. 그러나 아무리 강한 신념을 가진 사람이라 하더라고 부딪히는 한계는 공평할 것이다. 이렇게 난관에 부딪힐 때 "높은 회복탄력성을 가진 사람"은 한 번 더 자신을 믿고 일어날 것이다. 그리고 될 때까지 한 발씩 뚜벅뚜벅 걸어가지 않겠는가? 물론 정 교수의 어머니, 레나 마리아의 어머니처럼 무조건 믿어주고 기다려주는 의미 있는 타자가 있을 때 가능성의 문은 훨씬 더 열려 있을 것이다. 높은 회복탄력성을 가진 사람은 긍정적인 강한 신념의 소유자이다.

4) 회복탄력성의 구성요소

역경을 딛고 일어나며 회복탄력성이 높은 사람들을 R집단(Resilient Group)이라 하고, 반대로 역경을 만나 맥없이 무너지고 굴복하는 사람들을 F집단(fragile group)이라 부른다. 전체 인구 중에서 R집단과 F집단의 비율은 대략 1:2 정도인 것으로 알려져 있다. SBS <그것이 알고 싶다> 프로그램에서는 회복탄력성이 높은 사람과 낮은 사람에 대한 뇌파실험을 진행하는 동시에 우리나라 최초로 전문 조사기관에 의뢰하여 전 국민 샘플 309명의 '회복탄력성 지수(Resilience Quotient: RQ)'를 측정하였다.

이 연구에서 한국인은 낙관성, 원인분석력, 공감능력 등에서 미국인과 거의 비슷한 수준으로 나타났고 감정 통제력, 자기효능감, 적극적 도전성 등의 요소에서는 현저히 낮은 수치를 보였다. 특이한 것은 충동통제능력이 현저히 높은 수준으로 나타났는데 이것은 하고 싶은 것을 참아가면서 목적한 바를 이루는 능력으로 한국인들의 미래를 위해 현재를 인내하는 문화로 해석할 수 있을 것이다.

한국인의 회복탄력성 구성요인은 크게 자기조절능력, 대인관계능력, 긍정성이며 총 9개의 하위요인이 있다.

- 자기조절능력: 감정조절력, 충동통제력, 원인분석력
- 대인관계능력: 소통능력, 공감능력, 자아확장력
- 긍정성: 낙관성, 생활만족도, 감사하기

≫ 감정조절력

감정조절력은 실패나 악조건에서 자기파괴의 유혹으로부터 평정을 유지할 수 있고 압박과 스트레스 상황에서도 평온함을 유지할 수 있는 능력이다. 감정조절력은 타인과 친밀한 관계를 맺고 직장에서 성공하며 신체 건강을 유지하는 데 중요하다. 감정을 조절하지 못하는 사람은 가정에서 배우자를 정서적으로 지치게 하고 직장에서 공동 작업을 하기 어렵다.

연구에 따르면, 감정조절 능력이 부족한 사람은 우정을 쌓고 지속하지 못한다. 가장 근본적인 이유는 부정적인 성향 때문이다. 사람들은 화를 내거나 투덜대거나 불안해하는 사람과는 함께 있으려 하지 않는다. 그런 성향은 상대방의 에너지를 낭비시키고, 게다가 감정은 전염성이 있다. 화를 내고 투덜대고 불안해하는 사람과 있으면 덩달아 화가 나고 투덜대고 불안해진다.

≫ 충동통제력

「마시멜로 이야기」는 스탠퍼드 대학 심리학자 월터 미쉘(Walter Mishel)이 1968년에 흥미로운 연구를 수행한 결과이다. 네 살짜리 아이들을 작은 방으로 1명씩 데려간다. 그 방에는 다른 연구자가 기다리고 있다. 연구자는 방에 들어온 아이에게 자기가 잠깐 밖에 나갔다 와야 하는데 그 전에 마시멜로를 하나 주겠다고 말한다. 그리고 그 마시멜로를 지금 먹어도 되지만 자기가 돌아올 때까지 안 먹고 기다리면 하나 더 주겠다고 한다. 14년 후, 월터 미쉘은 그 연구에 참여한 아동들을 추적 조사했다. 그들은 이제 고등학교 상급생이었다. 충동을 통제한 아동, 즉 마시멜로를 하나 더 받으려고 처음 받은 마시멜로를 먹지 않고 만족감을 지연시킨 아동들은 교우 관계도 더 좋았고 우리나라의 수학능력시험과 유사한 SAT 점수가 평균 210점이 더 높았다고 한다.

충동통제력은 자신의 동기를 스스로 부여하고 조절할 수 있는 능력이다. 더 나은 내일을 위해 지금의 충동적 욕망을 억제할 수 있는 능력이며, 미래에 보상받기 위해서 현재의 욕구를 참아낼 수 있는 능력이다. 충동통제력은 결핍동기보다 성장동기와 관련되며 자신의 보다 나은 모습을 위해서 즐거운 마음으로 꾸준히 노력할 수 있는 성장 지향적인 자기조절능력이라 할 수 있다.

자기결정성에 대해 수십 년간 연구해온 데시(Deci)와 라이언(Ryan)은 자율성에 기반을 둔 충동통제력이 건강한 정신으로 한평생을 살아갈 수 있게 하는 회복탄력성의 근간이 된다고 결론지었다. 감정조절능력과 충동통제능력은 밀접한 관계가 있다. 두 영역 모두 우리의 믿음 체계를 이용하기 때문이다.

≫ 원인분석력

원인분석력은 닥친 문제를 긍정적으로 바라보면서도 원인을 정확히 진단해내는 능력이며, 자신에게 닥친 사건들에 대해 긍정적이면서도 객관적이고 정확한 스토리텔링을 할 수 있는 능력이다.

부정적인 사건을 지나치게 비관적으로 받아들이다가 늘 스스로 좌절하고 마는 사람, 지나치게 낙천적으로만 바라보다가 제대로 대처하지 못하는 사람 모두 원인분석력이 부족한 사람이다.

어떠한 일이 '기분 나쁜 일, 슬픈 일, 화나는 일, 짜증나는 일'이 되려면 나의 해석이 필요하다. 나의 분노나 짜증은 외부적 사건이나 사람들이 자동적으로 만들어내는 것이 아니라, 곧 내 자신이 만들어내는 것이기 때문에 나의 분노나 좌절의 근원은 내 머릿속에 있음을 분명히 알아야 한다. 문제의 원인을 정확히 알아내지 못하면 똑같은 실수를 되풀이할 수밖에 없다. 마틴 셀리그만과 그 동료들은 원인분석 능력에 특히 중요한 사고양식을 찾아냈다. 이것은 설명 양식으로서, 본인에게 일어나는 좋은 일과 나쁜 일의 원인을 설명하는 습관적인 방식으로 3가지 차원에서 서술할 수 있다. 첫째, 개인적 차원으로 내 탓 혹은 남 탓이며, 둘째, 지속성 차원으로 항상 혹은 가끔이다. 셋째, 만연성 차원은 전부 혹은 일부이다.

나쁜 일이 생겼을 때		좋은 일이 생겼을 때	
비관적인 사람	낙관적인 사람	비관적인 사람	낙관적인 사람
개인성	비개인성	비개인성	개인성
영속성	일시성	일시성	영속성
보편성	특수성	특수성	보편성

ⓐ 나쁜 일이 생겼을 때

<상황> 열심히 일한 프로젝트가 결국 실패했다.

왜 나만 실패했을까?	개인성	나만 실패하는 것은 아니다. 누구나 실패할 수 있다.	비개인성
왜 나는 항상 실패할까?	영속성	이번엔 어쩌다 운이 나빠 실패한 것일 뿐이다.	일시성
왜 내가 하는 일은 다 이 모양일까?	보편성	난 이 프로젝트에만 실패했을 뿐 다른 일들은 다 잘하고 있다.	특수성

ⓑ 좋은 일이 생겼을 때

<상황> 꼭 취직하고 싶은 회사로부터 합격통보를 받았다.

나 같은 사람을 뽑다니, 대충 아무나 뽑았나 보군.	비개인성	나를 뽑다니, 역시 내가 노력한 보람이 있어.	개인성
합격 운이 좋아 이번에만 어쩌다 붙은 거겠지.	일시성	내가 하고자 하는 일은 언제나 다 잘 되었어.	영속성
회사 합격은 어떻게 되었지만 내 인생에 다른 모든 면은 엉망이야.	특수성	회사 합격되는 것을 비롯해서 내 인생의 모든 면은 다 제대로 되고 있어.	보편성

≫ 소통능력

사람과 사람 사이에 맺는 모든 관계는 소통에 의해 형성되고 유지된다고 할 수 있다. 따라서 소통능력이 인간관계를 진지하게 맺고 오래도록 유지하는 능력에 아주 중요하다. 삶에서 인간관계는 양날의 칼과 같다. 원만한 인간관계는 행복의 근원이자 긍정적 감정의 원천이고 회복탄력성의 기반이 된다. 반면, 갈등의 인간관계는 불행 그 자체이며 부정적 감정의 원천이고 회복탄력성을 갉아먹어 한 인간을 파멸에 몰아넣는다. 극단적인 경우 자살, 우울증, 범죄의 원인이 된다. 소통능력은 인간관계와 설득의 능력이며 일정한 규칙에 따른 체계적인 교육과 연습으로 향상될 수 있는 기술이다. 또 소통은 내용(메시지) 차원, 관계형성 및 유지라는 2가지 차원을 포함하고 있다. 이런 관점에서 그레고리 베이츤(Gregory Bateson)은 보고적 말하기(report talk), 관계적 말하기(rapport talk)로 구분하기도 하였다.

≫ 공감능력

공감은 "다른 사람의 감정이나 생각을 감지하고 그것을 상대방의 입장에서 대신 경험하는 인지적 과정"이다. 공감능력은 타인의 심리 상태와 정서 상태에 대한 신호를 포착하는 능력이다. 두뇌의 거울 신경계를 밝힌 연구에 따르면, 타인의 고통과 관련해서 뇌는 감각적 고통은 같이 느끼지 않지만, 고통에 수반되는 감정적 측면은 같이 느낄 수 있다. 특히 사랑하는 사람의 고통이나 그 고통을 겪는 사람의 마음만큼이나 마음을 아프게 한다.

마음이론(Theory of Mind: TOM)에 따르면 어떤 학술적인 이론을 지칭하는 것이 아니라, 타인의 마음을 헤아리는 능력을 의미한다. 만 4세가 되면서 마음이론을 갖추기 시작할 때, 즉 다른 사람의 입장을 헤아릴 수 있는 능력이 생길 때, 바로 그때 우리는 분명한 자아의식을 갖기 시작한다.

공감능력은 다른 사람의 심리나 감정 상태를 잘 읽어낼 수 있는 능력이며, 표정이나 목소리 톤, 몸짓이나 자세 등을 통해서 그 사람이 어떠한 생각이나 느낌을 갖고 있는지 알아채는 능력은 인간관계를 잘 유지하고 타인을 설득하기 위한 기본적 자질이며, 적극적인 듣기나, 표정 따라 하기 등의 훈련을 통해 증진시킬 수 있다고 한다. 공감능력이 부족한 사람은 타인의 입장에서 생각하지 못하고 그가 어떤 감정을 느끼는지, 어떤 행동을 할 가능성이 있는지 예측하지 못한다. 비언어적 신호를 해석하는 능력이 중요하다. 꾸준히 승진해야 하고 인맥 관리 기술이 필요한 직장인들, 그리고 부하 직원에게 동기를 부여할 최선의 방법을 알아야 하는 임원들의 경우, 공감능력이 부족하면 큰 대가를 치를 수 있다. 상대방으로부터 소중하고 이해받고 있다는 느낌이 필요한 인간관계에서도 그 대가는 크다. 공감능력이 낮은 사람은 좋은 의도를 갖고 있어도 비효과적인 구태의연한 행동을 반복하는 경향이 있다. 그들은 타인의 감정과 욕구를 억지로 캐내려고 한다. 하지만 이들도 공감 지수를 올릴 수 있다.

≫ 자아확장력

자아확장력은 자기 자신이 다른 사람과 연결되어 있다고 느끼는 정도를 의미한다. 자아확장력이 높은 사람은 자아개념 속에 타인과의 관계에 대한 전제가 깊이 내재되어 있다. 즉, 자기 자신에 대해 생각할 때 이미 타인과의 관계 속에서 자기 자신을 이해하는 것이다. 동서고금을 막론하고 자아확장력은 인간의 도덕적 기본 속성으로 파악되어 왔으며, 자아확장력의 향상은 인간 교육의 기본 목표였다. 자아확장력의 근본은 긍정적 정서이다. 긍정적 정서만이 사람을 하나로 묶어준다. 유명한 긍정심리학자인 바바라 프레드릭슨(Barbara Fredrickson)에 의하면 긍정적 정서는 타인과 내가 하나 되는 느낌을 강하게 해주는 원동력이다.

아론(Aron)은 '자아확장이론'을 제안하면서 친밀한 관계란 '상대방을 나의 자아개념에 포함시키는 것'으로 제안하였다. '나'라고 생각하는 자아의 개념 속에 상대방을 포함시키는 것, 혹은 '나'라는 범주를 넓히고 확장시켜서 상대방이 그 안에 포함될 수 있게 하는 것이 진정으로 친밀한 관계를 형성할 수 있다. 아론은 사랑을 '자아의 확장(expansion of self)'이라 정의하고 진정한 인간관계는 상대방을 '나'라는 개념 안에 포함시킴으로써 가능하다고 하였다.

카우아이 섬 연구의 핵심적 결론은 높은 수준의 회복탄력성을 위해서는 아이들에게 무조적적인 사랑을 베풀고 신뢰를 보내준 어른이 적어도 1명은 필요하다는 사실에서도 볼 수 있듯이, 어려서부터 무조건적인 사랑을 경험해야 아이들은 타인과 나를 동일시하는 자아확장력을 키울 수 있다. 이러한 자아확장력이야말로 세상을 타인의 관점에서 바라볼 수 있게 하는 원동력이며, 공감 능력의 원천이라 할 수 있다.

≫ 낙관성

낙관성은 주어진 상황이 언젠가는 좋아지리라는 믿음을 지니는 정도 혹은 어떤 사물이나 사건에 관한 더 밝고 긍정적인 전망이나 해석을 하는 성향이다. 심리학자들은 낙관성이 부족하고 비관적인 사람의 가장 큰 특징은 타인의 부정적 시선을 지나치게 두려워한다고 주장한다.

회복력 지수가 높은 사람은 낙관적이다. 그들은 만사가 더 좋아질 것이라고 믿는다. 미래에 대한 희망을 품고 본인이 인생의 방향을 통제한다고 확신한다. 낙관주의자는 비관주의자에 비해 신체적으로 더 건강하고 우울증에 덜 걸리고 성적이 더 좋고 직장에서 더 생산적으로 일하며 운동 경기에서 더 자주 이긴다. 과학적인 수많은 연구로 입증된 사실이다.

또 다른 연구에 의하면, 낙관성과 자기효능감은 밀접한 관계가 있다. 진정한 자기효능감과 결합한 낙관성은 커다란 축복이다. 낙관성은 동기를 부여해서 해결책을 찾아내고 어려운 상황을 개선하게끔 계속 열심히 노력하게 만들기 때문이다.

≫ 생활만족도

생활만족도는 자신이 잘할 수 있는 일을 통해 즐거움과 성취, 보람을 느끼는 정도이다. 경제적 수준, 학력 등의 외적 요인과 생활만족도가 일치하지는 않으며 자신의 욕구와 가치에 따라 현재 자신이 느끼는 심리적 만족이라 할 수 있다.

≫ 감사하기

감사하기는 매사에 감사하는 마음을 갖는 정도로 긍정심리학의 최상위에 있다. 지난 10년간 긍정심리학이 발견한 여러 가지 긍정성 증진 훈련 방법 중에서 단연 최고의 효과를 지닌 것이 감사하기 훈련이다. 감사하기는 긍정성 향상에 있어 가장 강력하고도 지속적인 효과를 나타낸다. 심장박동과 감정 사이의 관련성을 연구하는 심장심리학에서는 심장박동 수를 가장 이상적으로 유지시켜 주는 긍정적 정서가 무엇인지 찾기 위한 노력을 하였다. 즐거운 일을 상상하거나, 편안한 자세로 명상에 심취하고 아무 생각 없이 편안하게 쉬는 상태를 유지하는 활동을 하는 동안 심장박동을 측정한 것이다. 결과, 심장박동 수를 가장 이상적으로 유지시켜 주는 것이 '감사하는 마음'을 갖는 것이었다. 분노나 좌절감 등 부정적 감정을 느낄 때에는 매우 불규칙하게 변화하였지만, 감사한 일들에 생각을 집중하고 감사한 마음을 느끼면 심장박동 수는 규칙적으로 변화하였다. 심장박동 수의 변화주기는 10초에 1번, 즉 0.1Hz인 것이 가장 이상적이며 호흡, 심장박동의 변화, 혈압 변화의 리듬이 모두 다 비슷한 주기를 유지하는 상태를 일치의 상태라 한다. 이러한 일치를 가져오는 것이 바로 감사의 마음을 갖는 상태였다. 사람의 마음과 몸을 최상의 상태로 유지시켜 주는 것은 긴장을 푸는 명상이나 기분 좋은 일을 생각하는 것보다도 감사하는 마음이다. 감사하는 마음이야말로 긍정심리학이 지향하는 최선의 마음 상태이다.

요약하자면, 강한 회복탄력성을 위하여 자기조절능력과 대인관계능력의 2가지가 필요하기 때문에 후천적인 노력을 통해 길러야 한다. 그리고 이 2가지를 길러주기 위하여 필수적인 요소가 긍정적 정서이다. 긍정적 정서를 키운다는 것은 곧 스스로 행복해짐으로써 자기통제력을 높인다는 것을 의미하며, 자신의 행복을 타인에게 나누어줌으로써 대인관계 능력을 향상시킨다는 것을 의미한다.

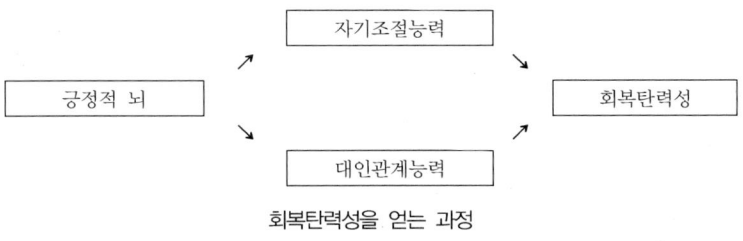

회복탄력성을 얻는 과정

뇌과학 연구에 따르면, 부정적 감정과 긍정적 감정이 처리되는 부분이 서로 다르다. 분비되는 신경전달 물질도 다른 것으로 알려져 있다. 그렇기 때문에 똑같은 사건이나 사물에 대해서도 긍정적인 사람과 부정적인 사람은 뇌를 전혀 다른 방식으로 사용한다. 긍정적인 사람은 긍정적 정서가 뇌에 깊이 각인되어 습관화된 사람이다. 인간의 뇌는 가소성을 지니고 있기 때문에 아무리

나이가 들어도 반복적인 훈련을 하면 변하게 마련이다. 긍정적 정서가 습관화된 사람은 행복의 기본수준도 높다. 긴 삶의 여행 가운데 역경 없는 삶은 없다. 그것을 해석하고 극복하는 능력에 따라 내적 경험을 하고, 내면의 그림이 그려지는 것일 뿐이다. 부모, 친구, 선생님, 직장 동료들이 자신의 삶에 큰 영향을 미친다고 알려져 있지만, 이 모든 영향을 모두 합친 것보다 강력하며 극복할 수 있는 것은 바로 자신에 대한 믿음과 어려움에 대처하는 건강한 회복탄력성일 것이다.

 행복습관 13. 9가지 회복탄력성 요소를 매일 한 가지씩 음미한다.

제10장

인간관계의 힘

행복의 90%가 인간관계에 달려 있다.

- 키르케고르(S. Kierkegaard)

물에 비치면 얼굴이 서로 같은 것같이 사람의 마음도 서로 비치느니라.

- 잠언 27:19

모든 고민은 인간관계에서 비롯된다. 불행의 근원은 인간관계에 있고,
행복의 원천 또한 인간관계에 있다.

- 아들러(Alfred Adler)

　하버드 대학 직업지도부에서 하버드 대학을 졸업하고 사회활동 중인 1,500명을 대상으로 50여 년간 동일한 졸업생에게 5년 단위로 똑같은 질문을 하는 조사를 하였다고 한다. 20대의 청년 때부터 70~80대의 노인이 될 때까지 동일한 내용의 질문지에 답한 내용을 분석했는데. '지금 현재 당신의 행복을 결정하는 행복의 조건을 한 가지만 든다면 어떤 것을 들 수 있습니까?'라는 질문이었다. 분석결과 가장 많은 대답은 '인간관계가 행복을 결정한다'는 것이었다고 한다.

1. 친밀한 인간관계를 위한 준비

1) 생존을 위한 필수감정, 불안과 두려움

불안(不安)
마음이 편하지 아니하고 조마조마함. (국어사전)
원하지 않는 생각이나 감정을 가질 때 생기는 불쾌한 감정 (심리학)

인간이 가장 피하고 싶어 하는 감정은 불안이다. 그러면서도 불안은 원시시대로부터 생존을 위한 필수감각으로 활용되었다. 위협의 대상에 대해 불안을 느껴야 피하여 자신을 안전하게 지킬 수 있기 때문이다. 불안은 불확실한 미래에 대한 자신의 생각에 기인한 것으로 불안에서 벗어나기 위하여 '무엇을 하기 위한' 행동, 즉 접근하거나 '무엇을 하지 않기 위한 행동', 즉 회피를 선택한다. 접근 행동이나 회피 행동 모두 성공하거나 실패할 수 있다. 접근 행동을 성공했을 때 '행복'하고 실패했을 때 '슬퍼'하게 된다. 회피 행동을 성공했을 때 '안도감'을 느끼고 실패했을 때 '불안/공포'를 느끼게 된다.

호모사피엔스와 네안데르탈인 이야기
인류는 아프리카 유인원에서 기후변화로 살아남기 위한 끊임없는 이동으로 인해 진화해왔다. 인류도 다양한 종이 있었는데 그중에서 호모사피엔스라는 종과 네안데르탈인이라는 종이 있었다. 네안데르탈인은 호모사피엔스에 비해 힘도 더 세고 용맹했다고 한다. 그런데 네안데르탈인 화석이 어느 순간 더 이상 발견되지 않게 되었다. 특정 시기에 갑자기 멸종했다는 것이다. 과학계에서 멸종에 대해 다양한 추측을 한다. 네안데르탈인은 2~3만 년 전까지 유럽에서 살았으며 몸집은 키도 크고 코가 크며 온몸이 근육질로 단단했다. 반대로 호모사피엔스는 팔다리가 길고 키도 크며 늘씬했다. 네안데르탈인은 거칠고 과감하며 전투와 사냥에 최적화되어 있는 존재이기 때문에 둘이 싸우게 된다면 호모 사피엔스는 절대 싸워서 이길 수 없었다. 그런데 왜? 한순간 멸종했을까에 대한 사냥의 방식, 용맹성, 식성, 문화의 차이 등 여러 가지 시나리오가 있다. 확인할 수 없는 또 다른 시나리오는 그들의 생활양식인데 네안데르탈인은 다른 네안데르탈인을 만났을 때 서로에 대한 믿음이 없고 상대가 자신을 공격할지 모른다는 불안감 때문에 미리 상대를 공격하고 잡아먹는 행위들이 퍼져 결국 멸망하였다는 것이다.

위에 호모사피엔스와 네안데르탈인의 이야기를 보면 결국 상대에 대한 불신과 불안이 종족의 멸망으로 이끌었다는 것을 알 수 있다. 현대인들의 심리적 불안은 어떻게 작용하는가? 심리적 불안과 불신은 동전의 양면으로 작용하며 국민 정서인 분노와 절망으로 나타나는 것이리라.

≫ 생후 1년 이내 형성되는 '신뢰 대 불신'
생존을 위해 타고난 감정인 불안은 생존을 위한 것이지만 습관화되어 인간관계를 어렵게 하는 요인으로 작용한다. 생후 초기 타인의 반응을 통해 세상에 대한 신뢰가 형성되지 못하면 불신 상태로 있게 되고 이것은 불안의 원인이 된다. 에릭슨(Erickson)의 심리사회적 발달 8단계 중 1단계는 생후 1년 사이에 경험하는 '신뢰 대 불신(trust vs mistrust)' 시기다. 이 시기에 아이가 원하는 것을 일관되게 얻고 욕구를 만족스럽게 충족하며 자신이 안전한 곳에서 살아가고 있음을 경험하면, 이 세상을 살 만한 곳이라 신뢰하게 된다. 에릭슨은 인간의 가장 밑바탕에서 버팀목이 되어주는 덕목을 '신뢰'라고 본 것이다. 에릭슨(Erickson)의 두 번째는 '자율성 대 수치심과 의심(autonomy vs shame & doubt)'이다. 이제 걸음마를 시작하고 세상을 탐색해나가는 2세경의 발달과제다. 환경에 대해 자유롭게 탐색하고 충분히 경험하며 성취감을 느끼면 자율성이 생기지만, 이때 부모가 지나치게 통제하고 혼내거나 겁주면 수치심과 의심을 갖는다.

모든 인간의 기저에 있는 불안은 인생 초기에 타인이 자신에게 대해 준 반응을 통해 신뢰로 넘어갈 수도 있지만 그렇지 않을 수도 있다. 신뢰를 무사히 형성한 아이는 다음 단계에서 자율성을 키워나가기가 훨씬 쉬울 것이다.

이것은 뇌의 부정 정서와 긍정 정서 회로와도 관련이 있다. 앞에서 설명한대로 뇌의 회로는 사용하면 강화되고 사용하지 않으면 약화된다. 이것이 뇌의 가소성이다.

편도에서 생성된 부정적인 감정은 변연계의 시상하부와 전두엽으로 동시에 전달이 된다. 시상하부에 전달된 것은 자율신경의 교감신경계와 부교감신경계를 자극하게 되는데, 이것은 부정적인 정서, 즉 불안이 그대로 전달되는 경로이다. 반면, 전두엽으로 전달된 불안은 과거에 자신의 경험에 비추어 감정기억과 사실기억과 조합하여 의사결정을 하게 된다. 대부분의 불안이 실제로 일어나지 않았다는 것과 자신의 불안이 근거가 없다는 것을 생각해내면 안도감을 느끼게 된다. 주목할 것은 이렇게 안도감으로 의사결정 할 수 있기 위해서는 그렇게 해석할 수 있는 경험이 있어야 한다는 것이다. 이러한 부정 정서와 긍정 정서 회로가 반복되다 보면 어느 순간 자동화되어 자신이 인식하지도 못하는 습관으로 자리 잡게 된다.

≫ 자신을 신뢰하는 사람이 상대도 신뢰할 수 있다.

에릭슨의 말을 빌려보자면 인간에 대한 신뢰는 생후 1년 이내에 '의미 있는 타자'로부터 자신이 어떠한 대접을 받았는지에 대한 내적 경험으로 형성된다. 안정적이고 일관된 대접을 받은 사람은 '나는 괜찮은 사람이며, 이 정도 대접을 받을 수 있는 사람'이라는 자기신뢰를 할 수 있게 되며, 반대의 경우도 있다. 즉, 타인이 자신에게 보여준 반응을 통해 형성된 자기신뢰를 바탕으로 또 타인을 바라보게 된다. 선순환 또는 악순환의 고리가 형성된다. 상대에 대한 불신과 자신에 대한 불신은 한 고리로 연결되어 있다는 의미이다. 신뢰할 수 없는 사람은 자신을 자책하거나 타인을 공격하고 비판하며 있는 그대로 수용할 수 없게 된다.

결론적으로 타고난 불안이 신뢰로 변화되기 위해서는 누군가로부터 충분한 인정과 무조건적인 사랑을 받았어야 한다. 인간은 상대를 대할 때 자신이 세상을 대하는 방식으로 상대의 반응을 해석한다. 자존감 수준에 따라 상대에 대한 신뢰를 결정하고 자존감은 타인이 나에 대한 반응을 통해 주로 결정된다.

2) 모든 인간의 근원적인 욕구, 자기존재감

≫ 인간관계에서 불안을 벗어나 안전해지고 싶은 욕구

원시시대에 인간이 느꼈을 불안의 대상은 주로 자연이었겠지만, 인간관계가 복잡해진 현대에는 불안의 대상이 자연보다는 인간이 되었다. 인간은 불안과 같은 부정 정서에 빠지면 여기에서 벗어나 정반대의 감정을 느끼고 싶어 한다. 즉, 불안에 빠지면 거기에서 벗어나 정반대의 감정인 안도감, 안전함을 느끼고 싶어 한다. 인간관계에서 안전함은 곧 자기존재감으로 연결된다.

인간관계에서 자기존재감을 확보하는 방법으로는 스스로 확보하는 방법과 타인을 통하여 확보하는 방법이 있다. 스스로 확보할 수 있는 사람은 자존감이 높은 사람이다. 타인을 통해 확보하는 방식은 첫째, 상대가 원한다고 생각되는 방식으로 자신이 맞추어 주거나, 상대에게 무시당하지 않도록 자신을 드러내는 방식이 있다. 예를 들어 상대에게 공격적인 태도를 취하거나, 반복적으로 지적질을 하는 유형도 있고 아예 자라처럼 감추고 자신의 생각이나 존재를 낮추어 양보하거나 지나친 웃음으로 '나는 위험한 사람이 아니에요'라고 말하는 유형도 있다. 어떠한 방식으로건 존재감이 확보되지 않으면 상대가 자신을 무시한다고 생각하거나 소외감, 두려움 등 심리적으로 위축된다. 자존감(self-esteem)은 자신을 가치있는 존재로 평가하는 태도이다. 자신을 부정적으로 보는 사람은 타인도 부정적으로 본다. 사람은 어떤 상황을 대할 때 자신의 경험에 비추어 해석하여 반응하는데, 자신의 경험 속에서 신뢰의 경험에 따라 상대를 해석하기 때문이다. 자신을 믿는 사람은 상대도 믿을 수 있다. 자신을 긍정적으로 해석하는 사람이 상대를 긍정적으로 해석할 확률이 높다. 자존감이 높은 사람이 상대도 배려하고 존중할 줄 안다. 물론 자신과 타인에 대한 잣대가 같고 극단적이지 않은 경우에 해당하는 말이다.

≫ 자기존재감은 자기결정성으로부터 출발

인간의 모든 심리적인 문제는 자존감의 결핍에서 시작된다. 인간의 심리적인 욕구는 자율성과 유능감 그리고 친밀감이다. 즉, 완전히 스스로 충분한 성취를 하고 친밀한 사람이 있을 때 자아실현한 상태라 할 수 있다. 이러한 존재감을 방해하는 요인으로 심리적 욕구가 불충족된 상태인 타율성, 무능함, 고립감인데 이 상태에서는 잠재능력을 발휘할 수 없게 된다. 인간심리적 욕구인 자율성, 유능감, 친밀감과 연결하여 생각해보면 불안이나 두려움으로 자율성을 확보하지 못하면 수동적이고 의존적인 존재가 된다. 유능감을 확보하지 못하면 소극적인 행동을 보이게 되고 좌절감과 무능감을 느끼게 된다. 친밀감을 확보하지 못하면 인간관계에서 소극적인 태도를 보이게 되고 외로움과 고립감을 느끼게 된다.

이것은 모든 인간이 가진 공통의 불안, 즉 실패에 대한 불안과 거부에 대한 불안을 극복하지 못한 것이다. 실패에 대한 불안(두려움)은 죄의식으로 연결되고 거부에 대한 두려움은 인간에 대한 적대감으로 자라게 된다. 이러한 심리 상태는 누가 먼저인지 알 수 없지만 서로 고리로 연결되어 있어 악순환에 빠지게 된다. 유능감의 실패-무능감-실패에 대한 두려움-관계에 대한 거부-무능감의 고리가 형성된다. 자기가치감을 느끼게 하는 친밀감에 대한 실패-고립감-거부에 대한 두려움-성취에 대한 무능감으로 고리가 형성된다.

유능감과 친밀감이라는 욕구로부터 출발되는 악순환의 고리는 모두 자율성, 즉 자기결정성에 기반을 둔다. 자기결정성의 바탕 위에 유능감과 친밀감의 욕구 충족도 가능하다는 의미이다.

3) 자기결정성은 자존감을 높이고 도파민을 분비시킨다

자존감을 느끼면 도파민경로가 활성화된다. 자존감이 느껴질 때 도파민이 생성되고 자존감에 손상을 받을 때 스트레스 호르몬으로 알려진 코르티솔이 분비된다. 도파민은 언제 분비되는가? 어떤 행동을 하기 전에 기대감이 도파민을 분비하게 한다. 예를 들어 데이트 장소에 나갈 때, 맛있는 삼겹살을 먹기 전에 기분 좋은 기대를 할 때이다. 어떤 행동을 하고 기분 좋은 기대를 할 때 도파민이 형성되는 그 시점이 자존감을 느끼는 때이다. 이때 어떤 행동은 자기가 하고 싶은 것이어야 한다. 도파민 분비, 즉 자존감을 느낄 수 있는 모든 행동의 기저는 자기결정성이다. 어떤 행동에 대한 기대가 충족되지 못할 때 스트레스가 되고 이것은 아드레날린과 노르아드레날린을 분비하게 하고 코르티솔까지 분비되게 한다.

4) 인정은 자존감을 높이고 도파민을 분비시킨다

자존감을 느낄 수 있는 또 다른 기회는 타인으로부터 인정을 받을 때이다. 인정이란 '다른 사람의 성품, 잠재력, 가치, 기여 등을 올바르게 평가해주는 것'이며 '인정 자체가 목적이 아니라 행동을 이끌어내는 무한한 힘의 원천을 찾게 하는 과정'이며, '최고의 인정은 모든 것의 근원인 인간존재에 대한 인정'이다. (Empowering 코칭)

인간은 타인으로부터 존재에 대한 인정을 받을 때 '나의 존재 가치감', 즉 자존감을 느끼게 되고 도파민이 분비된다. 어떤 인정이 좋을까?

아래는 영화 <글라디에이터>의 일부 대사이다.

> 아버지: 로마를 통치할 준비가 되었느냐?
> 코모두스: 네! 아버님
> 아버지: 넌 황제가 되지 못할 것이다.
> 코모두스: 저 아니면 도대체 누가?
> 아버지: '막시무스'에게 권력을 넘기겠다. 원로원이 통치할 준비가 될 때까지 짐의 권력을 대신할 것이다. 로마는 공화국으로 다시 돌아간다.
> 코모두스: '막시무스?'
> 아버지: 내 결정에 실망했느냐?
> 코모두스: 언젠가 아버진 저에게 네 가지 덕목을 적어줬었죠. 지혜, 정의, 용맹 그리고 절제! 전 해당되는 게 하나도 없더군요. 하지만 저도 내세울 게 있어요. 야망, 남들보다 앞서게 해주는 덕목이죠. 뛰어난 지략, 용기…… 전쟁터의 용맹엔 못 미칠지라도 딴 종류의 용기도 많잖아요. 헌신…… 저의 가족과 아버님께요. 그런 제 장점은 목록에 없고 아들로도 원치 않는 것 같았어요.
> 아버지: '코모두스' 그건 지나친 억측이야.
> 코모두스: 신들께 끊임없이 빌어왔어요. 아버님을 기쁘고 영광되게 해드릴 길을 가르쳐 달라고요. 단 한마디 따뜻한 말로 저를 애정으로 포옹만 해주셨어도 평생의 기쁨으로 삼았을 거예요. 저의 무엇이 그토록 싫은 거지요? 제가 진정 원했던 것은

아버님 기대에 부응하는 거였어요. 폐하!
아버지: 코모두스, 네가 자식답지 못한 건 이 아비가 부족한
탓이었어. 안아다오.
코모두스: 아버님, 날 미워하신 은혜의 대가로 세상을 피로 짓
밟고 말겠어요.

이 영화는 실화를 바탕으로 한 것으로 코모두스에게 아버지가
원한 것은 '지혜, 정의, 용맹, 절제'이었다. 그러나 이러한 덕목은
코모두스에게 없었고 오히려 '야망, 지략, 용기, 헌신'을 가지고
있었다. 아버지의 과실은 자식이 가지고 있는 덕목을 애써 발견
하여 인성해주어야 함에도 불구하고 자신이 원하는 덕목을 요구
한 것이었다. 코모두스는 너무나도 원하는 아버지의 인정을 받지
못한 끝에 아버지를 죽이고 로마를 피로 물들이게 되었다.

타인을 인정한다는 것은 자신이 원하는 대로 상대를 움직이기
위한 수단이 아니라, 오히려 자신의 기대와 생각을 모두 내려놓
고 상대에게 있는 좋은 덕목을 찾아 알려주는 것이다. 이런 인정
을 받을 때 존재감을 느끼게 된다.

성인이 된 다음에도 인간관계가 어려운 사람 중 타인에게 관대
하지 못하고 엄격하며 과도한 잣대를 들이대는 경우가 있다. 좋
은 점보다는 나쁜 점을 먼저 발견하고, 어떤 방식으로건 지적해
야만 한다. 공격적이고 과격한 말과 행동을 자주하며 평정심을
쉽게 잃는다. 약자에게 자신의 짜증이나 불만을 터트리는 경향이
있다. 자기주장에 얽매여 상대방의 생각을 인정하지 않는다. 그것
이 괜한 마찰을 일으킨다.

이처럼 타인에게 지나치게 엄격한 사람 중에는 자신이 그런 취
급을 받으며 자란 경우가 많다. 원래 다정했던 사람이라도 가혹한

환경에서 강제로 생활하다 보면 타인의 장점을 칭찬하기보다 잘못을 꾸짖게 되고, 자신의 잘못을 인정하기보다 고집스럽게 정당화하려 한다. 인정받고 자란 사람이 타인도 인정할 수 있게 된다.

2. 인간관계에 대한 나의 태도 알기

긍정적이고 행복한 인간관계를 유지하기 위하여 먼저 자신을 아는 것이 필요하다. 기본적으로 인간에 대해 어떠한 태도를 가지고 있는지 어떤 행동을 좋아하고 싫어하는지, 중요하게 생각하는 가치관은 어떤시에 대해 알고 다른 사람들은 어떤 인간관계 행동 특징을 갖는지를 아는 것이 중요하다.

인간이 행동하는 원리는 생각-말-행동이다. 자신이 인식하지 못할 수도 있는 생각이 잠재의식 속에 자리 잡고 있다가 말로 나오고 때로는 생각이 말로 정리되어 나오기도 전에 행동으로 드러나게 된다. 또한 외부의 자극에 대하여 자신의 기존 생각과 연합하여 또 다른 생각을 형성하게 되는데 새로운 생각을 형성하는 과정에서 중요하게 작용하는 더 근원적인 것이 인생태도이다. 인생태도는 자기 자신이나 타인들에게서 지각되는 기본적인 신념으로 생활태도라고도 한다. 이것은 인생 초기 5, 6세경까지 경험을 통해 자기 자신의 가치에 대한 관념으로 정착되어 성장 후 그 사람의 성격을 결정짓는 행동이나 반응패턴으로 형성된다. 특히 유아기 때 부모나 부모를 대신하는 양육자로부터 받은 스트로크(말이나 행동패턴)의 질과 양에 따라 인생의 태도가 결정된다. 자신에 대한 태도의 긍정(ok)과 부정(not ok), 타인에 대한 태도의 긍정(ok)과 부정(not ok)으로 구성되며 이를 OK 목장이론이라 한다.

	You're ok	

	You're ok	
I'm not ok	**제1의 태도** 자신부정, 타인긍정	**제4의 태도** 자신긍정, 타인긍정
	제2의 태도 자기부정, 타인부정	**제3의 태도** 자기긍정, 타인부정

I'm ok

You're not ok

제1의 태도와 제2의 태도

태도 행동측면	제1의 태도 자기부정-타인긍정	제2의 태도 자기부정-타인부정
타인과의 관계	·타인으로부터 도피 ·자책, 회피적 태도	·타인을 신뢰하지 않음. ·공격적, 불신, 포기적 태도
자기와의 관계	·자신감 부족 ·나약, 무능한 존재 ·열등의식	·자신에 대해 공격적 ·인간적 수용 거부 ·낙담, 소외
분노의 감정	·욕구불만의 분노 ·분노를 마음속에 축적	·반항이 적은 분노 ·체제나 세상에 대한 분노 ·희망 없는 세계에 대한 분노
두려움의 감정	·실패에 대한 두려움	·버림받는다든지 혼자서만 있 게 된다는 두려움
인생에의 지향	·무엇을 원하는지 자신도 잘 모름. ·자기 것도 차지하지 못함. ·문제나 책임으로부터 도피	·인생의 목표가 없음. ·될 대로 되라는 인생
커뮤니케이션	·타인을 비난 ·자기 방어 ·자기합리화	·적대감을 가지고 있음. ·험악, 당돌 ·반항적
사회의식	·열등의식	·비판의식

제3의 태도와 제4의 태도

행동측면＼태도	제3의 태도 자기긍정·타인부정	제4의 태도 자기긍정·타인긍정
타인과의 관계	· 지배, 추궁, 징벌, 배타적 · 독선, 배타, 공격적 태도	· 누구와도 사이좋게 지낼 수 있음. · 모든 일을 잘 해냄. · 공존, 상호 협력적 태도
자기와의 관계	· 타인의 진의를 바르게 수용 하지 못함. · 우월감	· 자기를 존중하고 소중하게 생각함. · 평등
분노의 감정	· 원한의 분노	· 분노를 표시해야 할 때는 자 유롭게 표현
두려움의 감정	· 타인을 지배하는 힘을 잃을 까 봐 두려움.	· 두려워하는 자유
인생에의 지향	· 흑이냐 백이냐, 극우냐 극좌가 아니면 마음이 편하지 않음. · 경직된 인생	· '지금 여기'에 산다. · 성공을 목표로 하는 승자의 생활 · 자유롭게 자기를 바꾸려고 노력함.
커뮤니케이션	· 자기방어 · 공격적	· 개방적
사회의식	· 우월의식	· 평등의식

3. 친밀한 인간관계의 기술

1) 타인의 긍정성을 보는 눈

총사령관인 사자가 동물나라에서 전쟁 준비를 위한 회의를 하고 있다. 서로 자유로운 토론이 한창 진행되고 있다. 동물들은 개미를 보고 "저렇게 작은 것이 무슨 전쟁을 해?"라고 하였다.

코끼리를 보자 "덩치기 저렇게 커서 옆에 있으면 나도 들키지 않을까?"라고 하였다. 당나귀를 보고는 "소리가 너무 커서 들키기만 하지 뭐." 토끼를 보고는 "힘도 없어 보이는 게 무슨 전쟁을 해"라며 서로 불만을 쏟아내고 있었다.

이때 사자가 큰 소리로 고함을 외치며 "내가 지금부터 역할을 분담하겠다"라고 하였다. "당나귀는 소리가 크니 나팔수, 토끼는 발이 잽싸니 전령사, 개미는 덩치가 작으니 적진에 투입, 코끼리는 덩치가 크고 힘이 세니 군수물자를 나르도록 하겠다."

단점과 장점, 약점과 강점은 보는 사람의 관점의 문제이다. 전우주적인 관점에서 보면 누구나 장점 몇 가지 정도는 가지고 있을 것이고, 누구나 부족한 단점 몇 가지를 가지고 있을 것이다. 긍정적 인간관계를 위하여 다른 사람의 부족한 면에 집중한다면 마음속으로라도 지적을 하게 될 것이고, 부정적인 판단과 생각으로 이어지고 이것은 부정적 감정을 유발하게 되어 상대에게 전달

될 것이다. 누구나 자신의 단점에 집중하여 못마땅해하거나 지적을 하고 자신을 위한다는 핑계로 개선하라고 하는 사람을 기쁜 마음으로 만나고 대화하기는 어려울 것이다. 어느 사람이 상대에 대해 가지고 있는 기본적인 마인드는 감정, 행동으로 표현되어 부메랑처럼 결국 자신에게 돌아오게 될 것이다. 또 단점을 잘 보는 사람들은 자신의 판단력이 좋고 예리하며 자신이 보는 관점이 확실하다고 생각하지만 사실은 지극히 일부만을 반복적으로 바라보면서 자신의 생각을 강화하는 것에 지나지 않는다. 모든 사람에게는 장점과 단점이 있다는 것을 명심하고 장점을 발견해내는 자신의 습관에 집중하는 것이 자신과 긍정적 인간관계에 좋다. 어떠한 장점도 도저히 발견할 수 없는 사람이 있다면 그 사람과는 거리를 두는 것이 좋을 것이다.

단점과 장점을 발견하는 연습을 해보자. 다음 각 경우에 단점과 장점을 찾아보자.

	단점	장점
축구에 열정적인 고1 아들		
집에서 TV에 빠진 중2 딸		
바둑에 열중인 47세 아빠		
직장일에 빠진 46세 엄마		

누구나 자신의 단점을 관리하고 장점을 강화시켜 극대화시키면 강점으로 키울 수 있다. 소중한 관계를 유지해야 하는 사람일수록 장점을 찾아내어 인정해주고 강점으로 키워갈 수 있도록 지원하자.

성장과정에서 부모, 의미 있는 타인들의 반응들을 보면서 자연스럽게 모방학습을 하게 되어 인간을 바라보는 두 가지 관점이 형성된다. 부정적 혹은 긍정적인 면인데 그렇다고 백 퍼센트 부정적이거나 긍정적이지는 않다. 이러한 관점은 대상에 따라 다르기도 하지만 일반적이고 일관성 있는 자신의 태도는 분명히 있다. 만약 자신이 사람들을 볼 때 못마땅한 사람이 많고 남들보다 부족한 면을 잘 꼬집는 능력이 있다고 생각되면 자신의 부정적인 시각을 의심해보아야 한다.

≫ 소중한 사람의 긍정적인 면 발견하기

긍정적인 행동은 그 사람의 내면에서 생겨난 좋은 생각과 감정의 결과이다. 좋은 생각과 감정을 자주 할 수 있는 것은 그 사람이 가진 미덕의 덕분이다. 겉으로 드러난 행동의 긍정성을 보는 것도 중요하지만 그 아래에 깊이 잠재된 미덕을 발견하고 인정해주고 감사의 표현을 해준다면 듣는 사람과 말하는 사람 모두 뿌듯함과 잔잔한 행복을 발견하게 될 것이다.

미덕은 인성(人性)이라는 인간 내면이 광산에 존재하는 최상의 보석

감사	배려	유연성	창의성	결의	봉사	이상품기	책임감	겸손
사랑	이해	청결	관용	사려	인내	초연	근면	상냥함
인정	충직	기쁨함	소신	자율	친절	기지	신뢰	절도
탁월함	끈기	신용	정돈	평온함	너그러움	열정	정의로움	한결같음
도움	예의	정직	헌신	명예	용기	관용	사려	존중
협동	목적의식	용서	중용	화합	믿음직함	우의	진실함	확신

대상	긍정적인 면	이유 혹은 발견할 수 있는 미덕
예) 공부보다 축구에 더 열심인 고1 아들	체력단련과 팀워크 강화	• 미래는 집단 지성의 시대이므 로 팀워크가 중요한 자산 • 열정, 용기, 협동, 목적의식

2) 좋은 이야기나 칭찬을 해주는 것

누군가를 만나서 부족하거나 나쁜 단점을 본다면 비난이나 고쳐주려는 말을 하게 될 것이다. 반대로 그 사람이 가진 좋은 점을 발견해내어 말로 표현해주는 것이 칭찬과 감사이다. 칭찬과 감사 또한 부메랑처럼 자신에게 돌아오게 될 것이다.

칭찬에도 기술이 필요하다. D시 공무원 교육 때 남편들이 언제 자신을 칭찬해주느냐고 묻자 "맛있는 음식 해줄 때요." "시댁에 잘 해줄 때요"라고 하였다. 그런 칭찬을 반복적으로 들을 때 기분이 어떠냐고 묻자 "나빠요"라고 하였다. 칭찬을 받는데 기분이 나쁘다고? 그렇다. 인간은 영적 존재여서 상대의 칭찬 의도까지 한 눈에 꿰뚫어볼 수 있는 것이다. 남편들은 한결같이 자신들이 원하는 것을 들어줄 때 칭찬함으로써 다음에도 자신을 만족시켜 주기를 원하는 다소 불손한 의도가 있었던 것이다. 고래를 춤추게 하는 칭찬은 칭찬하는 사람을 만족시키는 행동에 대한 것이 아닌 칭찬받는 사람에게 초점을 맞춘 순수한 의도에 의한 것이어야 한다.

장미꽃을 전하는 사람의 손에는 장미의 향기가 머문다.

- 루이스맨스

≫ 칭찬하기

감사의 감동을 혼자만 갖지 말고 타인과 나누는 것이 칭찬이다. 자신에게 가장 소중한 가족에게 얼마나 칭찬할 수 있는가? 칭찬할 것이 있어야 칭찬한다고? 아니다. 자신의 부정 편향적인 눈을 약간만 줄이고 긍정성을 발견한다면 너무나 많은 칭찬거리가 있다. 자신의 눈에 띈 부족함 외에는 모두 칭찬거리와 감사거리가 아닌가? 칭찬은 고래도 춤춘다고 하지 않는가?

칭찬에도 연습이 필요하다. 인간이 생명체로서 존재하기 위해 음식이나 공기와 같이 매일 섭취해야 할 신체적 요소가 있다. 또한 심리적으로도 사랑과 인정과 같이 꼭 필요로 하여 채워야 할 요소가 있다. 어떤 행동을 하였을 때 누군가로부터 긍정적 피드백을 받으면 그 행동을 유지하게 되고 자존감이 올라간다. 반대로 부정적 피드백을 받으면 그 행동이 적절하지 않다고 생각하여 행동을 수정할 수 있게 된다. 피드백을 받지 못하면 자신의 행동에 대한 지침이 없어 혼란스럽게 되고 대인 감수성에 문제가 생길 수 있다. 사랑의 반대는 미움이 아니라 무관심이라는 말도 이러한 맥락에서 이해가 된다. 무관심이란 피드백을 전혀 하지 않는 것이니까 말이다. 긍정적 피드백은 인정이며 칭찬이다. 칭찬과 인정을 받을 때 이 행동은 반복적으로 하는 것이 좋다는 심리적 안정감을 받을 수 있다. 칭찬을 할 때에도 요령이 있어야 한다.

K강사가 어느 기업에 오후 강의에 참석한 적이 있다. 담당자는

예전과 달리 칭찬을 해주었다. "강사님, 타이가 참 멋지십니다." "예, 감사합니다." 잠시 후 직원은 "강사님, 타이가 참 잘 어울리시는데 새로 장만하셨습니까?" "예, 집사람이 이번에 장만해주었습니다." 얼마 후 직원은 또 타이 칭찬을 하였다. K강사는 순간 여러 가지 생각을 하게 되었고 그 이유를 알아보니 오전 강의에서 강사가 칭찬의 중요성을 다루었다는 것이다.

K강사가 주로 여성 학습자들이 참석한 또 다른 강의에서 남편들이 물었단다.

> "남편분들은 주로 어떤 칭찬을 해주십니까?"
> "맛있는 요리 해줄 때요." "시댁에 잘 할 때요." "아이들 성적이 잘 나올 때요."
> "그런 칭찬을 반복적으로 받을 때 기분이 어떠셨어요?"
> "이용당하는 것 같아요." "시댁에 잘 해주기 싫어졌어요."

그렇다. 위의 사례에서 분명히 칭찬을 하였지만 썩 유쾌한 칭찬은 아니었다. 고래를 춤추게 하는 칭찬, 사람의 가능성을 열어주는 칭찬은 바로 성품을 칭찬하는 것이다.

1단계 칭찬은 외모를 칭찬하는 것이다. "매우 동안이시네요." "블라우스 잘 어울리시는데요."

2단계 칭찬은 행동을 칭찬하는 것이다. "당신, 찌개가 참 맛나네." "당신은 살림도 잘하고 아이들도 참 잘 키워." 처음에는 참 좋지만 반복적으로 듣다 보면 칭찬하는 사람이 원하는 것을 얻기 위해 조종당한다는 생각이 들기 쉽다. 그리고 관계가 좀 나빠지면 "누구 좋으라고?" 그만 하기가 싫어진다. 칭찬의 진정성이 없기 때문이다.

3단계 칭찬은 성품을 칭찬하는 것이다.

"당신, 찌개가 일품이네, 가족사랑이 느껴져요."
"아들아, 이번에 성적이 잘 나왔구나. 성실하고 인내심 있게
공부해준 덕분이야."

칭찬하기도 단계와 기술이 필요하다. 첫째 단계는 얼굴, 옷 등
외모 칭찬하기이다. 다음에는 행동을 칭찬하는 것이다. 마지막으
로 성품을 칭찬하는 것이다. 성품을 칭찬할 때에는 구체적인 사
실과 그에 따른 좋은 성품을 찾아서 하면 된다.

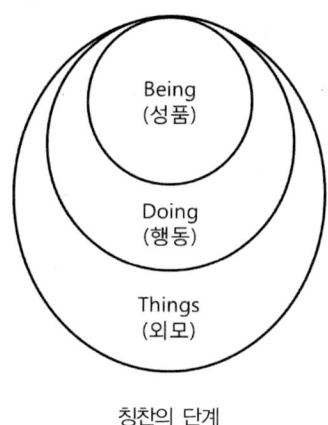

칭찬의 단계

칭찬은 듣는 사람도 좋겠지만, 칭찬을 하는 사람의 긍정성을
키우는 데는 최고의 기술이다. 부족하고 부정적인 부분 먼저 보
이던 편향된 눈을 좋은 점, 긍정적인 부분을 찾아내어 언어로 표
현하는 과정에서 긍정성이 확 키워지는 것이다. 진정성을 담아서
칭찬해야 한다. 연습해보자.

칭찬하기(사실+성품)	
칭찬할 일 **이번 전시회를 참 성공적으로 이끌어 주었어요.**	칭찬의 이유(성품중심으로 칭찬) **창의적이고 성실한 성품 덕분인 것 같아요.**

3) 감사를 표현하기

불평은 불행을 불러들이는 문이고, 감사는 축복을 불러들이는 문이다.

감사하는 사람 옆에 있고 싶은가? 불평하는 사람 옆에 있고 싶은가? 감사의 힘과 방법은 과거의 긍정 정서 키우기에 구체적으로 제시되어 있다.

감사를 통해 긍정 근육을 단련하고 긍정적 인간관계를 풍성하게 갖도록 하자.

행복은 감사의 문으로 들어와서 불평의 문으로 나간다. 감사와 불평은 관점의 문제이다. 감사는 행복을 샘솟게 하는 샘물이다. 얼마나 자주 감사의 마음을 가지고 살아가고 있는가? 중요한 것은 감사는 강도가 아니고 빈도의 문제이다.

가지지 않은 것을 볼 것인가? 가진 것을 볼 것인가? 감사의 힘은 상대가 가진 좋은 점을 관찰하여 말로 표현해주는 것이다. 여기에서는 그동안 받은 도움이나 은혜에 비해 충분히 감사하지 못했던 사람들을 떠올리며 감사할 이유를 생각해보자.

태어나면서부터 나에게 도움을 주었던 사람들의 목록과 감사할 내용을 적어보자. 중요도는 그분이 내게 정말 중요하면 '1', 보통이면 '2', 그냥 가벼운 인연이면 '3'을 선택해보자.

나에게 도움을 주었던 사람	도움을 준 내용(감사할 내용)	중요도 1, 2, 3
부모님	생명을 주시고 지금까지 키워주셨다.	1

이제 거꾸로 내가 도움을 주었거나 내게 감사할 만한 사람의
목록과 내용을 적어보자.

내가 도움을 주었던 사람	도움을 준 내용(감사할 내용)	중요도 1, 2, 3
부모님	부모님의 심부름에 순종	1

≫ 다음 물음에 답해보자.

▸ 나는 지금까지 도움을 받고 고마운 분들이 더 많은가? 나에
게 도움을 받고 고마워할 분들이 더 많은가?

긍정 인간관계는 먼저 자신이 어떠한 인간관계를 선호하는지
이해하고 그에 맞게 진정성과 선의(good will)를 가지고 대화법, 칭
찬, 감사하기 등의 적절한 기술을 가지고 있을 때 가능할 것이다.

4) 시간을 선물하기

평균 76세를 산다고 했을 때 일반적인 사람들의 시간활용 수준을 조사하였다. 잠자는 시간 26.7년, 생업에 종사하는 시간 8.2년, 집안일 하는 시간 13.6년(남자는 5.4년), 밀리는 차 속에서 보내는 시간 1.3년, TV 보는 시간 6년, 진정으로 느긋하게 보내는 시간은 4개월 정도라 한다.

≫ 다음 물음에 답해보자.

▸ 다음 활동 중 자신에게 소중한 순서를 나열해보지.

활동	나의 우선순위	자신의 시간 투자
돈 버는 일		
명예		
권력과 영향력 있는 사람 되기		
행복한 결혼생활		
좋은 친구 유지		
좋은 부모 되기		

▸ 위의 표에 자신이 실제 시간을 투자하는 우선순위를 나열해 보자.

자신에게 소중한 우선순위와 시간 투자의 우선순위는 일치하는가? 자신이 소중하다고 여기는 것에 시간을 투자하는가?

어느 조사 결과에서는 돈 버는 일 95%, 명예를 얻는 일 90%, 권력과 영향력 있는 사람 되기 83%, 행복한 결혼생활 20%, 좋은 친구 유지 10%, 좋은 부모 되기에 7% 우선순위로 시간을 투자한다고 응답하였다. 우리나라는 전통적으로 소중한 사람에게 시간이나 에너지를 쓰지 않아도 알아줄 거라 생각하고 소홀히 여겨왔다.

시간관리의 6단계 실행과정에 맞추어 소중한 사람에게 시간을 선물하라.

▸ 내가 꼭 시간을 선물해야 할 대상은?

	대상	시간 선물 주기	시간 선물 활동과 소요시간
나 자신			
가족			
사회생활			
기타			

▸ 시간을 선물할 주기를 생각해보자.
매일/일주일에 한 번/한 달에 한 번/1년에 한 번
▸ 시간을 선물하여 함께 할 활동과 그 활동을 하는 데 소요되는 시간은 얼마나 될까?
▸ 나의 실천에 대한 각오는?

행복습관 14. 타인의 긍정성을 찾아 감사와 칭찬을 한다.

행복습관 15. 소중한 사람에게는 반드시 시간을 선물한다.

참고문헌

뇌과학

강봉균 외, 『신경과학 뇌의 탐구』, 바이오메디북, 2009.

김대식, 『내 머릿속에선 무슨 일이 벌어지고 있을까』, 문학동네, 2015.

나덕렬, 『앞쪽형 인간』, 허원미디어, 2010.

박문호, 『뇌 생각의 출현』, 휴머니스트, 2009.

박문호, 『그림으로 읽는 뇌과학의 모든 것』, 휴머니스트, 2013.

박상남·김영활, 『신경생리검사학』, 고려의학, 2008.

성연신·강은주·김성일 엮음, 『마음을 움직이는 뇌, 뇌를 움직이는 마음』, 해나무, 2008.

장현갑, 『마음 VS 뇌』, 불광출판사, 2012.

최현석, 『인간의 모든 감정』, 서해문집, 2011.

최현석, 『인간의 모든 동기』, 서해문집, 2014.

데이비드 린든 저, 김한영 역, 『고삐 풀린 뇌』, 작가정신, 2014.

리타 카터 저, 장성준 역, 『뇌』, 21세기북스, 2010.

마리에 배니치 저, 김명선 외 역, 『인지 신경과학과 신경심리학』, 시그마프레스, 2010.

마이클 가자니가 저, 박인균 역, 『뇌로부터의 자유-무엇이 우리의 생각, 감정, 행동을 조종하는가?』, 추수밭, 2012.

마이클 가자니가 외 저, 『Cognitive Neuroscience: The Biology of the Mind, Norton & Company』, 2013.

버나드 바·니콜 게이지 저, 강봉균 역, 『인지, 뇌, 의식』, 교보문고, 2010.

사라 제인 블랙모어·우타 프리스 저, 손영숙 역, 『뇌 1.4킬로그램의 배움터』, 해나무, 2009.

안토니오 다마지오 저, 임지원 역, 『스피노자의 뇌』, 사이언스북스, 2010.

에릭 캔델 저, 전대호 역, 『기억을 찾아서』, 랜덤하우스, 2010.

조 디스펜자 저, 김재일·윤혜영 역, 『꿈을 이룬 사람들의 뇌』, 한언,

2014.

존 레이터 저, 김소희 역, 『뇌 1.4킬로그램의 사용법』, 21세기북스, 2010.

존 핀엘·매기 애드워드 저, 조신웅 역, 『신비한 인간 뇌 해부도 입문』, 학지사, 2001.

주디스 호스트먼 저, 이문영 역, 『나의 두뇌가 보내는 하루』, 쌤앤파커스, 2010.

심리학

권석만, 『인간의 긍정적 성품』, 학지사, 2012.

권석만, 『행복산책』, 메디치, 2013.

권석만, 『긍정 심리학』, 학지사, 2014.

김경일, 『지혜의 심리학』, 진성북스, 2015.

김영애, 『사티어 빙산의사소통』, 김영애가족치료연구소, 2012.

동서심리상담연구소, 『대물림되는 핵심감정』, 동서심리상담연구소, 2013.

이상복, 『긍정 심리학』, 공동체, 2013.

이정모, 『인지과학』, 성균관대학교 출판부, 2010.

이정모 외, 『인지심리학』, 학지사, 2010.

데보라 로스 네들리 외 저, 김정모·전미애 역, 『초보자를 위한 인지행동 치료』, 학지사, 2014.

로버트 스탠버그 저, 김민식 외 역, 『인지심리학』, 박학사, 2005.

로버트 아이셋 저, 이문영 역, 『긍정의 심리학』, 소울메이트, 2013.

로버트 플루칙 저, 박권생 역, 『정서심리학』, 학지사, 2004.

리차드 게리그·필립 짐바도 저, 박권생 외 역, 『심리학과 삶』, 시그마프 레스, 2006.

마가렛 마틀린 저, 민윤기 역, 『인지심리학』, 박학사, 2007.

마틴 셀리그만 저, 우문식·윤상운 역, 『플로리시』, 물푸레, 2011.

마틴 셀리그만 저, 우문식·최호영 역, 『낙관성 학습』, 물푸레, 2012.

마틴 셀리그만 저, 김인자·우문식 역, 『긍정심리학』, 물푸레, 2014.

미하이 칙센트 미하이 저, 이희재 역, 『몰입의 즐거움』, 해냄, 2009.

세갈·윌리엄·테스데일 저, 이우경·조선미·황태연 역, 『마음챙김 명 상에 기초한 인지치료』, 학지사, 2013.

세인 로페즈 편, 권석만·정지현 역, 『인간의 강점 발견하기』, 학지사, 2013.

웨인 다이어 저, 오현정 역, 『행복한 이기주의자』, 21세기북스, 2009.

제임스 캘럿·미셸 샤타 저, 민경환 외 역, 『정서심리학』, 시그마프레스,

2011.

제임스 캘럿 저, 김문수 외 역, 『생물심리학』, 교보문고, 2011.

존마셀 리브 저, 정봉교 외 역, 『동기와 정서의 이해』, 박학사, 2011.

칼 로저스 저, 오제은 역, 『사람-중심 상담』, 학지사, 2009.

캐런 레이비치・앤드류 사테 저, 우문식・윤상운 역, 『절대 회복력』, 물
　　　푸레, 2012.

캐이트 호퍼런・아이오나 보니웰 저, 정봉교・추선희 역, 『긍정심리학』,
　　　박학사, 2013.

탈 벤-샤하르 저, 노혜숙 역, 『해피어』, 위즈덤하우스, 2014.

기타

김승권 외, 『한국인의 행복결정요인과 행복지수에 관한 연구』, 한국보건
　　　사회연구원, 2008.

김현준, 『행복 심리학』, 아름다운사람들, 2010.

문요한, 『스스로 살아가는 힘』, 더난출판, 2014.

박용철, 『감정 연습』, 추수밭, 2014.

박용철, 『감정은 습관이다』, 추수밭, 2015.

서은국, 『행복의 기원』, 21세기 북스, 2015.

우문식, 『행복 4.0』, 물푸레, 2014.

조현삼, 『말의 힘』, 생명의 말씀사, 2014.

달라이 라마・하워드 커틀러 저, 류시화 역, 『달라이 라마의 행복론』, 김
　　　영사, 2014.

데보라 쇼버레인・수키 슈스 저, 고형일 외 역, 『마음챙김 교수법으로 행
　　　복 가르치기』, 학지사, 2014.

마에다 다다시 저, 이찬우 역, 『NLP 교과서』, 매경출판, 2013.

마커스 버킹엄 외 저, 박정숙 역, 『위대한 나의 발견 강점 혁명』, 청림출
　　　판, 2012.

바이런 케이티・스티븐 미첼 저, 김윤 역, 『네 가지 질문』, 침묵의 향기,
　　　2014.

브라이언 트레이시, 『Change Your Thinking, Change Your Life, John
　　　Wiley & Sons』, 2003.

브라이언 트레이시 저, 임정재 역, 『백만장자 코드』, 삼진기획, 2005.

소냐 류보머스키 저, 오혜경 역, 『행복도 연습이 필요하다(How to be
　　　happy)』, 지식노마드, 2009.

슈테판 클라인 저, 김영옥 역, 『행복의 공식』, 웅진지식하우스, 2006.

시바 게타 외 2인 저, 황혜숙 역, 『NLP 입문』, 시그마북스, 2013.

앤서니 라빈스 저, 조진형 역, 『365일 거인과 함께 가라』, 씨앗을뿌리는
   사람, 2013.

앤서니 라빈스 저, 조진형 역, 『거인의 힘 무한능력』, 씨앗을뿌리는사람,
   2014.

앤서니 라빈스 저, 조진형 역, 『거인이 보낸 편지』, 씨앗을뿌리는사람,
   2014.

제임스 앨런 저, 공경희 역, 『생각하는 그대로』, 물푸레, 2006.

조 디스펜자 저, 김재일·윤혜영 역, 『꿈을 이룬 사람들의 뇌』, 한언,
   2009.

존 그린더, 리차드 밴들러 저, 『NLP 그 마법의 구조』, 시그마프레스,
   2013.

존 카밧진 저, 안희영 역, 『처음 만나는 마음챙김 명상』, 불광출판사,
   2012.

존 카밧진 저, 장현갑·김교헌·김정호 역, 『마음챙김 명상과 자기치유』,
   학지사, 2013.

존 카밧진 저, 김언조·고명선 역, 『마음챙김 명상』, 물푸레, 2013.

코이케 류노스케 저, 유윤환 역, 『생각 버리기 연습』, 21세기북스, 2013.

대표저자

김미영

충남대학교 교육학 박사
카이스트 영재교육센터 연구교수
현) 대전평생교육진흥원 정책기획부장

공동저자

강 훈

충남대학교 교육학 박사
리더십, 뇌기반 자기주도학습 전문강사
현) 행복교육연구소 소장

김 건

한국코치협회 인증코치(KAC)
대학·기업교육 전문강사
현) 케이젠테이션 대표

신정옥

한남대학교 교육학 박사
우송정보대학교 초빙교수
현) 마음향기상담연구소 소장

이희승

충남대학교 이학 박사(의상심리 전공)
대전과학기술대학교 뷰티디자인계열 겸임교수

임창호

동국대학교 경찰학 박사
현) 대전대학교 경찰학과 교수

행복
습관
코칭

초판인쇄 2016년 7월 29일
초판발행 2016년 7월 29일

지은이 김미영 외
펴낸이 채종준
펴낸곳 한국학술정보㈜
주소 경기도 파주시 회동길 230(문발동)
전화 031) 908-3181(대표)
팩스 031) 908-3189
홈페이지 http://ebook.kstudy.com
전자우편 출판사업부 publish@kstudy.com
등록 제일산-115호(2000. 6. 19)

ISBN 978-89-268-7500-1 13370